아버지의 죽음 앞에서

아버지의 죽음 앞에서

호스피스 의사가 아버지를 떠나보내며 깨달은 삶의 의미

레이첼 클라크 지음 | 박미경 옮김

— 다정하고 지혜로운 의사가 전하는 가슴 시린 이야기에 눈물이 핑 돌았다. 삶과 죽음, 사랑과 이별에 대한 굉장히 멋진 책이다. 그동안 두려워서 생각하지 못했던 문제를 새로운 관점에서 바라볼 수 있게 되었다.

　　　　　　　　　　　　　　　　-매트 헤이그(《미드나잇 라이브러리》 저자)

— 우리가 삶의 어느 순간에 죽음을 받아들여야만 한다면, 실체 없는 두려움 대신 구체적인 희망과 사랑에 의존하며 의미 있는 시간을 보낼 수 있기를 소망한다. 인생의 마지막 순간에 하루하루 더욱 사랑하며, 축복하며 보냈던 작가와 아버지의 이야기가 많은 사람들에게 큰 위로와 따뜻한 지혜를 전해 줄 것이다.

　　　　　　　　　　　　　　　　-김소영(방송인, 책발전소 대표)

— 나도 클라크처럼 의사이고 아버지를 떠나보냈고, 게다가 환자로서 오랫동안 병마와 싸워 오고 있어서일까. 그 어느 때보다도 몰입해서 읽었다. 이 책에는 클라크가 만난 환자들의 이야기가 다수 등장한다. 최악

의 순간에 직면해서도 최선을 다해 살고자 했던 사람들, 마지막까지 인간적인 가치를 잃지 않았던 사람들, 그들의 이야기가 너무나 감동적이고 아름다워 가슴이 미어졌다.

마침 잘 걷지도 못하고 아파서 거의 아무것도 못 했던 오늘, 이 책은 나에게 커다란 위로가 되어 주었다. 그리고 나는 내 아이들에게 어떤 사람으로 기억되고 싶은지, 다시 한번 생각해 보게 되었다. 나도 클라크의 아버지처럼 멋지게 나다운 죽음을 준비하고 싶다. —김혜남(정신분석 전문의)

— 평생 의업에 종사해 온 의사로서, 이 책의 저자는 나를 무척이나 반성하게 만들었다. 의사는 병에 매몰될 게 아니라 사람 자체에 관심을 두어야 한다고 늘 가르쳐 왔지만, 격무에 지치다 보면 그에 소홀히 쉽다. 그런데 저자는 아픈 사람들의 손을 따뜻하게 잡아 주고, 혼자가 아님을 깨닫게 해 주고, 여생을 인간답게 보낼 수 있도록 최선을 다한다. 의대 교육 과정에서 의사가 될 모든 이들에게 이 책을 읽히면 얼마나 좋을까. 그녀가 내 주치의였으면 정말 좋겠다. —이근후(정신분석 전문의)

— 죽음 앞에 더없이 무력한 인간, 그러나 죽음을 앞두고서야 비로소 삶의 소중함을 깨닫는 인간의 모습을 저자는 솔직담백하고 설득력 있게 표현합니다. 힘들고 슬픈 이야길 다루면서도 삶에 대한 희망과 용기를 심어 줍니다. 또 아버지의 마지막 여정을 지켜보는 딸의 애틋함에 저

절로 공감하고 감동하며, 시간이 얼마 안 남은 이들에게 어떻게 행동하는 게 바람직한지를 제대로 배우게 됩니다. 언젠가 사랑하는 사람을 먼저 보내야만 하고, 또 사랑하는 사람을 두고 먼저 떠나야만 하는 모든 이들이 꼭 한번 읽어 보길 바랍니다. 참으로 유익한 인생 공부가 될 것입니다.

-이해인(수녀, 시인)

— 클라크는 완벽한 스토리텔러다. 이 책은 인상적인 이야기들로 넘쳐난다. 이 책에서 나를 울컥하게 만든 부분은 죽음에 관한 구절이 아니라, 살고 사랑하고 이별하는 법을 배우는 구절이었다.

-〈가디언〉

— 멋진 책이다. 의료의 중심에 사람이 있고, 죽음이 삶만큼 아름다울 수 있다는 진실을 알려 준다. 클라크는 우리가 인생의 마지막에 다다랐을 때 보살핌을 받고 싶은 바로 그런 의사이다. 게다가 작가로 칭하는 데도 전혀 손색이 없다. 부드럽고 서정적인 문체에 감정이 적절히 버무려져 읽는 내내 지루할 틈이 없다.

-〈선데이 타임즈〉

— 의학 관련 회고록이 거의 5분에 한 권씩 나오는 와중에 이 책은 단연코 다섯 손가락 안에 들 만큼 훌륭하다. 매우 중요한 작품이고, 감동적이며, 뜻밖의 행복을 선사한다. 2017년 암으로 세상을 떠난 아버지와의

작별 이야기로 그 감동은 두 배가 된다. 책장을 넘길 때마다 죽음을 앞둔
상황에서 느껴지는 진정한 공포와 숭고한 아름다움이 담담히 펼쳐진다.
클라크의 글에는 사랑과 배려와 호의가 넘쳐흐른다.

-〈옵저버〉

— 죽음을 앞둔 상황에서 슬픔에 잠기는 거야 당연한 일이지만, 클라크
는 우리가 조금만 눈을 돌리면 남은 시간을 기쁘고 보람 있게 살아갈 수
있음을 그녀의 삶을 통해 증명한다.

-〈BBC〉

— 분명 당신은 인생의 우선순위를 다시 매기게 될 것이다.

-〈우먼 앤드 홈〉

— 죽고 싶었던 때 이 책을 읽었다. 그녀 덕분에 죽음이 두렵지 않게 되
었다. 그런데 이상하게도 살고 싶어졌다. 그것도 너무나 뜨겁게!

-아마존 독자평 중에서

— 만약 내가 집에서 죽을 수 없다면, 레이첼이 일하는 호스피스에서 죽
고 싶다.

- 아마존 독자평 중에서

이 책에 언급된 이야기는 모두 개인적인 임상 경험에서 비롯됐지만, 동료 직원과 환자의 비밀을 지키고자 일부 요소를 수정했다. 그동안 만나고 돌봤던 사람들의 사생활과 신원을 철저하게 보호하고자 때로는 세부 사항을 합치거나 변경했다. 실명을 사용해도 된다고 허락해 준 헬기 요한슨 박사를 비롯해 바이런 가족(앨리스, 샤론, 조나단)과 핀치 가족(다이안, 에드)에게 감사드린다.

그나저나 한 번뿐인 험난하면서도 소중한 인생으로

당신은 무엇을 할 것인가?

– 메리 올리버의 시 '여름날 The Summer Day'

Contents

PART 1

병원에서 죽는다는 것
: 인간다운 죽음을 위한 이야기들

PART 2

아버지의 죽음 앞에서
: 후회 없는 삶을 위한 이야기들

프롤로그

살아 있는 한 모든 것이 충분한 순간은 없다.
그럼에도 이따금 달콤한 때도 있고, 운이 좋다면
조금 더 지속된다.

- 레이먼드 카버의 시 '그녀를 불행하게 만든 사람The Author of Her Misfortune'

담배 연기가 자욱한 스튜디오에서 두 남자가 화이트 와인을 앞에 두고 하염없이 이야기를 나누고 있다. 그런데 한 남자가 몹시 찡그린 얼굴로 와인을 한 모금 홀짝인다. 황금 시간대에 방영되는 텔레비전 프로그램에서 술과 담배라니. 사실 그의 와인 잔엔 술이 아닌 모르핀이 담겨 있다. 영국의 극작가 데니스 포터는 수술로도 치료할 수 없는 췌장암 말기에 다다랐다. 그는 방송 진행자와 이야기하는 동안에도 통증을 다스리기 위해 시청자가 보는 앞에서 모르핀을 벌컥벌컥 들이켜야 했다.

　때는 1994년으로, 영국에서 말기 암에 대해 터놓고 이야기하지 않던 시절이었다. 그러므로 텔레비전에 죽음을 앞둔 환자가 아픈 모습 그대로 등장한 것 자체가 충격이었다. 그러나 포터는 원래 드라마를 통해 사람들에게 충격적 진실을 알리는 데 능했다. 그날 저녁엔 쇠약해져 가는 자신의 몸을 실시간으로 보여 주며 극적인 장면을 연출했다.

당시 스물두 살의 풋풋한 대학생이던 나는 죽음을 논하는 대담에 딱히 끌리지 않았다. 그런데 아버지가 지금 보지 않으면 나중에 후회할 거라며 반 협박조로 함께 볼 것을 권했다. 결국 아버지와 텔레비전 앞에 나란히 앉아 불편한 속내를 감추며 죽음을 목전에 둔 인간의 적나라한 모습을 지켜봐야 했다. 포터가 약물에 의지하는 모습이 내게는 너무 아슬아슬해 보였다. 하지만 그런 부정적인 감정을 아버지 앞에서 내비치지 않으려고 노력했다. 의사인 아버지가 말기에 다다른 환자들을 치료할 때 모르핀을 쓴다는 사실을 잘 알았기 때문이다.

그날 나눈 대담은 포터의 마지막 공식 발언이 되었다. 두 달 뒤에 포터는 세상을 떠났다. 하지만 그가 남긴 말은 스튜디오를 벗어나 수많은 사람들의 마음 깊은 곳까지 메아리를 일으켰다. 그는 죽음에 대한 사람들의 선입견을 깨뜨렸다. 초라하게 저물어 가는 모습이 아닌 치열하게 살아가는 모습을 보여 줌으로써, 많은 이들의 심금을 울렸다. 죽음을 코앞에 둔 상황에서 포터는 어린아이처럼 멋대로 살아가야 한다는 깨달음을 얻었다. 그에겐 과거나 미래가 아닌, 살아 숨 쉬는 현재가 중요했다.

"우리가 확실히 아는 건 현재뿐입니다. 현재성nowness이 워낙 강렬하게 다가오다 보니, 다소 삐딱하게 들리긴 하겠지만 내 마음은 꽤 평온합니다." 포터가 입술을 한쪽만 씩 올려 웃으며 특유의 역설을 날렸다.

"지난주에 글을 쓰다 창밖을 내다보는데 꽃잎이 보이더군요. 세상에서 가장 희고 탐스럽고 아름다운 꽃잎이 그제서야 보이더란 말입니다. 세상 만물이 전보다 더 사소하기도 하고, 전보다 더 중요하기도 합니다. 사소한 것과 중요한 것의 차이는 별 게 없습니다. 하지만 만물의 현재 모습은, 순간순간 눈에 들어오는 그 모습은 참으로 경이롭습니다."

그 순간, 나는 영원히 변치 않는 행복의 열쇠를 건네받은 것 같았다. 아버지도 나와 똑같이 느꼈을 것이다. 어린아이의 순수하고 고양된 눈으로 세상을 경험하라. 막연한 미래나 서글픈 과거의 자취를 쫓지 말고, 지금 이 순간을 살아라. 지금 이 순간이 당신의 마지막인 것처럼 살아라… 포터의 이야기를 들을 땐 정말 그렇게 살아야지, 싶었다. 그런데 일상생활의 부질없는 걱정 때문에 현재성에 대한 포터의 통찰은 금세 내 마음속에서 흐릿해졌다. 포터 자신도 그런 현실을 알았기에 이렇게 꼬집어 말했다.

"우리는 죽을 거라는 사실을 아는 유일한 동물입니다. 그런데도 담보 대출금을 갚고 잡다한 업무를 수행하고 여기저기 돌아다니면서 영원히 살 것처럼 행동합니다."

데니스 포터가 사망한 지 23년이 지난 2017년, 그의 발언이 내 마음속에 생생하게 되살아났다. 아버지가, 내가 끔찍이도 사랑하는 아버지가 죽음과 사투를 벌였기 때문이다. 아버지는 대장암으로 6개월 넘게 화학 요법 치료를 받았다. 주사, 혈액 검사, 메스꺼움, 피로, 주사, 신경 손상, 주사, 피하 출혈의 악순환이 이어졌다. 그래도 아버지는 희망을 버리지 않고 치료에 매달렸다. 말기 단계임을 보여 주는 정밀 검사 결과에도 불구하고, 아버지는 더 살겠다는 의지를 강하게 보였다. 온갖 부작용에 시달렸지만, 독성 항암제를 줄기차게 복용했다. 그래야 미래를 기약할 수 있다고 믿었기 때문이다.

아버지를 포함해 우리 가족은 시간이 얼마 남지 않았다는 두려움에 사로잡혔다. 하지만 흐르는 시간을 멈출 수 없기에, 아예 시간을 의식하지 않으려 애썼다. 아버지를 도우려면 어떻게든 현재에 집중해야 한다고, 아름답게 피어난 꽃잎을 바라봐야 한다고 생각했다. 그래야 암세포가 몸을 점령하는 동안 고통 속에서 생을 마감할 거라는 두려움을 의사인 아버지가 잠시라도 잊을 수 있을 테니까.

문득 아버지가 런던에서 인턴 시절을 보냈던 60년대를 추억하며 들려준 이야기가 떠올랐다. 아버지는 동이 틀 무렵 병원을 빠져 나와 모퉁이에 있는 술집으로 직행하곤 했다. 스피탈필즈 마켓에서 밤새 고기를 썬 사내들과 맥주잔을 기울이며 사흘 밤낮으로 당직을 서느라 쌓인 피로를 풀었다. 그리고 여름에는 세계적인 클래식 음악 축제로 자리 잡은 BBC 프롬스BBC Proms의 저렴한 티켓을 구입해, 로열 앨버트 홀의 맨 끄트머리에 서서 차이콥스키와 말러를 들었다.

아버지에겐 음악이 아름다운 꽃잎일 것 같았다. 그래서 2017년 봄, BBC 프롬스 공연 티켓을 앨버트 홀 안쪽의 가장 좋은 자리로 골라 부모님 몰래 예매했다. 아버지가 가장 좋아하는 곡 중 하나인 에드워드 엘가의 교향곡 2번을 다니엘 바렌보임의 지휘로 베를린 슈타츠카펠레 오케스트라가 연주할 예정이었다. 그때까지 아버지가 살아 있을지, 설사 살아 있더라도 런던까지 다녀올 기운이 있을지 장담할 수 없었다. 그렇더라도 나는 티켓이 희망의 부적인 양, 침대 옆 서랍에 고이 넣어 두었다.

영국인에게 2017년은 증오의 해로 여겨질 만큼 테러 행위가 빈발했다. 그렇지 않아도 전년도에 실시된 유럽 연합 탈퇴에 관한 국민 투표 결과로 인해 온 나라가 어수선한 상태였다. 희망을 품을 만한 구석을 찾기가 어려웠다. 그러나 불신과 분노, 위험과 혼란 속에서도 본능적으로 펼쳐지는 연대와 도움의 손길은 우리에게 작은 위안을 선사했다.

어느 날 밤 아버지가 밤중에 불쑥 전화해서 물었다.

"런던 브리지에서 테러리스트들이 사람들을 차로 치고 다닐 때, 그 간호사가 어떻게 했는지 들어 봤니?"

테러리스트들이 런던 브리지에서 광란의 질주를 벌이는 동안, NHS National Health Service(영국 국민 보건 서비스)에서 간호사로 일하는 스물여덟 살의 크리스티 보덴은 오히려 위험 속으로 뛰어들었다. 몸을 사리지 않고 부상자를 도우려다 그만 가슴에 치명적인 자상을 입고 결국 목숨을 잃었다. 아버지가 혼잣말처럼 중얼거렸다.

"그런 사람이 있다니, 세상에는 아직 훌륭한 사람도, 믿어야 할 것들도 참 많구나."

뜨거운 햇살이 내리쬐는 7월, 아버지는 기력이 많이 떨어진 상태였지만 공연 날까지 기어이 버텨 냈다. 나는 들뜬 마음으로 부모님을 모시고 공연장으로 향했다. 런던 시내 곳곳에 테러리스트가 진입하지 못하도록 막는 콘크리트 장벽이 세워졌다. 아버지가 한숨을 내쉬며 말했다.

"교향곡을 들으러 나오는 데도 목숨을 걸어야 하다니."

우리는 팔짱을 끼고서 앨버트 홀로 천천히 걸어 올라갔다. 아버지의 앙상한 뼈마디가 내 살에 아프게 부딪혔다. 마음이 심란해지려는데, 아버지가 분위기를 전환시켰다. 아버지는 샴페인을 시켜 엄마와 나에게 한 잔씩 따라 주었다. 군중을 훑어보는 아버지의 눈빛이 샴페인 거품처럼 반짝였다. 가슴이 뭉클했다. 내가 간절히 바라던 모습이었다. 나는 아픈 아버지가 편안하게 공연을 볼 수 있도록 돈을 아끼지 않았다. 무대가 바로 내려다보이고 칸막이까지 설치된 특별석의 화려한 벨벳 의자에 앉은 아버지는 전혀 노쇠해 보이지 않았다. 아버지가 환하게 빛나는 얼굴로 말했다.

"1960년대에 지붕 밑에서 바라보던 모습과는 확연히 다르구나."

잠시 후 오케스트라가 지휘자 바렌보임의 신호에 맞춰 엘가의 첫 소절을 연주했다. 곁눈으로 보니, 아버지가 엄마의 손을 꼭 잡으며 웃고 있었다. 지난 몇 달 동안 부모님 댁에 찾아갈 때마다 '아버지를 볼 날이 앞으로 얼마나 남았을까?' 하는 생각으로 마음이 무거웠는데, 잠시나마 그 짐을 내려놓았다. 사랑하는 사람을 잃는 게 얼마나 괴로운지도 잠시 잊었다. 시간이 지나면 이 순간도 내 마음 한구석에 보물처럼 고이 간직될 거라는 확신이 들었다. 그런데 다음 순간, 예상치도 않게 더 아름다운 꽃잎 하나가 피어나고 있었다.

바렌보임이 객석을 향해 돌아서더니 통념을 깨고 직접 이야기를 시작했다. 아르헨티나에서 태어난 유대인으로, 영국과 독일, 스페인 등 다양한 나라를 넘나들며 살았고, 이스라엘 국적자이지만 팔레스타인 시민권도 가지고 있는 바렌보임은 분열주의에 대한 두려움을 토로했다. 그는 정치적 의도 없이 순전히 인간적인 우려에서 이야기를 꺼낸다며 말을 이었다.

"프랑스 국민이 괴테를 배우려면 번역본이 있어야 합니다. 하지만 베토벤 교향곡을 듣는 데는 번역본이 필요 없습니다. 이 점이 중요합니다. 음악이 너무나 중요한 이유가 바로 여기에 있습니다. (…) 우리 음악계는 국가를 따지지 않는 유일한 영역입니다. 독일의 어떤 음악가도 당신에게 '난 독일 음악가라서 브람스와 슈만, 베토벤만 연주할 겁니다'라고 말하지 않을 겁니다. (…) 종교적 광신주의에 대항하기 위해 무기만으로 맞서 싸울 수 없습니다. 세상의 진정한 악은 여러분을 포함한 우리 모두를 하나로 묶어 주는 인본주의로, 이 인본주의로만 맞서 싸울 수 있습니다. 내 말이 진심이라는 걸 보여 드리겠습니다."

그에게 음악은 온갖 차이를 넘어서서 사람들을 한데 묶어 주는 수단이었다. 우리가 누구이고, 인간이 어떤 존재이며, 동료 인간을 어떻게 대해야 하는지를 가르쳐 주는 스승이었다. 나는 아버지를 쳐다보며 슬며시 웃었다. 영국의 유럽 연합 탈퇴를 두고도 아버지와 나는 의견이 달랐다. 하지만 바렌보임의 명쾌한 연설은 우리의 작은 의견 대립뿐만 아니라 콘서트홀을 둘러싼 무시무시한 콘크리트 장벽을 무색하게 만들었다. 그의 절절한 목소리는 우리 각자에게 깊은 감동을 주었다.

바렌보임은 오케스트라를 향해 돌아서서 다시 지휘봉을 들었다. 곧이어 앙코르 연주가 선물처럼 콘서트홀을 가득 메웠다. 아버지가 가장 좋아하는 엘가의 '수수께끼 변주곡' 가운데 '님로드'였다. 부모님의 얼굴을 타고 흘러내리는 눈물이 객석 조명을 받아 반짝거렸고, 입술에선 미소가 절로 피어났다. 증오와 적대로 가득한 시국에 엘가를 이용해 인류애를 호소한 바렌보임의 행동은 대단히 훌륭했지만, 그보다 더 감동적이었던 건 그도 모르는 새 무대 앞에 앉은 언제 죽을지 모르는 남자의 심장을 뜨겁게 뛰도록 해 주었다는 점이다.

오늘날, 우리는 평생 죽음을 대면하지 않고도 얼마든지 살아갈 수 있다. 해마다 영국에서 50만 명이 사망하고, 미국에서 250만 명이 사망한다는 점을 감안하면 정말 놀라운 일이다.

한 세기 전만 해도, 우리가 죽음과 이렇게 멀어질 거라고는 상상할 수 없었다. 태어난 이상 누구나 예외 없이 세상을 떠나지만, 예전엔 병원이 아니라 편안한 자기 집에서 가족과 가까운 사람들이 지켜보는 가운데 눈을 감았다. 지금은 출생과 죽음이 대개 공공시설에서 이루어진다. 우리 삶의 시작과 끝이 돈 받고 일하는 전문가들의 손에 맡겨진 것이다. 영국 산모 중 겨우 2퍼센트만이 집에서 출산하고, 영국 국민의 3분의 2가 집에서 죽고 싶다는 소망을 표명하지만 다섯 명 중 한 명만이 집에서 눈을 감는다. 병원과 호스피스, 요양원이 현대인의 사망 징소로 새롭게 부상했다.

살고 죽는 문제를 다룬다는 점에서, 의사는 매우 특수한 직업이다. 내가 하는 일은 대다수 의사가 하는 일보다 더 특수하다. 완화 의료 분야에서 전문의로 일하는 나는 불치병에 걸린 사람들이 남은 생애를 최대한 충만하게 살고, 품위 있고 편안하게 죽도록 돕는 데 매진한다. 간단히 말해서, 나는 죽음을 다루는 일을 업으로 삼고 있다. 내가 돌보는 환자들 중 한 명이라도 사망하지 않고 지나가는 주가 거의 없다.

내가 어떤 일을 하면서 먹고사는지 알게 되면 사람들은 움찔 놀라 되묻는다.

"어머, 그런 일을 어떻게 견디세요?"

죽음을 떠올리며 몸서리치는 그들의 반응에서 꺼림칙한 기운이 느껴지기도 한다. 그렇더라도 나는 그들을 비난하지 않는다. 나도 한때 그렇게 반응하곤 했기 때문이다. 사랑하는 사람과의 이별은 무척 괴롭고 아프다. 그리고 예전보다 좋아지긴 했지만, 죽는 과정은 여전히 아기를 낳는 과정처럼 고통스러울 수 있다. 어느 환자는 언젠가 내게 이렇게 말했다.

"난 죽는 게 두렵지 않아. 다만 이렇게 힘든 일인지는 미처 몰랐어."

의학의 매력은 이해하기 쉽다. 힘도 있고, 존경도 받고, 지위도 보장되며, 고맙다는 인사도 자주 받는다. 아이의 심장을 다시 뛰게 하고, 시력을 되살리고, 절단된 팔다리를 붙여 주고, 신장을 이식하는 멋진 일을 할 수 있다. 그런데 수년 동안 치열하게 공부해서 왜 굳이 임종을 코앞에 둔 사람들을 돌보겠다고 했을까? 하루가 멀다 하고 환자를 살리지 못했다는 패배감과 의학적 실패에 따른 좌절감과 상실의 아픔에 시달릴 텐데, 뭐가 좋아서 죽음과 죽어 감을 평생의 업으로 선택했을까?

신경외과 의사가 의학계의 스타로서 뭇 여성들의 가슴을 설레게 하는 섹시한 주인공이라면, 완화 의료 의사는 초라한 조연에 지나지 않는다. 우리는 그늘에 숨어 있다가 카리스마 넘치는 동료들이 더 이상 치료할 수 없다고 떠넘긴 환자에게 진통제인 모르핀과 미다졸람을 투여한다. 병원에서 일하는 사람들 대부분이 우리가 정확히 무슨 일을 하는지 모르며, 굳이 알고 싶어 하지도 않는다. 죽음은 여러 가지 이유로 금기 사항이기 때문에, 죽을지도 모른다는 두려움마저 누구하고도 터놓고 이야기하지 못한다.

내가 의사 자격을 따고 얼마 지나지 않았을 때, 한 종양 전문의가 불치병 진단과 죽음에 대한 의료계의 전반적인 태도를 한 문장으로 정리해 주었다. 당시 우리는 화학 요법 치료에 사력을 다했는데도 암세포가 너무 넓게 퍼진 어느 환자의 병상에서 막 물러난 상황이었다.

"이제 우리가 더 할 수 있는 일은 아무것도 없어."

전문의가 싱크대에서 손을 씻으며 말했다. 사실 그는 손만 씻은 게 아니었다. 살겠다고 필사적으로 매달리는 환자도 씻어 냈다.

"그 환자는 이제 완화 의료 쓰레기통으로 보내도록 해."

기가 막혔다. 의술로 더 이상 생명을 연장할 수 없는 환자는 아무 가치도 없는 생명체란 말인가? 그런 환자는 쓰레기처럼 내버려도 된단 말인가? 환자를 그렇게 취급하는 의사가 실재한다니, 당시엔 그보다 더 혐오스러운 태도를 상상할 수 없었다. 지금 생각하면, 그가 자신의 무능력에 대한 당혹감과 불편함을 감추려고 별생각 없이 내뱉었던 말이 아니었나 싶다. 죽음이 불러일으키는 감정은 그만큼 복잡하고 불편하다.

날마다 죽음과 씨름하는 나조차도 이 주제를 다룰 땐 무척 조심스럽다. 가령 내 아이들은 아직 엄마가 병원에서 정확히 무슨 일을 하는지 모른다. 아이들이 몇 살쯤 됐을 때 마음 편히 설명해 줄 수 있을지도 모르겠다. 아이들은 아마도 엄마가 사람의 생명을 구하는 일을 한다고 생각할 것이다. 의료에 대한 낡은 패러다임에 갇혀 있는 것이다. 메디컬 드라마에 나오는 의사는 허겁지겁 달려와 순식간에 상황을 파악한 뒤 이런저런 지시를 내리면서 숙련된 기술로 환자를 구한다. 망토 대신 청진기를 목에 두른 이 영웅적 의사는 생명을 연장하고 죽음을 부정하면서 마치 신이라도 되는 양 행동한다.

하지만 나는 어렸을 때부터 아버지를 보면서 이와 반대되는 의사상을 마음에 품었다. 의학적 성취는 다소 떨어질지 모르지만, 더 조용하고 친절하며 인정 많은 의사상이었다. 아버지는 틈날 때마다, 환자의 운명이 절망적으로 보일 때라도 의사는 늘 성심성의껏 환자를 돌보고 어떻게든 상황을 개선하려고 애써야 한다고 이야기했다. 어린 나이에도, 그런 태도는 본받을 만하다고 여겨 마음에 깊이 새겼다. 그로부터 20년 뒤, 다소 늦은 나이에 의사가 되어 보니, 요즘 병원은 지나치게 크고 업무가 눈코 뜰 새 없이 바쁘게 돌아간다. 이러한 병원 환경 때문에 내 아버지를 자랑스러워하며 마음에 새겼던 교훈이, 겸손한 태도로 환자를 정성껏 보살피겠다는 다짐이 흔들릴 때가 있다. 피곤에 절은 의사들은 기계처럼 진료를 반복하다 금세 변이를 일으킨다.

얄궂게도, 의사로서 나를 성장시켜 준 곳은 대다수가 꺼리고 두려워하는 영역이었다. 바로 입원 환자를 대상으로 하는 완화 의료 병동이었다. 이곳의 업무가 다른 어떤 의료 형태보다 더 중요하고 더 큰 행복감을 안겨 준다고 말하면, 당신은 아마 내가 호스피스 병동에서 너무 많은 시간을 보내다 머리가 이상해졌다고 생각할지 모르겠다. 하지만 완화 의료는 임박한 죽음이 아니라 삶에 집중한다. 특히 배려, 용기, 사랑, 자비 등 한 개인의 마지막 나날을 충만하게 해 주는 가치들에 초점을 맞춘다. 혼란스럽고 지저분하고 지독하게 애달플 때도 있지만, 그래도 이곳엔 죽을 수밖에 없다는 걸 알면서도 삶을 이어 가고 사랑을 실천하는 사람들로 가득하다.

돌이켜 보니, 죽음과 죽어 감을 다루면서 반평생을 보냈다. 여느 사람들처럼 죽음을 그저 남의 일인 양 여기며 살아가지만, 나 역시 아슬아슬한 상황을 여러 번 겪었다. 테러리스트의 폭탄을 간신히 피했고, 빙판길에 전복된 차에서 겨우 기어 나왔으며, 심지어 콩고 소년병들의 총탄 세례 속에서 도망쳐 나오기도 했다. 그러다 뒤늦게 죽음과 그것이 불러일으키는 필연적 상실감을 면밀히 살펴고자 의사가 되기로 마음먹었다. 완화 의료를 전문으로 하다 보니, 죽는 과정은 우리가 상상하는 것과 무척 다르다는 사실을 알게 되었다. 죽어 감은 곧 살아감과 같다. 여기선 아름답고 달콤쌉쌀하며 부서지기 쉬운 게 인생이라는 삶의 본질을 반드시 이해해야 한다. 우리가 무슨 일을 하는지 알면 무척 놀랄 것이다.

레이첼 클라크

PART 1

병원에서 죽는다는 것

: 인간다운 죽음을 위한 이야기들

1 아버지는 알고 있었지만 나는 몰랐던 것

우리는 모두 언제 목이 날아갈지 모르는 채 함부로 돌아다니고
시간을 낭비하고 순간을 즐기고 운명을 거스르면서
허술한 구멍 사이로 요리조리 빠져나간다.

– 메기 오페럴,《나는 살아 있다, 살아 있다, 살아 있다 I Am, I Am, I Am》(국내 미출간)

나는 감수성이 예민한 일곱 살 때 처음으로 죽음을 인지했다. 전부 듀이 선생님 때문이었다. 냉전이 한창이던 당시, 선생님은 더하기 빼기를 가르치다 말고 난데없이 핵전쟁 이야기를 꺼냈다. 빼빼 마른 몸에 날카로운 눈매를 한 이 여교사는 학생들의 나이를 생각지도 않고 '상호 확증 파괴' 같은 어려운 말을 들먹이며 우리의 혼을 쏙 빼놓았다.

"애들아! 러시아가 쳐들어올 거야. 정말이야. 러시아가 곧 쳐들어온

다니까."

　러시아가 무엇인지 확실히 알지도 못하면서 우리는 그 말에 오줌을 지렸다. 그들이 오면 엄마, 아빠, 형제, 자매 할 것 없이 모조리 학살할 거라고 생각했다. 우리가 당연하게 여겼던 행복한 세상이 순식간에 사라지고 종말이 찾아올 것 같았다. 너무 엄청난 일이라 자그마한 내 머리로는 도저히 상상할 수도 없었다. 한 개인의 죽음도 아니고 한 종種의 소멸이라니! 어떤 인간도 살아남지 못한다니! 두려움이 뼛속까지 스며들었다.

　아이들은 원래 눈앞의 자질구레한 일에 푹 빠져 죽을 운명이니 뭐니 하는 이야기를 금세 까먹는다. 하지만 나는 잠자리에 들면서 다음 날 아침에 눈을 뜰 수 있을지 진심으로 걱정했다. 두려움에 떠느라 잠을 설쳤고, 겨우 잠이 들어도 핵폭발로 생긴 버섯구름이 꿈에 어른거렸다. 한번은 잠결에 거실로 나가 창틀을 더듬다가 그만 갖가지 장식품을 떨어뜨리고 말았다. 그 소리에 놀란 아버지는 알몸에 부지깽이 하나만 들고 거실로 뛰쳐나왔다. 도둑이 든 줄 알았던 것이다. 그런데 거실에서 발견한 것은 눈을 꼭 감은 채 두려움에 떨고 있는 딸이었다.

　"러시아가 쳐들어온대. 러시아가 쳐들어온대. 우린 이제 다 죽을 거야." 아버지는 어둠 속에서 나를 번쩍 안아 들고 다시 침대에 눕혔다. 나는 아버지의 품에 안긴 채 안도했다. 아버지의 품 속에서라면 누구도 날 건드리지 못할 것 같았다.

　다행히도 핵전쟁과 인류 종말에 대한 유년기의 실존적 불안은 곧 더 긴급한 관심사로 대체되었다. 점심 식사로 토마토케첩 샌드위치만 고집하는 것으로 유명한 벤 하디가 나와 결혼해 줄지가 나한텐 더 중요했다. 여느 아이들처럼, 나 역시 하루하루 살아가는 데 정신이 팔리면서 죽음 같은 추상적인 일에 신경 쓸 겨를이 없었다.

죽음은 그저 오락 프로그램의 황당한 설정에서나 등장했다. 금요일 저녁만 되면 나는 언니 오빠와 함께 나란히 소파에 앉아 BBC에서 방영하는 영화 〈타잔〉을 시청했다. 올림픽 수영 선수에서 1930년대 할리우드 스타로 거듭난 조니 와이즈뮬러는 이 영화에서 주인공 타잔 역을 맡아 매끈한 근육질 몸매로 특유의 고성을 내지르며 정글을 누볐다. 그런데 영화에서 우리가 가장 좋아한 것은 조니가 아니었다. 그의 조수이자 꼬마라 불리는 야생 소년도 아니었다. 겨우 여덟아홉 살밖에 안 된 우리가 진짜로 좋아한 장면은 따로 있었다. 바로 영화 막바지에 이르러 악당이 응당 받아야 할 처벌을 받는 끔찍한 장면이었다.

"나무다!"

나무가 등장한 순간, 우리 중 하나가 기다렸다는 듯이 사악한 목소리로 외쳤다. 당시엔 이렇게 오싹한 피날레를 보여 주는 영화가 많지 않았다. '나무 장면'에선 (타잔의 표현을 빌면) 광분한 원주민이 등장해 나무 두 그루를 X자로 연결한 다음 악당의 사지를 양쪽 나무에 묶었다. 한쪽 기둥엔 악한의 왼팔과 오른 다리를, 다른 쪽 기둥엔 오른팔과 왼 다리를 단단히 묶었다. 운 나쁜 악당이 나무 위에서 벌벌 떠는 사이, 원주민은 북을 둥둥 울리며 미친 듯이 춤을 추었다. 타잔 본인은 숨어 있거나 붙잡힌 상태라 임박한 살육 행위를 막을 수 없었다. 잠시 후, 날이 넓고 긴 마체테 칼이 위로 번쩍 들렸다. 나무를 연결한 로프가 툭 잘리고 여배우가 고개를 휙 돌리는 순간, 총알이 날아가는 듯한 소리와 함께 나무가 제자리로 돌아가면서 희생자를 반으로 쫙 갈랐다.

"나무! 나무!"

우리는 나무를 가리키며 한바탕 웃어 젖힌 후 매주 열띤 토론에 들어갔다.

"사람은 반으로 갈라지지 않아." 우리 중 하나가 단언했다.

"아냐, 갈라져! 정 가운데로 쫙 갈라진다니까."

"천만에, 그럴 수 없어. 다리와 팔만 쑥 빠지는 거야. 빠진 팔다리는 나무 기둥에 그대로 붙어 있고, 몸통만 떨어져서 피를 철철 흘리다 죽는 거야."

"그게 아니라 몸이 절반으로 갈라지는 거라니까. 가랑이에서 머리까지 쫙 갈라진 다음, 달랑거리던 머리가 밑으로 떨어져서 결국 죽는 거야."

누구도 주장을 굽히지 않았다. 어쩌다 일찍 퇴근한 날이면 아버지도 우리와 함께 〈타잔〉을 보며 학살 장면을 즐겼다. 아버지는 나무 장면에서 우리만큼이나 깔깔 웃었다.

두 젊은 병사의 마지막 순간

— 1970년대에는 사람들이 늑대 인간이나 사이보그, 상어에게 공격을 당해 죽는 장면이 텔레비전에 자주 등장했다. 소름 끼칠수록 더욱 인기를 끌었다. 살육 장면을 보고 환호하는 것이 왠지 나쁜 행동

같다고 느끼면서도 어차피 영화 속 허구요, 가짜 죽음이니 웃고 즐겨도 된다고 생각했다. 나에게 죽음은 이야기 속에나 등장하는 이벤트에 불과했다.

그러던 중에 처음으로 '진짜' 죽음이 뭔지를 어렴풋하게나마 알게 된 계기가 있었다. 아버지가 들려준 젊은 시절의 일화를 통해서였다. 아버지는 40년 동안 의사로 재직했는데, 그 대부분을 일반 가정의로 보냈다. 당시 가정의는 일 년 내내 밤낮없이 동네 사람들을 돌봐야 했다. 반대로 젊은 시절에는 해군 마취과의 군의관으로 복무하며 전 세계 바다를 누비고 다녔다.

나는 아버지가 아픈 사람들을 치료해 준 이야기를 듣는 것을 매우 좋아했다. 환자가 고통이나 절망을 쏟아 내도 아버지는 전지전능한 신처럼 그들의 목숨을 살려 내는 것 같았다. 아버지는 자신을 평범한 의사로 간주했을지 모르지만, 어린 내 눈엔 이론의 여지 없는 훌륭한 영웅이었다.

하지만 그날 들려준 이야기에서 아버지는 완전히 딴 사람이었다. 의과 대학을 갓 졸업하고 군의관이 된 풋내기 의사이자 미숙한 청년일 뿐이었다. 당시 아버지가 근무하던 군함은 남중국해를 지나고 있었는데, 갑자기 보일러실에서 큰 폭발음이 들렸다. 압력 밸브의 걸림으로 증기가 쌓이다가 터지는 바람에 하급 수병 두 명이 전신에 화상을 입는 큰 사고가 발생했다.

"둘 다 나보다 어렸단다." 아버지가 말했다. "잘해야 열여덟이나 아홉쯤 됐을까."

"그래서 죽었어요?" 내가 얼른 물었다. 그런 상황에서 살아남는 게 얼마나 끔찍할지 상상할 수조차 없었다.

"아니, 그 자리에서 죽진 않았어. 하지만 그게 더 끔찍했지."

아버지는 이야기에 열중한 나머지 어린아이를 상대한다는 사실도 잊었다. 두 부상병은 현장에서 구출되어 생명이 붙은 채로 의무실로 실려 왔다. 상급 군의관과 아버지는 분주히 움직이며 화상 부위에 드레싱을 하고, 기도를 확보하고, 정맥 주사를 놓아 수분과 모르핀을 주입했다.

"모르핀이 뭐예요?" 내가 물었다.

"굉장히 강력한 진통제란다. 사실 그들에겐 진통제가 필요하지 않았어. 통증을 느끼지도 못했으니까."

햇볕에 심하게 타기만 해도 얼마나 괴로운지 알기에 아버지의 말이 곧이들리지 않았다. 아버지의 무뚝뚝한 설명이 바로 이어졌다.

"통증을 느끼려면 피부에 신경 종말이 필요하단다. 그들은 살갗이 다 타 버렸기 때문에 신경 종말이 하나도 없었어. 그러니 통증을 느낄 수 없었던 거야. 마음을 푹 놓고서 그냥 웃고 떠들었다니까. 사고를 용케 피한 줄 알았던 거야."

아버지의 말투와 태도가 왠지 평소와 달랐다. 마치 그곳으로 돌아간 것 같았다. 나는 몸을 곧추세우고 아버지에게 바싹 기댔다.

"우린 육지에서 수백 마일이나 떨어져 있었어. 그들을 병원으로 이송하려면 홍콩까지 항해해야 하는데, 하루나 이틀은 족히 가야 할 거리였어. 내 임무는 그들 곁에 머물면서 어떻게든 안심시켜 주는 거였어. 그들은 죽어 가는 줄도 몰랐어. 통증이 전혀 없는데 어떻게 알았겠니? 게다가 눈에 붕대를 감아 놓아서 부상 정도를 볼 수도 없었거든. 하지만 난 알았지. 전신에 이 정도로 깊은 화상을 입으면 치명적이라는 것도, 육지에 상륙하기 한참 전에 그들이 의식을 잃을 거라는 것도 다 알았어. 결국 내 임무는 그들에게 거짓말을 하는 것이었어."

직무상 억지로 거짓말을 해야 한다니, 나는 도무지 이해할 수 없었다. 청교도 정신에 상당히 세뇌된 아홉 살 여자아이로서, 나는 선의의 거짓말조차 인정하지 않았고 인간의 가치를 엄격한 잣대로 판단했다. 옳거나 그르거나, 흑이거나 백이거나, 존경할 가치가 있거나 없거나 둘 중 하나였다. 하지만 그날은 아버지의 서글픈 얼굴 때문에 어느 쪽으로도 판단하기 어려웠다. 아버지는 장기가 하나씩 손상되어 간다는 사실을 그들에게 알리지 못해 틀림없이 괴로웠을 것이다. 내가 갈피를 잡지 못하는 사이, 아버지가 한결 부드러워진 목소리로 이야기를 계속했다.

"해군이 그들의 부모를 홍콩에 오도록 조치했단다. 그래서 두 청년은 홍콩에 가면 바로 부모님을 만날 거라고 생각했어. 한 청년은 여자 친구가 있었는데, 자신의 모습을 보고 어떻게 반응할지 걱정했어. 그래서 난 아주 로맨틱한 만남이 될 거라고 거짓말을 했단다. 그들이 좋은 마음으로 떠나길 바랐거든. 내 눈엔 여전히 새파란 청년으로밖에 안 보였단다. 결국 그들은 스물네 시간쯤 지나면서 정신이 혼미해지더구나. 그리고 얼마 안 가서 의식을 잃었어."

"하지만… 그들을 구하기 위해 아빠가 할 수 있는 일이 없었어요?"

내가 물었다.

"없었단다. 아무것도 할 수 없었단다."

"그래서… 결국 죽었어요?"

"그래, 결국 죽었단다, 레이첼."

아버지가 잠시 고개를 돌렸다. 난 울고 싶었다. 머리도 어지러웠다. 죽는 줄도 모르고 들떠 있던 두 젊은이와 무기력해 보이는 아버지 가운데 누가 더 나를 어지럽히는지 종잡을 수 없었다. 나는 의사가 신과 비슷한 역할을 수행한다고 생각했었다. 내 아버지가 그런 사람이라는 게 자랑스러웠다. 그런데 그날은 의학에 대한 불편한 진실을 마주한 기분이었다. 의사에게 요구되는 임무는 실로 엄청난 반면, 의사 역할을 맡은 사람은 환자와 마찬가지로 미약한 인간일 뿐이었다. 싫든 좋든, 나는 아버지를 여느 사람들처럼 허점도 있고 오류를 저지를 수도 있는 사람으로 인식하게 되었다. 공감이 무슨 말인지도 몰랐지만, 그날은 아버지의 슬픔이 조금 이해되었다.

아버지가 들려준 온갖 이야기 가운데 이만큼 깊은 인상을 남긴 건 없었다. 일을 마치고 지친 얼굴로 돌아온 아버지를 수없이 지켜봤다. 너무 지친 나머지, 아버지는 자식들을 돌아볼 여력도 없이 소파에 털썩 주저앉았다. 하지만 그때까진 의술의 핵심이 영웅적 행위가 아니라 배려일 거라곤 생각지도 못했고, 그러한 배려 본능이 사람을 얼마나 힘들게 하는지도 미처 몰랐다.

시간이 한참 흐른 뒤, 아버지가 실은 임박한 죽음 앞에서 완화 의료를 시행했던 거라는 생각이 들었다. 아버지는 창문도 없는 갑갑한 의무실에서 끔찍한 모습의 환자들을 상대로 어떻게든 삶의 질을 유지시키려고 애썼다. 기존의 의학적 관점에선, 아버지는 아무것도 성취하지 못했다. 그들을 살리지도 못했고, 상황을 개선하거나 죽음을 늦추지도 못했다. 하지만 인간적 관점에선, 가혹한 운명 앞에 놓인 두 청년의 곁을 끝까지 지키며 위로해 주었다. 아버지는 그들의 새카맣게 단 몸뚱이와 임박한 죽음에 대한 두려움을 억누르면서, 그 순간 가장 중요한 일을 수행했다.

삶에 관한 아주 다른 이야기

— 의사인 아버지와 간호사인 엄마를 둔 탓에, 우리 형제자매는 인간의 죽음을 인구 통계 자료에서나 볼 수 있는 추상적 경험으로만 받아들이지 않았다. 아버지가 수시로 들려준 이야기도 이에 한몫했지만, 그보다는 아버지가 환자들의 삶에 너무 몰입한 나머지 자신도 모르게 집에까지 죽음의 그림자를 달고 왔기 때문이다.

한번은 한가한 일요일 오후에 경찰이 갑자기 아버지를 호출했다. 그 주 내내 내리쬔 뜨거운 햇살에 웃자란 잔디도 그냥 방치한 상태였다. 영국과 호주의 크리켓 라이벌전을 앞두고 전국이 들썩거렸다. 그렇지만 아버지는 결국 영국 선수들이 호주를 강타하는 장면을 지켜보지 못했다. 위급한 환자가 들이닥쳐서가 아니었다. 현직 의사만 제공할 수 있는 형식적 절차 때문이었다. 수 킬로미터 떨어진 곳에서 한 젊은이가 고속 열차 철로에 몸을 던졌는데, 이런 예기치 못한 사망 사고가 발생하면 의사가 반드시 사망 확인서에 정황을 기록하고 서명해야 했기 때문이다.

아버지는 집으로 돌아오자마자 우리가 듣고 있다는 사실도 잊은 채 욕설을 내뱉었다.

"빌어먹을! 순전히 시간 낭비였지 뭐야. 그런 상황에서 의사가 왜 필요하냔 말이야. 철로에서 500미터나 끌려가며 피 칠갑을 해 놓았는데 말이야. 살점이 으깨진 블랙베리처럼 널려 있더라니까."

어린 내가 보기에도 아버지의 분노는 크리켓 경기를 놓쳐서만은 아니었다. 내 입에선 질문이 쏟아져 나왔다.

"무슨 일이 있었는데요? '피 칠갑'이 무슨 말이에요? 살점이 어떻게 블랙베리처럼 으깨질 수 있어요?"

아버지는 화를 삭이면서 어린아이가 알아들을 수 있는 말로 상황을 설명했다. 사람의 몸이 블랙베리처럼 으깨진 상태에서도 법은 여전히 의사에게 사망 진단을 내리게 한다는 이야기를 어떻게든 설명하려 애썼다.

죽어 가는 두 수병을 돌보던 경험처럼, 이 사건도 아버지의 뇌리에서 쉽게 떠나지 않았다. 세월이 흐른 뒤에도 우리는 이 사건을 놓고 여러 번 이야기했다. 아버지는 한 사람을 자살로 내몰 정도의 절망감을 온전히 이해한다면서도 철도 기관사에게 더 깊은 동정을 보냈다. 그날 오후 철로 옆에서 만난 기관사는 몸을 부들부들 떨며 이미 자기가 쏟아 놓은 토사물 옆에서 연신 헛구역질을 했다.

"당시엔 그런 일을 겪은 사람에게 상담이나 휴가를 제공하지 않았단다. 다음 날도 평소처럼 출근해서 업무를 수행해야 했어."

하지만 아버지는 의사인 자신과 경찰관, 철도국 직원이 겪어야 했던 고통에 대해선 한마디도 하지 않았다. 그들도 7월의 한가한 주말에 가족을 두고 나와 청명한 하늘 아래에서 짓이겨진 인간의 몸을 대면해야 했다.

그날 나는 러시아가 쳐들어오지 않더라도 누구나 순식간에 끔찍하게 죽을 수 있다는 사실을 알게 되었다. 죽음이 사망자를 사랑했던 사람은 물론이요, 그를 전혀 모르던 사람의 인생까지 일시적으로나마 뿌리째 흔들 수 있다는 사실도 알게 되었다. 죽음의 그림자는 늘 멀지 않은 곳에 도사리고 있다가 어리석음이나 절망감, 그도 아니면 순전한 불운 때문에 언제든 우리에게 모습을 드러낼 수 있다는 사실을 어렴풋하게나마 알게 되었다.

아버지는 그날 오후 내내 화가 잔뜩 나 있었다. 우리는 눈치를 슬슬 보면서 아버지를 피해 다녔다. 아버지가 하는 일을 훗날 나도 할 거라곤 상상할 수도 없었다. 솔직히 말하면 상상하고 싶지도 않았다.

어렸을 땐 의학에 딱히 열정을 느끼지 않았다. 오히려 다소 상반된 감정을 느꼈다. 한편으론 아버지의 의학 이야기에 빠져들면서도, 다른 한편으론 의사들이 환자를 무자비하게 대하는 게 영 못마땅했다. 내 아버지라고 예외가 아니었다.

일례로 내가 하마터면 죽을 뻔했던 사건만 봐도 알 수 있다. 스코틀랜드 고지대인 포트 윌리엄의 숲속 통나무집에서 2주간 휴가를 보내고 있을 때였다. 오빠와 언니와 나는 온종일 밖에서 신나게 뛰놀았다. 개울에 댐을 쌓기도 하고 나무에 오르기도 했지만, 제일 신나는 놀이는 외줄 그네를 타고 개울을 건너는 것이었다. 그런데 나는 외줄 그네놀이를 제대로 즐기지 못했다. 개울로 떨어질까 봐 불안해서 도저히발을 뗄 수 없었다. 반대로 오빠와 언니는 외줄을 잡고 몸을 웅크린 다음, 총알처럼 휙 날아가 건너편 둑에 무사히 착지했다.

언니와 오빠는 어떻게 하면 그네를 제대로 탈 수 있는지 일장 연설을 늘어놓으며 나를 골렸다. 서서히 오기가 끓어오르더니 결국 두려움을 누르고야 말았다. 나는 둑 가장자리에 서서 힘을 잔뜩 주어 외줄을잡았다. 이번만큼은 기필코 반대편으로 넘어가서 언니 오빠에게 설욕하겠다고 다짐했다. 두 사람이 심사 위원처럼 지켜보는 가운데, 나는무릎을 얼굴 쪽으로 비틀어 올리면서 허공으로 몸을 날렸다.

순간, 못으로 칠판을 긁는 소리보다 더 거슬리는 소리가 귓전을 울렸다. 처음엔 멀리서 들리는가 싶더니 점점 더 가까워져 귀청이 떨어져나갈 듯했다. 2초쯤 지나서야 그 소리가 내 목구멍에서 난다는 사실을깨달았다. 물에 빠져 목덜미까지 잠긴 채 비명을 질러대고 있었던 것이다. 그 소리에 놀란 어른들이 번개같이 달려와 나를 잡아끌어 풀밭으로 올려 주었다. 개울 바닥에 질질 끌리고 둑 위로 휙 끌어올려지다보니 급격히 통증이 밀려왔다. 기절할 만큼 아팠지만 너무 무섭고 놀라서 살살 해 달라고 간청하지도 못했다.

아버지는 나를 통나무집으로 안고 가서 여느 의사들처럼 서둘러 상태를 살폈다. 엄마가 잔뜩 화나고 불안한 얼굴로 쳐다보는 사이, 아버지는 덜렁거리는 내 오른팔을 들어 올렸다. 오른팔이 움직이는 범위를 살피고자 이리저리 돌리는데 뼈가 삐걱거렸다. 그 바람에 상완골두, 즉 위팔뼈의 위쪽 끝부분에서 이제까지 느껴 보지 못한 통증이 폭풍처럼 밀려왔다. 나는 소파에 누운 채 그대로 기절해 버렸고, 엄마는 더 이상 참지 못하고 소리쳤다.

"제발 그만 좀 해요. 이러다 애 잡겠어요!"

우리는 가장 가까운 병원으로 출발했다. 병원까지 가려면 구불구불한 산길을 차로 한 시간 정도 달려야 했다. 나는 뒷좌석에 푹 쓰러진 채 차가 커브를 돌 때마다 몸을 가누려고 무진 애를 썼다. 앞자리에선 엄마와 아빠가 금속 핀을 박아서 팔을 고정해야 하는지 논의했다. 하마터면 목이 부러질 뻔했는데 그나마 다행이라는 말도 덧붙였다. 나는 눈을 꼭 감고 잠든 척하면서도 커브를 돌 때마다 좀 더 천천히 가자는 엄마에게 내심 고마웠다. 병원에 도착해 수술을 받고 하룻밤을 보낸 뒤 다시 산길을 따라 통나무집으로 돌아왔다. 그리고 팔을 수평으로 유지하도록 하는 두툼한 발포 고무로 겹겹이 싸인 채 남은 휴가를 보내야 했다. 꼴도 우스웠고 기분도 엉망이었다.

아동 문학 작가인 로알드 달은 어느 인터뷰에서 이렇게 말했다. 자신을 내려다보는 사람들한테 모든 권력이 귀속된 세상에서 사는 기분이 어떤지 기억하기 위해, 어른들은 일주일 동안 엎드린 상태로 지내 봐야 한다고 말이다. 나는 어린아이의 무력감과 모욕감을 진료실보다 더 적나라하게 느낄 수 있는 곳은 어디에도 없다고 본다. 이곳에선 아무 때나 압설자를 목구멍까지 집어넣고 혀를 눌러 대거나 금속 탐색자로 귀를 헤집거나 불쾌한 약물을 뿌려 댄다. 거기에 의사의 입 냄새는 덤으로 따라온다. 설상가상으로 의사 부모를 둔 아이는 온 세상이 진료실이나 마찬가지다. 여름휴가 기간도 예외가 아니다. 아버지는 진단을 내리기 위해 기절할 만큼 나를 아프게 했지만, 나는 그게 도가 지나친 행동일 수 있다고는 의심할 생각조차 못 했다. 엄마가 아빠를 격렬하게 말리는 걸 보고서야 어렴풋이 알아챘을 뿐이다.

6주 정도가 지나자 부러진 뼈가 잘 붙었다. 나는 발포 고무와 반창고를 제거하기 위해 외래 환자 진료실을 방문했다. 그리고 그곳에서 환자의 고통과 시련에 무감한 사람이 비단 의사만이 아니라는 사실을 배웠다. 머리를 단단히 틀어 올리고 입술을 꼭 다문 간호사가 반창고를 제거하기 위해 진료실에 들어왔다. 그녀는 로알드 달이 쓴 동화 속 주인공답지 않은 주인공 같았다. 입술을 오므리며 반창고를 떼려고 덤비는 모습은 마치 그 순간을 즐기는 사람처럼 보였다.

반창고는 쉽게 떨어지지 않았다. 내 부드러운 피부에 너무 단단히 붙어 있어서 억지로 떼어 내자 살갗이 함께 벗겨졌다. 나는 숨이 턱 막혔다. 그런데 간호사는 나를 달래기는커녕 일부러 내 몸을 돌면서 천천히 반창고를 하나씩 떼어 냈다. 핏방울이 복부 쪽으로 서서히 흐르고 있었다. 나는 이를 악물고 고개를 들어 형광등을 바라봤다. 소리를 지르지 않겠다고 굳게 다짐했지만 눈에 그렁그렁 맺힌 눈물이 나를 배신했다.

"다 됐다!" 간호사가 피 묻은 반창고와 발포 고무를 의료 폐기물통에 버리면서 말했다. "나쁘지 않았지, 응? 별것도 아닌데 괜히 겁먹었구나."

  몇 주 뒤, 흉곽 주변에 생긴 상처 딱지를 떼면서도 그 간호사만 생각하면 주먹이 불끈 쥐어졌다. 하지만 살짝만 더 삐끗했더라면 두동강 난 게 어깨가 아니라 목일 수도 있었다는 생각은 한 번도 떠오르지 않았다. 몇 년이 지난 뒤에야 내가 하마터면 죽을 뻔했다는 사실을 깨달았다.

동네 진료소에서 만난 자연스러운 삶과 죽음들

—   내가 의학 분야에 관심이 전혀 없던 것은 아니었다. 어렸을 땐, 개를 데리고 산책을 나갔다가 부엉이 펠릿(새가 토해 낸 뼈와 깃털 등 소화되지 않은 작은 덩이-역자 주)을 주워 와서 살피거나, 자그마한 설치류 뼈를 꼼꼼하게 분류해서 판지에 펼쳐 놓고 이름을 적기도 했다. 학교에서 여성의 생식계를 처음 배울 때, 지저분하고 불편한 월경을 한다는 사실이 너무 끔찍해서 그날 오후 내내 월경의 부산물을 자궁에서 결장結腸으로 우회시키는 골반 디자인을 스케치했다. 당시에는 그렇게라도 월경이라는 달갑지 않은 일을 회피하고 싶었다. 내가 새롭게 설계한 여성 생식 기관은 진화의 흐름을 거스를 수 있을 것 같았다.

  그렇긴 해도 어렸을 때 의사보다 작가에 관심이 더 많았다. 어른들 중에 글 쓰는 일로 돈을 버는 사람이 있다는 사실이 믿기지 않았다. 게다가 도서관에서 일주일에 책을 자그마치 여덟 권이나 빌릴 수 있다는 것도, 단어의 의미를 알려 주는 특이한 책이 있다는 것도 신기했다. 엄마에 따르면, 내가 어느 날 아래층으로 뛰어 내려와 책을 흔들어 보이며 이렇게 소리쳤다고 했다.

"엄마! 사전이라고 불리는 이 책에 대해 알고 있었어요? 단어의 의미랑 읽는 법까지 전부 나와 있다니까요."

나는 주로 방과 후나 주말에 글을 끼적거렸다. 삽화도 서툴게나마 그려 넣었다. 내장 적출과 절단 등 섬뜩한 이야기와 그림이 많았는데, 이건 순전히 아버지 탓으로 돌리고 싶다. 아버지의 작은 서재에는 바닥에서 천장까지 짜 맞춘 책장이 늘어서 있었다. 책장마다 제임스 조이스, 해롤드 로빈스, 아이작 아시모프, 제프리 아처 등 다양한 작가의 작품이 빼곡하게 꽂혀 있었다. 그 덕에 나는 아주 어렸을 때부터 나이에 걸맞지 않는 책을 두루 섭렵했다. 부모님이 잠자리에 든 후에 이불 속에 들어가 손전등을 켜 놓고 책을 몰래 읽기도 했다. 제임스 본드와 모디스티 블레이즈 시리즈에선 짜릿한 흥분을 느꼈고, 에드거 앨런 포의 공포물에선 내가 쓰려는 소름 끼치는 이야기의 영감을 얻었다.

그럼에도 불구하고 최고의 글감은 책이 아니라 내 아버지, 마크 렌달 박사에게서 나왔다. 아버지는 동네 사람들을 오랫동안 진료하면서 그들 가정의 대소사까지 두루 꿰고 있었다. 시장통에 있는 진료소까지 걸어가는 동안 아버지는 "렌달 박사님, 안녕하세요?"라는 소리에 몇 번이나 걸음을 멈춰야 했다. 크리스마스 시즌엔 환자들이 보내 준 선물이 너무 많아서 트리 아래에 다 놓지도 못했다.

그러나 자식들의 관점에서 보면, 환자들의 감사 인사와 선물은 아무 의미가 없었다. 환자들에게 헌신하며 보낸 시간은 곧 가족들과 보내지 못한 시간을 뜻했다. 의사들 대부분이 그렇듯이, 아버지도 진료에 기력을 모두 소진하고 녹초가 돼서야 집에 돌아올 때가 많았다. 더군다나 지역 보건의는 의무적으로 사흘에 한 번씩 당직을 서야 했다. 그런 삶이 어떠한지는 몸소 겪어 봐야 알 수 있다. 아버지는 이틀 걸러서 아침 아홉 시부터 다음 날 저녁 일곱 시까지 연속해서 일했다. 왕진을 요청하는 전화가 밤새 이어졌다. 아버지가 환자를 돌보러 나간 사이엔 엄마가 전화를 받았다. 그래서 두 분은 늘 수면 부족에 시달렸다. 밤을 새워 일하고 난 아침에는, 그날 마주할 환자의 생사를 좌우할지도 모를 중요한 결정을 내리기는커녕 커피 끓일 기운도 없어 보였다. 피로 때문에 신경이 예민해진 날에 우리가 꾸물거리며 등교 준비를 하면 아버지의 목소리가 곱지 않았다.

나와 언니 오빠는 일 년에 한 번 아버지가 일하는 모습을 곁에서 지켜볼 수 있었다. 우리는 크리스마스 날 아침이 되면 양말 속 선물을 꺼내 풀어 보고 식사를 마친 다음 아버지가 운영하는 진료소로 향했다. 요즘엔 작은 시골 병원이 대부분 문을 닫았지만, 당시엔 멀리 떨어진 시립 병원까지 가기 어려운 사람들을 위해 훌륭한 의료 서비스를 제공했다. 이런 진료소는 주로 환자들의 처지를 잘 아는 지역 보건의 한 명이 운영했다. 이곳에서 아기들이 태어나고 그들의 증조부모가 눈을 감았다. 아버지는 동네 사람들의 삶을 잘 알았다.

크리스마스에도 진료소에서 보내야 하는 환자가 해마다 몇 명씩 있었다. 주로 80대 이상의 노인들이었다. 아버지는 가족을 대동하고 진료소로 출근해 환자들을 보살폈다. 나는 대여섯 살 때부터 요오드 냄새와 지린내 때문에 헛구역질을 하면서도 주름이 자글자글한 환자들 사이를 돌아다니곤 했다. 다른 방문자는 거의 없었다. 그들에게는 의사 가족의 방문이 크리스마스의 하이라이트였던 것 같았다.

아버지가 병실로 들어서면, 쪼글쪼글하고 노쇠한 환자들의 얼굴에 화색이 돌았다. 그리고 언니 오빠와 내가 가까이 다가가면, 그들은 어린아이와 얘기할 기회가 생겼다며 무척 기뻐했다. 나는 그런 만남이 어색하고 불편하면서도 우리의 방문이 병상을 벗어날 수 없는 환자들에게 소중한 크리스마스 선물일 수 있겠다는 생각이 들었다.

A레벨(영국 대입 준비생이 18세 무렵 치르는 과목별 상급 시험-역자 주) 과목을 선택할 무렵까지만 해도, 나는 의학이 사람과 연결됐다거나 화학이 의학과 연결됐다는 사실을 별로 의식하지 못했다. 다만 아버지는 예외였다. 아버지는 의학을 인간적으로 느끼게 해 주었다. 어렸을 땐 아버지를 영웅으로 받들며 빠져들었던 온갖 이야기가 이젠 부녀지간의 친밀감을 상징하는, 좀 더 미묘하고 복잡하고 소중한 형태로 바뀌었다. 아버지는 환자를 잃으면 심장에 녹이 스는 것처럼 상실과 좌절의 아픔을 느꼈다. 아버지는 나에게 그런 아픔까지 솔직하게 털어놓으며 의사로서 자신의 부족을 인정했다. 어렸을 땐 미처 몰랐던 아버지의 고통을 이젠 알아차릴 수 있게 되었다. 그제야 아버지가 부러진 내 팔을 만질 때, 내가 아팠던 것만큼 아팠을 거라는 생각이 들었다.

"아빠, 내가 A레벨 영어를 선택하면 화학은 못 듣는 거 알죠?"

어느 일요일 오전, 아버지와 나는 개를 데리고 집 주변 농장을 산책하면서 이런저런 이야기를 나눴다. A레벨 선택 마감일이 다음 날로 다가왔다. 대학 준비 과정은 별 어려움이 없었지만, 시간표상 화학과 영어가 겹쳤다. 아버지는 그게 무슨 뜻인지 정확히 알았다.

"흠, 의대 진학에 필요한 과목을 선택하면 네가 제일 좋아하는 과목을 공부할 수 없는 기구나."

내가 고개를 끄덕였다. 우리는 말없이 걸음을 옮겼다. 그래도 우리 사이엔 불편한 기류가 흐르지 않았다. 멀리 앞쪽에서 래브라도종인 우리 개가 서툰 솜씨로 토끼를 쫓는 모습이 보였다. 우리는 한바탕 웃고 나서 소똥을 피해 한 발씩 깡충거리며 나아갔다. 잠시 후, 나는 아버지가 대답하지 않을 줄 알면서도 기어이 질문을 던졌다.

"아빠는 내가 의사의 길을 걷는 게 좋다고 생각해요?"

아버지가 그렇다고 대답했다면, 나는 군말 없이 따랐을 것이다. 아버지도 그 점을 잘 알았다. 그래선지 잠시 뜸을 들이다가 웃으며 입을 열었다.

"네가 어떤 길을 걸을지 내가 정해 줄 순 없단다, 레이첼. 그건 네가 결정해야지."

부모님은 단 한 번도 당신들 뜻대로 내 앞길을 정하려 하지 않았다. 그 점을 무척 감사하게 생각하면서도 한편으론 아버지가 내게 뭘 하면 되는지 알려 줬으면 싶었다. 얄궂게도, 내가 의학도의 길을 접은 이유는 결국 아버지 때문이었다. 나는 소명 때문이 아니라 아버지가 나를 자랑스럽게 여기면 좋겠다는 마음에서 의사가 되려는 게 아닐까 하고 조심스러웠던 것이다.

나는 치료를 통해 사람들을 돕는 것보단 단어를 사용해 세상을 더 나은 곳으로 만들겠다는, 다소 막연하고 낭만적이며 유치한 생각을 품었다. 이야기는 단순한 오락물보다 훨씬 더 유익하다. 이야기는 생명을 구할 수도 있다. 사람들은 간혹 이야기를 전하려고 목숨을 내놓기도 한다. 이상주의에 빠져 있던 10대 시절, 나는 한 삐삐 마른 남자가 독재 정부에 항거하는 모습을 담은 BBC의 방송에서 눈을 떼지 못했다. 세계 언론이 지켜보는 가운데 러닝셔츠 차림의 남자는 중국의 천안문 광장에서 독재 정부의 탱크에 홀로 맞섰다. 지구 어딘가에선 진실을 말하면 죽을 수도 있다고 생각하자, 저널리즘이 도덕적 의무처럼 느껴졌다. 의료와 관련된 아버지의 이야기에 매료됐던 그 오랜 세월 동안 나는 두 직업, 즉 저널리즘과 의학의 핵심이 근본적으로 스토리텔링일 수 있다는 생각은 한 번도 해 보지 않았다.

내가 살아 있는 건 우연이라 해도
과언이 아니었다

— 나는 대학에서 철학과 정치학과 경제학을 공부하기로 마음먹고 입학할 날만 손꼽아 기다렸다. 그때만 해도 의학이나 죽을 운명 따위는 안중에도 없었다. 그런데 죽음의 그림자가 순식간에 내 삶을 덮치는 사건이 벌어졌다.

한겨울이었다. 음산한 영국 날씨답게 새벽 동은 도무지 틀 것 같지 않았고, 오후 햇살은 티타임이 오기도 전에 사라져 버렸다. 그런 날씨에도 굴하지 않고 동네 친구 하나가 신나는 계획을 세웠다. 저녁 무렵에 우리 집 문 앞에 당도한 톰은 가만히 서 있지도 못할 만큼 들떠 있었다. 그는 손가락 끝으로 낡은 자동차 키를 빙빙 돌리고 있었다.

"내 차야. 진짜 내 차." 톰이 우쭐해서 말했다. "한 바퀴 돌까?"

나는 진입로에 서 있는 고물차를 멍하니 바라봤다. 세상에서 가장 빠른 페라리보다 이 똥차가 더 스릴 넘칠 것 같았다. 어떻게 생겨 먹었든 간에 10대에게 차는 갑갑한 일상에서 탈출하게 해 주는 수단이자 황홀한 일탈의 상징이었다.

"정말? 이게 정말 네 차란 말이야?" 나는 흥분해서 물었다. "부모님이 정말로 너한테 차를 줬단 말이야?"

톰은 며칠 전 운전면허 시험에 합격했고, 그 보상으로 뜻밖의 선물을 받았다.

"그렇다니까. 얼른 나와. 한 바퀴 신나게 돌아보자."

이 이야기가 어떻게 끝날지는 말하지 않아도 짐작할 것이다. 입김마저 얼어 버릴 것 같은 추운 날씨였다. 시골길엔 일주일 내내 블랙 아이스가 끼어 있었다. 시동이 덜덜 걸리자 톰은 어설프게 후진한 뒤 규정 속도로 침착하게 동네를 벗어났다. 그런데 툭 터진 들판이 나오자 속도를 높이기 시작했다. 기어를 바꾸면서 와 하고 함성까지 내질렀다. 스피드를 즐기려는 톰의 모습이 처음엔 조금도 무섭지 않았다. 엔진에 무리가 가서 크르릉 소리가 나는데도 우리는 웃음을 터뜨렸다. 길가에 늘어선 생울타리가 심하게 흔들렸다. 짜릿한 스피드와 해방감에 도취되어 누구도 어른이 된 우리를 막지 못할 것 같았다.

그런데 어느 순간 톰에게서 뭔가 원시적이고 위험한 기운이 감돌기 시작했다. 톰이 액셀을 꾹 밟자 엔진이 항의라도 하듯 굉음을 울렸다. 그 소리에 나는 머리끝이 쭈뼛 섰다.

"톰, 속도 좀 줄여야겠다."

하지만 톰은 들은 척도 하지 않았다.

"톰, 진짜 속도 좀 줄여. 너무 빠른 것 같아."

내가 간청하면 할수록 톰은 더 무모하게 방향을 틀면서 질주했다. 내 비명이 그를 더 흥분시키는 것 같았다. 아드레날린이 솟구치고 입안에서 쓰디쓴 담즙 같은 게 느껴지는 와중에도 내 눈은 전방을 주시하며 제 구실을 충실히 해냈다. 핸들을 움켜쥔 톰의 손이 심하게 흔들렸다. 나는 다음 순간 무슨 일이 펼쳐질지 정확히 알았다. 차는 이제 달리는 게 아니라 미끄러질 것이다. 톰은 곧 통제력을 완전히 잃을 것이다. 우리는 마주 오는 차를 향해 돌진할 것이다. 차가 충돌하고 두개골이 유리에 부딪쳐 박살 나도 우리는 무슨 일이 벌어졌는지 알아차리지도 못할 것이다. 안전벨트에 묶인 채 깨지고 짓눌려 순식간에 숨통이 끊어질 테니까.

아니나 다를까, 차가 휘청거리며 차선을 벗어나기 시작했다. 톰이 핸들을 홱 꺾어도 소용이 없었다. 귓전을 울리는 소리가 쿵쾅거리는 심장 소리인지, 금속에 닿는 브레이크 패드 소리인지 분간할 수 없었다. 우리 중 누구도 이 상황의 결말을 바꿀 수 없었다. 반대 차선으로 세 번째 밀려갔을 때 갑자기 가속도가 붙으며 바퀴가 붕 떠올랐다. 우리는 하늘로 솟구쳤다. 그리고 쿵 부딪히고 끼이익 미끄러지더니 결국 차는 배수로에 거꾸로 처박혔다. 차축이 위에서 마구 돌았다.

창문이 모조리 깨지고 차체가 심하게 일그러졌다. 폐차하는 게 나을 성싶었다. 이 정도의 사고라면 누구도 살아남을 수 없을 것 같았다. 하지만 우리는 머리부터 발끝까지 유리 파편을 뒤집어쓴 채 밖으로 기어 나왔다. 어찌 된 일인지 여기저기 긁히고 온몸이 부들부들 떨렸지만 다친 데는 없었다. 연기가 피어오르는 고철 옆에서 우리는 서로를 붙잡고 말없이 서 있었다. 날씨는 지독히 추웠다. 하얗게 응축되는 숨결은 우리가 여전히 살아 있음을 세상에, 그리고 우리 자신에게 보여 주는 확실한 증거였다.

도로 끝에 작은 집이 한 채 보였다. 한 노부인이 잠옷 바람으로 나와 있었다.

"이쪽으로 오너라." 노부인은 우리를 불러서 집안으로 안내했다. "쾅 하는 소리에 잠이 깼단다. 뭐가 터졌나 싶었어."

나는 집에 연락했다. 몸을 움직일 때마다 머리에서 유리 파편이 후드득 떨어졌다. 부모님은 파손된 차를 보더니 놀란 입을 다물지 못했다. 우리는 말없이 집으로 향했다. 무슨 말을 하겠는가! 톰과 나는 한마디도 하지 않았다. 나는 하루 내내 머릿속으로 사고 당시의 상황을 느린 동작으로 돌려 본 뒤, 마음을 정리했다. 그것도 아주 싹 정리했다.

'계속 나아가.' 나는 속으로 다짐하고 또 다짐했다. '멈추지 마. 돌아보지도 마. 난 이제 겨우 열여덟 살이야. 아직 앞날이 창창하다고.'

참 별것 아닌 삶

결국 그들의 방문을 받지 않는 거리는 없다

– 필립 라킨의 시 '앰뷸런스'

시신을 처음 봤을 때, 솔직히 말하면 아무 느낌도 들지 않았다.

봄인데도 도시는 여름처럼 활기가 넘쳤다. 우중충한 날씨가 이어지는 런던에 때 이르게 눈부신 햇살이 비치자 도심은 어느새 축제 분위기가 되었다. 사람들이 빛을 향하는 식물처럼 고개를 들었고, 도시의 냉랭한 기운은 푸른 하늘과 따사로운 볕에 금세 녹아내렸다. 비좁은 전동차 안에서 벌이는 자리다툼도, 밀리는 도로에서 서로 먼저 가려다

벌이는 언쟁도 모두 수그러들었다.

1999년 4월 30일 금요일, 번잡한 대도시의 예민함과 성급함이 화창한 공기 속으로 날아가 버렸다. 20대 중반에 이른 나는 방송국의 새내기 기자로 열심히 일하면서도 언젠가 의사가 되겠다는 몽상에 잠기곤 했다. 그날 저녁, 방송국 스튜디오를 벗어나 남자 친구인 매트를 만났을 때 런던은 황금빛으로 물들어 있었다. 우리는 코트를 벗고 활짝 웃으며 헝거포드 브리지를 느긋하게 걸었다. 발밑으로 흐르는 템스 강이 금빛 햇살을 받아 반짝거렸다. 멋진 선물 같은 저녁 시간을 음미하기 위해 야외에서 술을 마실 만한 곳을 찾았다. 런던 사람들이 죄다 같은 생각을 했는지, 소호 거리는 손에 맥주잔을 든 젊은 남녀로 바글거렸다.

햇살에 반쯤 취해서 매트와 팔짱을 끼고 걷다가 문득 날씨처럼 단순한 것에도 사람을 변화시키는 힘이 있다는 사실에 새삼 놀랐다. 주말을 맞아 서둘러 귀가하는 통근자 무리는 온데간데없고 온 런던이 태양을 겸허하게 숭배하는 것 같았다.

우리는 소호의 올드 콤튼 스트리트에 있는 한 술집으로 향했다. 나는 런던 LGBT(성 소수자: 레즈비언, 게이, 양성애자, 트랜스젠더의 머리글자— 역자 주) 커뮤니티의 중심지에 있는 애드미럴 던컨이라는 술집을 특히 좋아했다. 세련된 인테리어에 반항적인 분위기를 물씬 풍기는 이 작고 활기 넘치는 술집을 찾는 유명인들도 많았다. 하지만 그날 저녁, 누군가는 그곳을 찾는 이들에게 남몰래 반감을 품었던가 보다.

술집의 문으로 막 다가서려는데 '펑' 하는 굉음이 들렸다. 정신을 차려 보니 내 몸은 이미 도로 위에 엎어져 있었고, 뺨에 닿는 아스팔트의 감촉이 무척 거칠게 느껴졌다. 우왕좌왕하는 다리들이 흐릿하게 보였다. 거리가 요동치고 뒤집혀 보였지만 내 귀에는 아무 소리도 들리지 않았다.

나는 멍한 상태로 천천히 일어났다. 사람들이 흙먼지를 잔뜩 뒤집어쓰고 있었다. 몇 발자국 앞쪽에는 누군가가 쓰러져 있었는데, 그의 몸뚱이 옆에는 절단된 다리가 덩그러니 놓여 있었다. 흐릿한 눈으로도 주변 바닥을 물들인 그의 피가 선명해 보였다. 사람들이 혼령마냥 목적도, 방향도 없이 이리저리 헤매었다. 그런 모습을 멍하니 쳐다보는데 혼란스럽지도 두렵지도 않았다. 그냥 아무 느낌도 들지 않았다. 내가 왜 여기 있는지, 사람들이 왜 저러고 있는지 도무지 기억나지 않았다.

돌연 사방에서 경찰이 나타나더니 우리를 향해 돌아가라고 소리쳤다. 여전히 아무런 소리도 들리지 않았지만, 그들의 일그러진 표정과 몸짓에서 그들이 무슨 말을 하고 있는지 알아들을 수 있었다. 나는 순순히 뒤로 물러났다. 하지만 그들이 요구하는 대로 뛸 수는 없었다.

혼란한 와중에 까맣게 잊고 있던 매트와 우연히 마주쳤다. 우리는 말 없이 런던 시내를 가로질러 걸었다. 딱히 목적지도 없이 걷고 또 걸었다. 폭발 현장에서 멀어지면 그 사건이 없던 일이 될 거라는 헛된 희망을 품었는지 모른다. 그렇게 무작정 걸어가는데 다리가 너무 후들거렸다. 넘어질까 싶어 잠시 걸음을 멈췄다. 몇 시간이 지나서야 우리는 이스트 엔드에 있는 집으로 돌아올 수 있었다. 귀에선 여전히 윙윙 소리가 들렸다. 우리는 도착하자마자 텔레비전 화면에 시선을 고정한 채 하마터면 죽을 뻔했던 폭발 사건의 보도를 꼼짝 않고 지켜봤다. 한 발 짝만 더 내디뎠더라면? 1초만 더 빨리 도착했더라면? 그제야 두려움 이 엄습했다. 혼돈의 현장을 영상으로 마주한 그 순간, 뒤늦게 공포가 찾아왔다.

그는 죽고 나는 살았다, 단 1초 차이로

— 　사고 현장은 정말 끔찍했다. 못 폭탄이 애드미럴 던컨을 날려 버린 순간, 임신부를 포함해 세 명이 사망했고 여든 명이 넘게 다쳤다. 한 남자는 폭발 충격에 공중으로 9미터나 치솟았다. 다리가 절단된 채 자신의 피 웅덩이에 누워 있던 그 남자일지도 몰랐다. 관련 기사를 찾아보면 볼수록 욕지기가 올라왔다. 기자로서, 나는 타인의 불행만큼 흥미로운 기삿거리가 없다는 걸 익히 알고 있었다. 알면서도 자꾸만 기사를 뒤졌다.

못 폭탄을 터뜨린 사람은 데이비드 코플랜드라는 백인 우월주의자였다. 그는 흑인, 벵골인, 게이 커뮤니티를 노리고서 브릭스턴, 브릭 레인, 소호 등 세 곳에서 폭탄을 터뜨렸다. 코플랜드는 재판에서 자신을 하나님의 의로운 전령이라고 선언했다. 그리고 자신이 저지른 테러를 동성애 혐오 및 인종 전쟁의 서막이라고 묘사했다. 결국 코플랜드는 살인죄로 6회 연속 종신형을 선고받았다.

나는 폭발 사고 후 몇 주 동안 끔찍한 악몽에 시달렸다. 당시에는 느끼지 못했던 두려움이 어떤 식으로든 존재를 드러내려는 것 같았다.

밤에는 공황 상태로 깨어나 숨을 헐떡거렸고, 낮에는 주변의 피해자들을 위해 아무런 조치도 취하지 않았다는 죄책감에 시달렸다. 정말로 당시에는 다리가 절단된 남자를 포함해 죽어 가는 사람들을 도와야겠다는 생각이 전혀 들지 않았다. 누군가는 충격 때문이라고 말하겠지만, 나는 진실을 알고 있었다. 내가 설사 사람들을 도울 수 있는 상태였다 하더라도, 무엇을 어떻게 해야 할지 몰랐을 거라는 사실을 스스로도 너무나 잘 알고 있었다.

그날 저녁, 앰뷸런스 스물한 대와 응급 의료 헬기 한 대가 구급대원들과 의사들을 현장으로 실어 날랐다. 그들은 주저하지 않고 위험 속으로 뛰어들었다. 경찰도 마찬가지였다. 그들 가운데 폭발이 끝났는지, 더 일어날지 여부를 아는 사람은 아무도 없었다. 그럼에도 그들은 폭발 현장의 한복판에서 사람들을 안전하게 대피시키고 부상자를 치료했다. 단순히 맡은 임무를 수행했다고 볼 수도 있겠지만, 관점에 따라선 영웅처럼 행동했다고 생각할 수도 있었다. 어쩌면 오늘날의 슈퍼히어로는 타인을 구하려고 죽을지도 모르는 상황에 선뜻 뛰어드는 지극히 평범한 사람들일지 모른다.

스물다섯 살에 애드미럴 던컨 술집 앞에서 난생처음 시신을 마주하고 나서야 한 가지 사실을 깨달았다. 내가 그동안 봐 왔던 죽음, 이를테면 만화나 게임, 영화 등에서 보아 온 죽음은 살과 피로 이루어진 인간의 실제 죽음을 전혀 반영하지 못했다. 내가 손 놓고 바라보는 동안 한 남자가 피를 쏟으며 죽어 가고 있었다. 그 사실을 인정하기가 너무 고통스러웠기에 나는 아예 그것을 부정하는 쪽을 택했다.

우리 시대에는 젊은 나이에 죽을 뻔한 경험을 하는 일이 매우 흔하다. 나이 든 노인들의 경우 오랜 기간 건강이 나빠지고 쇠약해지면서 삶과 죽음의 경계가 흐릿해진 상태로 세상을 떠나지만, 21세기 젊은 이들은 비명횡사하거나 사고에 휘말려 죽을 뻔한 일을 예사로 겪는다. 가령 영국에서 아동 사망 원인의 60퍼센트 이상이 교통사고 때문이다. 신의 진노처럼 순식간에 죽음이 덮치면, 무슨 말을 남기거나 훗날을 계획할 시간이 없다. 무슨 일이 벌어지고 있는지도 모른 채 세상을 하직하게 된다.

못 폭탄에 비명횡사할 뻔한 뒤로, 나는 죽음을 부정하는 게 오히려 합리적이라는 확신이 들었다. 아무리 조심해도 막을 수 없는 상황에서 죽을 뻔했던 일을 병적으로 곱씹으면 무슨 이득이 있겠는가. 신경증에 걸린 듯 전전긍긍하느니, 현실에 집중하고 현명하게 대처하는 게 훨씬 나았다. 내가 얼마나 더 살지 누가 알겠는가. 노년에 이르게 될 먼 미래를 숙고하는 것도 방종의 극치 같았다. 활력 넘치는 내 몸이 언젠가는 시들고 쪼그라져 볼품없는 모습으로 전락할 거라는 사실은 익히 알고 있었다. 하지만 살아가도록 태어난 창조물인데, 왜 굳이 노화와 죽음을 숙고하겠는가? 이미 두 번이나 죽음을 모면했다. 나는 죽음에 항거했고 죽음의 그림자는 나를 덮치지 못했다.

언제 무슨 일이든 벌어질 수 있는 어이없는 세상에 산다는 것

— 　　세월이 한참 흐른 뒤, 아침 식사 중에 소호 못 폭탄 이야기가

불쑥 나왔다. 런던의 트라우마 거점 센터 중 한 곳인 세인트메리 병원에서 트라우마 치료 전문가로 일하는 헬기 요한슨이라는 친구와 함께한 자리였다. 헬기는 주로 테러리스트가 남기고 떠난 상처를 치유했다. 헬기에게 트라우마는 단순히 괴로움이나 비통함이 아니라 총상을 입거나 차에 치이거나 금속이 두개골을 관통하거나 잔해에 깔리는 등 육체적 외상이다. 트라우마 팀은 마른하늘에 날벼락 같은 상황을 다룬다. 부상의 긴급성과 심각성 때문에 즉시 치료하지 않으면, 부상자는 정신적 충격을 느끼기도 전에 생명을 빼앗길 수 있다.

헬기는 트라우마 치료 전문가로서, 의학 교육을 받지 않은 사람은 말할 것도 없고 동료 의사도 기겁할 만큼 으스러지고 뒤틀리고 부러진 육체를 날마다 다뤘다. 갑작스럽고 충격적이고 잔인한 죽음이 그의 '밥줄'이었다. 헬기는 오래전부터 테러리스트의 행동을 두려워하지 않기로 했다고 내게 말했다. 런던에서 테러 사건이 빈발했기 때문이 아니다. 합당한 이유도, 경고도 없이 갈가리 찢긴 인간의 비극적 모습을 날마다 접했기 때문이다.

"하필이면 그때 그 장소에 있다가 재수 없게 사고당한 사람들을 치료하는 게 내 일이죠." 헬기가 말했다. "그러다 보니 삶이란 게 얼마나 변덕스럽고 불안정한지 절감하죠. 한번은, 애인의 칼에 찔려 거의 죽을 뻔한 젊은 여자 환자에게 간호사가 그러더군요. 그런 일이 벌어진 데엔 다 그럴 만한 이유가 있다고. 내가 그랬죠. '아니, 그냥 재수가 더럽게 없었던 거야.' 그 말이 우스웠는지, 환자가 깔깔 웃더군요. 난 진심으로 한 말이었어요. 우리는 언제 무슨 일이든 벌어질 수 있는 어이없는 세상에 살고 있지만, 그 안에도 아름다움과 선함이 가득하죠."

헬기는 이야기를 멈추고 토스트를 한 입 베었다. 종이 한 장 차이에 불과한 삶과 죽음을 꿰뚫어 보는 이 맑은 눈의 의사가 죽음 앞에서 덤벙댄 적이 있다니, 믿기지 않았다. 하지만 헬기 역시 죽어 가는 사람들 앞에서 허둥댄 적이 있었다. 놀랍게도 데이비드 코플랜드가 증오 범죄를 저지르던 날, 헬기도 올드 콤튼 스트리트에 있었다. 당시 의과 대학을 갓 졸업한 젊은 의사였던 헬기는 내가 넋을 잃고 휘청거리던 학살 현장을 향해 본능적으로 뛰어들었다.

"아마 그때 내가 당신 옆으로 스쳐 지났을지도 몰라요." 헬기가 말했다. "위험할 거라는 생각은 전혀 안 들었어요. 두 번째 폭발물 같은 건 안중에도 없었고. 그냥 도우러 뛰어갔어요. 하지만 난 속수무책이었어요. 경험이 전혀 없어서 사상자를 어떻게 다뤄야 하는지 몰랐어요. 게다가 구급 장비 하나 없었으니, 뭘 할 수 있었겠어요. 구급대원이 올 때까지 상처 부위를 옷가지로 둘둘 감고 의식을 잃은 사람에게 흉부 압박만 실행했을 뿐이에요. 내가 너무 무력하다고 느꼈죠."

나는 그날의 무기력했던 내 모습을 남몰래 부끄러워했다. 어쩌면 그 일 때문에 의사가 되겠다는 결심을 더 굳혔는지도 모른다. 헬기는 전혀 준비되지 않은 시점에 마주친 트라우마 때문에 자신의 향후 진로를 결정했다.

"난감했던 그 상황이 너무 싫었어요. 그래서 그때 바로 결정했죠. 이쪽 분야를 더 공부하고 기술을 습득해서 다시는 의사로서 무력함을 느끼지 않겠다고."

헬기와 나눈 대화 덕분에, 지금껏 나를 끈질기게 괴롭혔던 악령을 잠재울 수 있었다.

"정말로 있었나요?" 내가 헬기에게 물었다. "다리가 절단된 남자 말이에요. 몸뚱이와 다리가 분리된 채 쓰러져 있는 남자를 분명히 봤거든요. 내가 본 게 맞죠?"

그렇다는 대답이 돌아왔다. 충격에 따른 상상의 산물이 아니라 정말로 그곳에 있었다. 술잔을 들고서 따사로운 봄 햇살을 즐기던 젊은이가 꽃다운 나이에 그야말로 결딴나고 말았다.

죽음을 회피하는 태도는 언제부터 시작되었을까

— 　　요즘 시대엔 불가피한 죽음을 차라리 무시하는 게 속이 편하다. 갑작스럽고 충격적이며 치명적인 사고가 시도 때도 없이 누구에게나 발생할 수 있기 때문이다. 17세기의 철학자 토마스 홉스가 인간의 삶을 '괴롭고 잔인하고 짧다'고 묘사했을 때, 그것은 중앙 정부가 구성되지 않아 만인의 만인에 대한 싸움이 빈번하던 상황을 언급했던 것이다. 하지만 나한테는, 그 구절이 다른 의미로 심오하게 와 닿았다. 국가 기구가 인간 본성의 가장 추악한 면을 제어할 수는 있었다. 하지만 인생의 절정기를 맞이한 이들을 한꺼번에 몰살시키는 전염병과 각종 사고와 불운에서 인류가 해방된 것은 현대 의학의 출현 덕분이었다.

일례로 1세기 전쯤인 1925년, 내 외할머니 네시는 빈곤하기로 악명 높았던 글래스고 지역에서 살았다. 당시 네시는 열 살 남짓한 아이였고, 부모님과 형제자매와 함께 방 두 칸짜리 다세대 주택에서 살았다. 전기도, 수도도, 실내 화장실도 없었다. 딱 하나 있는 옥외 화장실은 대여섯 가구가 함께 써야 했다. 네시의 어머니, 즉 내 증조할머니는 옹색한 살림살이라도 늘 깔끔하게 유지했다.

1차 세계 대전에 참전했던 네시의 아버지는 상이용사라 일을 할 수 없었다. 1920년대 영국의 대공황기에 가장이 돈벌이를 못 하니, 먹고 살기가 무척 어려웠다. 네시의 어머니가 촛불에 의지해 밤늦게까지 삯바느질을 해서 입에 풀칠만 하는 수준이었다. 맏딸인 애니는 수년 전부터 엄마의 삯바느질을 도왔다. 당시는 영국에서 국민 의료 보험이 실시되기 20여 년 전이었다. 음식 살 돈도 부족한 처지에 의사에게 왕진을 청하는 건 꿈도 못 꿀 일이었다. 열흘 치 품삯이 순식간에 날아갈 터였다.

어느 날 밤, 애니가 낡은 매트리스에 누워 몸을 잔뜩 웅크리고 있었다. 네시가 물었다.

"왜 그래, 애니? 무슨 일 있어?"

"그게 말이야, 배가 몹시 아파." 애니가 식은땀을 흘리며 말했다.

"엄마한테 가서 말할까?" 네시가 열다섯 살 난 언니의 불편한 모습에 놀라 물었다.

"아냐, 아냐. 엄마한테 말하지 마. 괜히 걱정하실 거야. 어차피 의사를 부를 형편도 안 되잖아."

네시는 워낙 소심한 성격이라 언니 말을 늘 따랐다. 이를 악물고 참는 언니가 너무 안쓰러웠지만 이번에도 언니의 말을 들었다. 네시는 불안한 마음에 언니의 손을 꽉 잡아 주었다.

애니는 벽 쪽으로 몸을 돌리고 이불 속에서 최대한 가만히 누워 있었다. 조금만 움직여도 배가 몹시 아팠다. 밤이 서서히 깊어 갔다. 동생들이 차례로 침대에 올라와 옆에 누웠다. 침대가 살짝만 흔들려도 참을 수 없는 통증이 밀려왔다. 애니는 비명을 지르지 않으려고, 엄마에게 도움을 청하지 않으려고 기를 썼다.

1920년대는 의학이 혁신적으로 발전하던 시대였다. 페니실린과 인슐린이 발견되었고, 홍역과 결핵을 예방하는 최초의 백신이 나왔으며, 소아마비 병원체에 감염된 환자가 질식하지 않도록 인공호흡 장치가 처음 사용되었다. 그런데도 의사의 치료는 돈을 낼 수 있는 사람에게만 제공되는 호사였다. 영국 전역에 단지 돈이 없다는 이유로 의사의 치료를 엄두도 못 내는 빈곤한 가정이 셀 수 없이 많았다.

늦은 밤이 돼서야 네시의 엄마는 피곤한 눈을 비비고 바느질한 옷가지를 한쪽에 내려놓았다. 그리고 이불 속으로 들어가 잠시 눈을 붙였다. 옆방에서 큰딸이 고통으로 눈물짓고 있다는 사실은 꿈에도 몰랐다. 통증은 밤새 애니를 괴롭혔다. 맹장이 붓고 덧나서 욱신거렸지만, 애니는 끝끝내 아무 소리도 내지 않았다.

시간이 몹시 느리게 흘렀다. 압력이 너무 커지다 어느 순간 맹장이 터져 복부에 고름이 가득 찼다. 어쩌면 한 침대에 누워 있던 동생들은 큰언니가 급성 패혈증으로 촉발된 섬망 상태에서 횡설수설하는 소리를 들었을지 모른다. 동이 틀 무렵, 애니의 몸은 동생들 옆에서 축 늘어진 채 차갑게 식어 있었다.

외할머니 네시가 돌아가신 지 한참 지난 최근에야 엄마는 내게 이 이야기를 들려주었다. 나는 가슴이 먹먹해서 아무 말도 할 수 없었다. 의사를 부를 형편이 안 되는 가난한 부모를 괜히 걱정시킬까 봐 생사를 오가는 고통을 죽도록 참았다니, 그 어린 소녀가 너무 애처롭고 안타까웠다. 그런데 더 큰 충격은 다음 상황이었다.

"눈을 떴는데 옆에서 언니가, 아직 어린아이에 불과한 언니가 죽어 있는 걸 발견했다니, 외할머니의 정신적 충격이 엄청났을 것 같아요."

내 말에 엄마가 한숨을 길게 내쉬었다.

"솔직히 말하면, 외할머니는 그냥 받아들였을 것 같구나." 엄마는 잠시 쉬었다가 말을 이었다. "그 시절엔 다 그랬거든."

그 말을 이해하는 데 시간이 꽤 걸렸다. 나는 사랑하는 사람들이 양질의 의료 서비스를 받을 수 있다는 사실에 안심하면서 21세기의 물질적 풍요를 양껏 누렸다. 그래서 엄마의 말이 쉽게 납득되지 않았다. 그때 내 아이들은 여섯 살과 열 살이었다. 큰아들 핀이 무작위한 죽음에 자꾸 노출되다가 결국 그런 공포감을 견디며 살아야 한다고 상상하는 것도 끔찍한데, 하물며 눈을 떴는데 옆에서 죽어 있는 동생 에비를 발견했다고 상상하려니 간담이 서늘했다.

하지만 1세기쯤 전 영국에서는 가정 내 사망이 아주 흔한 일이었다. 식구들은 사랑하는 사람이 죽는 모습을 옆에서 지켜봤고, 그걸 지극히 당연한 일로 여겼다. 오늘날 우리에게 두렵다 못해 불경하게까지 여겨지는 일이 당시엔 예삿일로 취급되었다.

다시, 의사의 길로

—　　　세상 물정 모르는 윌트셔 출신 시골 아가씨가 세계에서 가장 활기찬 도시 중 하나인 런던에서 다큐멘터리를 만드는 저널리스트로 일하는 게 녹록하진 않았다. 그 시절엔 술과 마약이 텔레비전의 단골 소재로 등장했다. 내 주변엔 도회지 출신의 똑똑하고 약삭빠른 사람이 많았는데, 그들은 마음만 먹으면 뭐든 쟁취하고 손아귀에 넣었다. 나이 든 남자들은 권력을 쥐고 흔들었고, 일부는 나처럼 젊은 여자 동료를 희롱하기도 했다. 한번은 내가 속했던 제작 팀 전체가 상사의 별장으로 초대를 받았다. 팀원들은 샴페인 잔을 기울이며 세상 돌아가는 이야기도 하고 국정을 신랄하게 비판하기도 했다. 그런데 상사가 나를 보더니 잔디밭에 놓인 조각상 앞으로 오라고 조용히 손짓했다.

"이 조각상 한번 봐, 레이첼. 누구 연상되는 사람 없어?"

일행과 꽤 떨어진 곳에 상사와 나 둘뿐이었다. 그때 내 나이가 스물 둘셋쯤이었을 것이다. 내 발치에는 배를 깔고 누운 농염한 여인상이 놓여 있었다. 돌로 된 조각상은 등이 아치형으로 굽어 있고 얼굴이 뒤로 살짝 젖혀 있었다. 샘물이 조각상의 등허리를 타고 남자의 정액처럼 찔끔찔끔 흘러내렸다. 내가 답을 생각해 내지 못하자 질문자가 스스로 제시했다.

"이 여인상이 누구를 연상시키는지 내가 알려 주지." 상사가 여인상의 엉덩이골을 발가락으로 애무하며 소곤거렸다. "그건 바로 레이첼 자네야."

이런 시나리오에선 뭔가 화끈한 반격이 나오길 고대하겠지만, 현실에선 그저 몹시 당황하고 위축되고 비굴해지기 십상이다. 나는 속으론 그에게 주먹을 날리지 못하는 나를 저주하면서도 겉으론 무례하게 보이지 않도록 슬며시 웃어넘겼다.

저널리즘은 왠지 내게는 잘 맞지 않는 옷이었다. 뭘 하든 완벽하게 해내야 직성이 풀리기 때문에, 나는 제작하는 다큐멘터리마다 온 힘을 쏟아부었다. 그렇게 작품 하나에 6개월 정도 전념하고 나면 진이 빠져버렸다. 엄마가 방송 대학에서 학위를 받으며 평생소원을 이뤘는데, 나는 엄마의 졸업식에 참석하지 못했다. 콩고 소년병을 영상에 담으려고 중앙아프리카에서 반군 지도자의 환심을 사느라 바빴기 때문이었다. 목적은 수단을 정당화하는 법이라며 자위했지만, 그 목적이라는 게 고작해야 가까스로 찍은 내전 장면을 방송에 내보내는 것이었다. 하지만 그 수단은 길고 외로웠으며, 걸핏하면 사랑하는 사람들을 소홀하게 대하도록 했다. 나는 막판에 약속을 뒤집는 친구였고, 위기 상황에서 나타나지 않을 것 같은 친구였다. 한마디로 말하면 신뢰할 수 없는 사람이었다. 이야깃거리를 쫓아다니고 책임감 있는 저널리즘을 추구하느라 가까운 사람들에게 무책임한 사람이 되고 말았다.

텅 빈 듯 허전한 느낌이 들더니, 어느새 걷잡을 수 없이 깊어졌다. 하루는 사력을 다해 완성한 다큐멘터리가 방송된 직후 욕조에 몸을 담그고 있는데, 눈물이 뚝뚝 떨어졌다. 칭찬과 축하 메시지가 자부심보다는 공포심을 부추겼다. 이 짓을 또 해야 한다고 생각하자 견딜 수 없었다. 차라리 전부 포기하는 게 나을 것 같았다. 그래서 삶을 끝내는 방법을 궁리하다 화들짝 놀라서 아버지에게 얼른 연락했다.

"여보세요." 기운 없는 내 목소리에 아버지는 다정하게 대답했다.

"아, 레이첼이로구나." 아버지는 텃밭을 가꾸는 이야기와 산책을 나갔다가 봄마다 찾아오는 종달새를 본 이야기를 들려줬다. 그리고 토니 블레어 수상의 정책에 대해 격분하기도 했다. 엄마는 요즘 브리지 게임을 배우고 있다고 했다. 또 두 분은 코르시카 섬으로 여행을 떠날 계획도 잡아 놓았다. 인생은 한없이 따분하면서도 눈부시게 아름답게 흘러가고 있었다.

"무슨 일 있냐?" 아버지가 한참 만에 물었다.

"좀 피곤해서요." 내가 나직한 목소리로 대답했다. "실은 진이 다 빠진 것 같아요."

침묵.

아버지와 나는 우리 사이에 흐르는 침묵이 전혀 불편하지 않았다. 아버지는 내가 더 설명하도록 차분히 기다렸다.

"저널리스트로 사는 게 좋아요. 하지만 너무 힘들어요. 가끔은 잘못 선택한 것 같다는 생각이 들어요. 아무래도 의사가 됐더라면 더 행복했을 것 같아요."

"난 네가 아주 훌륭한 의사가 될 거라고 생각한단다, 레이첼."

나는 아버지가 과거형이나 미래형이 아니라 현재형으로 말했다는 점에 주목했다. 정말로 그렇게 될 것 같았다.

"정말로요? 정말로 그렇게 생각해요, 아버지?"

아버지 말을 곧이곧대로 믿지는 않았지만, 당시의 내 상황에선 그 말이 구명줄처럼 느껴졌다.

그렇긴 해도 에너지가 바닥난 상태라서 당장은 아무것도 시작할 수 없었다. 그저 이불 속에서 우울한 마음을 달래며 앞날을 이리저리 궁리했을 뿐이다. 그렇게 궁리한 끝에 찾아낸 묘안은 이러했다. 프로그램이 방송될 때마다 수백만 명에게 이야기가 도달된다는 점에서 저널리즘은 참으로 흥미롭고 강력했다. 그러나 그 일이 내 영혼을 서서히 갉아먹었다. 속내를 감추고 남의 비위를 맞춰야 했다. 촬영에 응해 달라고 사람들을 설득하고 유도하고 조종하고 싶지도 않았다. 내가 죽기 살기로 매진해야 하는 일이라면, 좀 더 명쾌하고 솔직한 자세로 그에 임할 수 있어야 했다. 그리고 이토록 힘들게 느껴지지 않아야 했다. 가면 증후군에 걸린 사람처럼, 죽어라 노력하면서도 남들을 속여서 운 좋게 이 자리에 오른 것 같았다. 결국 저널리즘이 문제가 아니라 내가 문제였다. 다른 일을 하면 뭐가 달라질까? 직접 해 보기 전에 어찌 알겠는가. 더구나 욕조에 누워 손목을 그어 볼까 생각했던 사람이 뭔들 못하겠는가.

의사가 되겠다는 결정이 소명 의식과 이타심의 발로이길 바랐지만, 실은 견딜 수 없는 현실에서 벗어나려는 탈출로에 가까웠다. 나는 사람들이 아니라 나 자신을 구하려 고심했고, 그게 부끄러워 누구에게도, 심지어 아버지에게도 진짜 의도를 털어놓을 수 없었다.

의과 대학에 들어가겠다는 몽상을 실현하려면, 낮에는 일터에서 동분서주하고 밤에는 예전에 놓친 과학 A레벨을 뒤적거려야 했다. 그런데 놀랍게도, 생각만 하고 엄두를 못 내다가 어설프게나마 계획을 세웠더니 우울증이 가라앉기 시작했다. 방송에 필요한 이야기를 짜내는 일에도 신경을 덜 썼더니 오히려 아이디어가 잘 떠올랐다. 나는 다시 숨 쉴 수 있었다. 게다가 스물여덟 살에 펼쳐 든 화학은 스릴러 소설만큼 흥미로웠다. 모든 고체, 액체, 기체 및 생명체의 운동이 화학적 성질에 따라 주기율표의 118개 원소로 축소될 수 있다니, 더 구체적으론 핵 주위를 도는 전자의 수로 축소될 수 있다니, 그야말로 명쾌하고 흥미로운 개념이었다. 책상에 놓인 교과서에 따르면, 인체의 모든 화학적 반응은 결국 우아한 괘도로 회전하면서 소통하는 작은 알갱이의 움직임에 불과했다. 소름이 끼칠 만큼 멋지고 신기했다. 앞으로 내가 과학의 매력에 푹 빠져들 거라는 일종의 계시 같았다.

그렇다 하더라도, 대학에 입학하려면 '전술 훈련'도 필요했다. 나는 일단 의과 대학 합격 비법을 알려 준다는 값비싼 안내서를 몇 권 구입했다. 응시 원서를 작성하고 면접에 임하는 요령을 익히고자 처음부터 끝까지 꼼꼼하게 읽었다. 보아하니, 전범戰犯들이 절대적 복종과 아첨을 기대했듯이 의대 면접관들도 지원자들에게 의사가 되는 과정에서 복종을 요구하는 듯했다. 유난히 귀에 거슬리는 지침을 하나 소개하면 이렇다.

'어떤 상황에서도 의학을 공부하려는 동기가 사람들을 돕겠다는 욕구 때문이라고 말하지 마라. 아예 내비칠 생각도 하지 마라.'

맙소사! 돕겠다는 말을 꺼내는 순간 목에 청진기를 걸겠다는 꿈에서 영원히 멀어질 거라고? 그럼 면접관의 입맛에 맞는 다른 동기를 억지로 고안해야 하나? 이러한 비법서는 전국의 수험생들에게 사람을 도우려는 본능은 반드시 숨겨야 한다는 메시지를 노골적으로 전하는 듯했다. 현직 의사들이 쓴 책에 이런 조언이 적혀 있다는 사실이 믿기지 않았다. 의과 대학에 발을 들여놓기도 전에, 진짜 동기를 공공연하고 진지하게 말하면 의사로서 장래가 어두워질 수 있다고 세뇌당하는 것 같았다. 괘도를 도는 전자의 측면에서 사람들을 바라보는 데 재미 들이긴 했지만, 이러한 조언을 읽자니 너무 어이가 없었다.

앞으로의 면접 상황을 추정해 보면, 다른 수험생보다 열 살은 족히 많은 데다 다큐멘터리 기자라는 남다른 경력 때문에 지원 동기를 묻는 질문이 쏟아질 게 뻔했다. "자살성 우울증의 재발을 피하기 위한 저만의 전략입니다"라는 식으로 툭 까놓고 말했다간 절대 복종을 기대하는 그들의 눈밖에 날 게 분명했다. 하지만 나를 움직이게 하는 다른 동기에 대해서는 솔직하게 말할 생각이었다. 누가 뭐라든 나한테는 남들을 돕는 행위가 예나 지금이나 강력한 충동이었다.

드디어 면접 날이 되었다. 면접관인 교수들 앞에 앉는데, 교수들 뒤에는 포름알데히드에 푹 절여진 신체 부위가 병마다 담겨 있었다. 귀, 뇌, 눈알, 심장은 물론이요, 포를 뜬 것처럼 보이는 살점까지 줄줄이 늘어서 있었다. 혹시라도 각 부위의 명칭을 말하라고 하면 어쩌나 내심 불안했다. '눈알 피클'이 면접 내내 나를 주시하는 것 같았다. 상상했던 것보다 훨씬 더 으스스한 입학 면접이었다.

"자, 레이첼, 무엇 때문에 의학을 공부하기로 결심했죠?" 누군가가 물었다. 나는 에둘러 말하지 않고 솔직하게 대답했다.

"사람들을 돕고 싶어서 의사가 되겠다고 말하면 안 된다는 걸 알고 있지만, 솔직히 전 그 이유로 의사가 되고 싶습니다. 뭔가 더 그럴싸한 이유를 댈 수도 있지만 결국엔 한 가지로 귀결되더군요. 남들에게 이로움을 주는 일, 끝나고 나서 뿌듯하게 느낄 수 있는 일을 하고 싶습니다. 그것이 의학의 본질이어야 한다고 생각합니다."

면접관들의 얼굴에서 의례적인 미소가 떠오르는가 싶었는데, 금세 다음 질문이 이어졌다.

"무척 흥미롭군요. 그렇다면 그쪽 일은… 그 방송국 쪽 일은 어떤가요?"

"아, 네. 방송국 일도 기본적으로 사람을 다루는 일입니다. 사람들한테 접근해서 나를 신뢰하게 한 다음, 인간미 넘치는 이야기를 최대한 뽑아내야 합니다."

위험이 도사리는 순간에도 그럴싸한 장면을 연출하고자 무심코 누군가를 이용할 수도 있다는 말은 차마 하지 못했다.

대학마다 인터뷰 내용은 비슷했다. 그들은 내가 앞으로 할 일보다 지금까지 했던 일에 더 관심이 많았다.

"방송국 일은 어땠나요?"

"유명한 사람들을 많이 만났나요?"

"그런 직업을 왜 그만두려는 거죠?"

한 면접관은 이렇게 물었다.

"존 스노우와 일하는 건 어떻습니까? 그가 '채널 4 뉴스'에서 보이는 것처럼 실제로도 괜찮은 사람인가요?"

그런 질문을 받을 때마다 나는 이렇게 대답하고 싶었다. "저기요, 빌어먹을 방송국 이야기는 집어치우고 전자電子나 뭐 다른 이야기 좀 하면 안 될까요?"

다행히 나는 합격 통지를 받았고, 그 길로 방송과 작별을 고했다. 소식을 전하려고 집에 연락했을 때, 아버지의 목소리에서 다정한 미소가 어른거렸다.

"네가 무척 자랑스럽구나, 레이첼."

3 죽음을 피하려고 애쓰는 동안
잃어버리는 것들

죽음은 삶의 반대편이 아닌,
그 일부로서 존재한다.

– 무라카미 하루키, 〈장님 버드나무와 잠자는 여자〉

젊고 유능해 보이는 남자 의사가 검사실로 들어오더니 환자복 차림의
50대 여성에게 말했다.

"의자에 앉아서 편하게 누우세요. 오래 걸리진 않을 겁니다."

여자는 조금도 위축되지 않은 듯 삭발한 머리를 똑바로 들고 부인과
검진용 의자에 앉은 뒤 발걸이에 양발을 올렸다. 의자가 서서히 뒤로
젖혀졌다. 하지만 이런 자세로 품위를 지키기란 불가능하다. 난소암 4

기를 선고받은 비비안은 속으로 수치심에 치를 떨었다.

비비안은 천장에 달린 형광등 불빛을 노려보며 자신의 몸을 또다시 의사의 손에 내맡길 준비를 했다. 그런데 오늘은 수치심에 불쾌감까지 더해졌다. 의사가 부인과 진료에는 여자 간호원이 동석해야 한다는 사실을 뒤늦게 기억해 냈던 것이다. 부적절한 접촉 가능성을 없애서 환자와 의사를 보호하려는 취지였다. 의사가 짜증 난 목소리로 말했다.

"수지를 데리러 갔다 와야겠네요. 이런 일엔 꼭 여자가 있어야 한다는군요. 뭐, 이런 엉터리 규칙이 다 있담."

의사가 검사실을 나가고, 비비안은 발걸이에 양발을 올린 채 홀로 남았다. 시간은 굼벵이 기어가듯 천천히 흘러갔다. 비비안은 어떻게든 정신을 딴 데로 돌리고자 처음엔 구구단을 외우다가 다음엔 형이상학 시metaphysical poetry를 읊조렸다. 마침내 의사가 돌아왔다. 그사이, 비비안은 실험대 위의 시료처럼 방치되어 있었다.

"아니, 환자를 왜 이 상태로 그냥 두신 거예요?" 수지가 깜짝 놀라서 물었다.

"널 찾으러 가느라 그랬지." 의사가 퉁명스럽게 대답했다. "자, 얼른 시작하자고."

잔인하리만치 꼼꼼한 내지 검사가 끝나자 비비안이 한마디 던졌다.

"8개월간 항암 치료를 받으면서 한 가지는 확실하게 알게 됐어요. 그것이 대단히 교육적이라는 점이죠. 고통받는 법을 제대로 배우고 있거든요."

인생에서 다정함이 가장 필요할 때

— 여자라면 누구나 공감할 법한 이 상황의 주인공 비비안은 다행히도 가상의 인물이다. 비비안은 연극 〈위트〉의 주인공으로, 이 작품을 쓴 마가렛 에드슨은 한때 종양학 부서에서 일했다고 한다. 1999년 에드슨은 〈위트〉로 퓰리처상을 수상하며 죽음을 다룬 최고의 연극이라는 찬사를 받았다.

의과 대학 수업 첫날, 300명에 달하는 신입생이 호기심 어린 얼굴로 강당에 모였다. 대부분 고등학교를 갓 졸업한 10대였다. 우리는 엠마 톰슨이 주연한 영화 버전의 〈위트〉를 관람할 예정이었다. 도대체 어떤 영화이기에 의과 대학 시간표의 첫날 오후를 버젓이 독차지했는지 궁금했다. 나중에 생각해 보니 이 영화로 의학 공부를 시작하도록 결정한 사람이 누구든, 그는 커리큘럼을 짜는 데 천재임이 분명했다. 우리는 모두 이 영화에 매료되었기 때문이다.

비비안 베어링은 뛰어난 영문과 교수로, 17세기 형이상학파 시인인 존 던의 소네트를 전문으로 연구했다. 그녀는 말기암 진단을 받은 뒤, 임상 실험 중인 약물을 이용한 치료를 받기 위해 뉴욕의 한 대학 병원에 입원했다. 그런데 제아무리 똑똑하고 능력 있는 교수라도 병원에서 평상복을 벗고 환자복을 걸치는 순간 모든 게 달라진다. 모든 권력을 쥐고 흔드는 엘리트 의사에게 쿡쿡 찔려 가면서 꼼꼼하게 검사된다. 영화의 도입부는 환자가 입원하는 순간 느끼는 통제력 상실을 멋지게 포착했다.

그런데 비비안은 일반적인 환자보다 더 취약한 상황에 놓였는데, 시험 약제로 치료받는 대신 부작용이 있더라도 전부 감수해야 했기 때문이다. 의사는 고압적인 자세로 이렇게 말했다. "중요한 건, 당신이 전용량全容量 화학 요법 치료를 받는다는 점입니다. 부작용 때문에 용량을 줄였으면 싶을 때가 있을 겁니다. 그래도 우리는 전용량을 투여해야 합니다."

의사들 입장에서, 비비안은 그저 연구 자료에 지나지 않았다. 권위 있는 저널에 실리는 게 의사들의 최종 목표였다. 물론 비비안의 예후가 좋아야 가능한 일이었다. 치료 효과가 미심쩍을 때조차도, 의료 팀은 눈물을 쏙 뺄 정도의 용량으로 화학 요법 치료를 밀어붙였다. 치유에 대한 갈증보다는 데이터에 대한 굶주림 때문이었다. 기다란 형광등이 켜진 무균실에서, 비비안은 극심한 구토와 통증과 굴욕감 등 피할 수 없는 부작용을 홀로 감내해야 했다. 비비안은 존 던의 소네트가 자기에겐 한낱 연구 대상이었던 것처럼, 자신의 몸도 의료 팀에겐 무자비하게 찌르고 샅샅이 살펴봐도 괜찮은 연구 대상일 뿐임을 절감했다. 의료 팀 입장에선 잘하면 학문적 이해를 높일 테고, 못해도 경력에 보탬이 될 테니 손해날 게 없었다.

비비안은 소네트를 분석하듯이 환자로서 자신의 경험을 냉철하게 분석했다. 어느 날 아침, 담당 전문의에게 강의 소재로 실컷 이용당한 후 비비안은 씁쓸하게 혼잣말을 내뱉었다.

병례 검토회에서 그들은 나를 책처럼 읽는다.

예전의 나는 가르치는 사람이었는데…

지금의 나는 가르침을 전하는 도구로 전락했다.

이게 훨씬 더 편하다.

그냥 꼼짝 않고서 암처럼 보이면 되니까.

〈위트〉가 상영되는 100분 동안 우리는 고통스러운 침묵 속에서 의자에 못 박힌 듯 앉아 있었다. 의사들이 환자를 비인간적으로 대하는 모습을 보니 마음이 몹시 불편했다. 조금 전까지만 해도, 나는 눈을 반짝이며 의학 교과서에 풍덩 빠져들고 싶은 마음뿐이었다. 그런데 이 영화가 나를 멈춰 세우고는 의사로서 장차 갖게 될 힘과 권력을 인식하게 했다. 환자를 인간으로 대하지 않고 그가 앓는 질병으로 대할 때, 환자에게 굴욕감을 안기고 심지어 상처를 줄 수도 있음을 깨닫게 했다. 영화는 우리가 훗날 만나게 될 환자들의 눈으로 우리 자신을 바라보게 했다.

영화의 가르침은 이것으로 끝이 아니었다. 영화는 인간이 직면한 죽음의 불가피성에 대해서도 깊은 통찰을 제공했다. 돌이켜 보니, 의과대학 5년을 통틀어 죽음을 무찔러야 할 대상이 아닌 받아들여야 할 운명으로 대했던 적은 〈위트〉를 관람하던 시간이 유일했다.

존 던이 자신의 시에서 난해한 비유와 역설로 죽음의 불가피성을 교묘하게 묘사했듯이, 비비안은 죽음에 대한 공포에 지략과 기지로 맞섰다. 죽음에 대한 본능적 공포에서 벗어나고자 아이러니와 유머를 사용해서 임박한 죽음을 논리적으로 분석했다. 그렇지만 삶이 바람에 흔들리는 촛불처럼 위태로워지자, 평생토록 그녀를 잘 섬겨 왔던 단어들도 점점 더 공허해졌다.

"지금은 말장난할 때가 아니야." 비비안이 담당 간호사인 수지에게 말했다. 두 사람은 그녀의 심장이 멈추면 심폐 소생술을 받고 싶은지 여부를 놓고 솔직하게 이야기하고 있었다.

학식이니 해석이니 합병증이니 따위를
학구적으로 자세히 분석해 봤자 부질없는 짓이야.
부질없고말고. 지금은 단순한 게 최고야.
지금은, 뭐랄까, 다정함이 필요한 때야.
예전엔 똑똑하게 굴면 다 될 거라 생각했어.
하지만 난 이미 속속들이 까발려졌어.
이젠 두려워.

다행히도 비비안의 두려움을 어루만져 준 이가 있었다. 비비안의 옛 스승 애쉬포드 교수. 학부 시절에 그는 냉철하고 매정하기로 유명한 사람이었다. 하지만 병실에 들어서자마자 노교수는 죽어 가는 제자를 보고 한없이 애처로운 시선을 보냈다. 그는 이 순간 비비안에게 다정함이 제일 필요하다는 걸 바로 알아차렸다. 애쉬포드는 아픈 아이를 달래는 어머니처럼 비비안의 침상으로 다가가 웅크려 앉았다. 그리고 오는 길에 다섯 살 난 증손자의 생일 선물로 구입한 그림책을 펼쳐 큰 소리로 읽어 주었다. 단어는 더 이상 무기가 아니었다. 도전이나 실마리도 아니었다. 오히려 따뜻한 위로이자, 한없는 사랑과 다정함이었다. 비비안이 안도감에 잠이 들 듯 말 듯하자, 애쉬포드는 비비안을 더 포근하게 감싸 안았다. 그리고 셰익스피어의 비극 〈햄릿〉 가운데 한 구절, 호레이쇼가 독약을 마신 햄릿에게 작별을 고할 때 했던 말을 속삭였다.

"하늘을 나는 천사들이 자네가 쉴 수 있도록 노래하네."

평범한 사람이 의대생이 되면서 서서히 잃어버리는 것

— 〈위트〉는 경고이자 애원이었다. 우리에게 훗날 환자들을 위협하지 말라고 경고하는 동시에 다정한 행동의 치유력을 인식하라고 애원했다. 하지만 타인의 기분을 이해하고 파악하는 공감 능력은 의과대학 수업의 첫날부터 도전을 받았다. 생화학과 해부학이 시간표를 채우면서, 사람은 화학적 상호 작용 매커니즘을 지닌 생명체 내지는 안치대에 놓인 시신으로 전락했다. 의학도로서 첫발을 내디딘 해에는 산 사람이 아니라 죽은 사람을 훨씬 많이 만났다.

나는 애초에 인체 해부 훈련의 핵심이 분리 과정을 밟는 데에 있다고 생각했다. 즉 갓 고등학교를 졸업한 평범한 학생들이 시체를 다루는 훈련을 통해서 의사로 재정립되는 과정을 거치는 것이다. 의학도들은 수시로 죽은 사람을 쳐다보고 절개하고 냄새를 맡았다. 죽은 사람과 거리를 두는 현대 사회에서는 결코 흔치 않은 경험이었다. 만약 조직 표본을 보존하는 포름알데히드 냄새가 옷에 진하게 뱄다면, 그는 이미 보통 사람들의 세계를 넘어선 것과 마찬가지다. 그 이전으로는 되돌아갈 수 없다.

해부학 교실은 그러한 변신 과정이 이뤄지는 현장이었다. 하지만 아직 보통 사람들의 세계에 속해 있던 나는 해부학 수업을 앞두고 전전긍긍했다. 솔직히 죽은 사람의 몸을 마주하기가 두려웠다. 아버지가 들려준 의대생 때의 경험담과는 딴판이었다. 아버지에 따르면 1960년대에 의대생들은 해부한 신체 부위를 멋대로 밖으로 들고 나갔다. 그들은 하루 종일 힘줄과 신경과 피부를 해부하느라 쌓인 긴장을 풀려고 술집에 갔다가, 눈알이나 잘린 손을 불쑥 내밀어 순진무구한 사람들을 기겁하게 했다. 아버지가 말했다.

"짓궂은 장난을 쳤던 거지. 악수한다면서 절개한 손을 쓰윽 내밀었어. 맞잡은 손이 쑥 빠지면 상대방은 기겁해서 들고 있던 술잔을 떨어뜨렸어."

"아빠, 솔직히 잘 모르겠어요. 내 말은, 그러니까 아빠가 그런 짓을 했을 거라곤 상상할 수도 없어요. 너무 역겨운 짓이잖아요."

시체를 가지고 장난을 쳤다는 사실이, 실은 무척 두렵게 느껴졌다. 만약 의사들이 해부 행위를 재미있게 느끼는 사람들이라면, 나는 의학에 적합한 사람이 못 되는 게 아닐까? 아니면 아버지도 한때는 니치럼 움찔 물러났지만, 은박지에 감싸인 시신을 자주 접하다 보니 차갑게 방부 처리된 조직에 매스를 댈 때의 꺼림칙함을 기억에서 지웠던 것일까?

나는 온갖 불안과 의혹을 안고 해부학 교실에 첫발을 들였다. 그 순간 농축된 포름알데히드 냄새가 친숙하게 다가왔다. 그제야 그것이 어렸을 때 자주 접했던 냄새임을 깨달았다. 부엉이 펠릿을 많이 주워 오면 한꺼번에 해부할 수 없어서, 일부는 아버지가 갖다 준 작은 단지에 보관했다가 주말에 찬찬히 살펴보곤 했다. 옛 기억이 떠오르자 문득 해부도 해 볼 만하겠다는 희망이 들기 시작했다.

보존 처리된 시신을 냉장고에서 막 꺼내면 너무 뻣뻣하고 차가워서 살이 아니라 밀랍 세공품을 만지는 것 같다. 시신 얼굴을 자세히 들여다보지 않는 한, 칼날로 사람의 가죽을 벗겨 내는 일이 대단치 않은 일인 척할 수 있었다. 혐오감이나 불쾌감은 의외로 빨리 가라앉았을 뿐만 아니라 절개를 통한 배움의 기쁨으로 빠르게 대체되었다. 그다음 해에는 여섯 명이 한 조가 되어 일주일에 두 번씩 장갑에 가운까지 갖춰 입고서 80대 남자 시신 위로 허리를 굽혔다. 시신에 '헨리'라는 이름까지 붙여 주고 뼈마디가 전부 드러날 때까지 샅샅이 해부했다.

"맙소사! 이것 좀 봐!"

어느 날 같은 조에 속한 윌이 기겁해서 소리쳤다. 우리는 방금 헨리의 가슴을 위에서 아래로 절개한 다음, 흉곽을 드러내려고 피부를 벗겨 냈다. 뒤이어, 윌이 금속 절단기로 흉곽을 절단했다.

"세상에! 담배를 얼마나 피웠으면 폐가 이렇게 됐을까?"

우리는 토치로 시커멓게 태운 것 같은 헨리의 폐를 얼빠진 듯 쳐다 봤다. 담배 50만 개비의 누적 효과가 눈앞에 고스란히 드러났다. 헨리의 사망 원인은 보나 마나 가슴을 시커멓게 태운 타르였을 것이다. 우리는 종양을 찾으려고 헨리의 폐를 구석구석 살폈다.

"분명히 암 덩어리가 있을 거야, 분명히."

내가 메스를 더 깊이 찌르며 중얼거렸다. 아니나 다를까, 한쪽 폐 안쪽에 울퉁불퉁하게 생긴 악성 종양이 도사리고 있었다.

"와!" 윌이 말했다. "이건 뭐… 진짜 구역질나게 생겼군."

교과서에 수록된 '흡연자의 폐'가 현실 세계로 툭 튀어나와 포름알데히드 냄새를 풍기며 속살을 드러냈다. 처음으로 직접 보고 만지고 냄새까지 맡았던 질병의 실제 모습이 결코 잊히지 않았다. 그날은 옷에 밴보존제 냄새뿐만 아니라 입가에 실룩거리는 미소까지 온종일 달고 다녔다. 나는 의사로 변신하기 위한 5개년 프로젝트에 점점 빠져들었다.

다행히, 내가 속한 세대의 의사들은 직접 해부한 신체 부위를 상스러운 농지거리의 대상으로 보지 않고 존중해야 할 대상으로 여겼다. 해부학 교수는 우리에게 경건함에 가까운 마음가짐을 요구했다. 사람들을 돕겠다는 일념으로 우리의 서툰 칼날에 자신의 몸을 내맡긴 이름없는 영혼들을 겸허하게 대하라고 단단히 일렀다. 우리는 교수의 지시를 받들어 메스를 신중하게 움직였다.

하지만 내 아버지 시대 이래로 조금도 바뀌지 않는 게 있었다. 비록인체 해부에 숙달돼야 한다는 목적하에 공손한 태도로 실습이 이뤄지긴 하나, 해부 자체는 여러모로 보나 평범한 일이라고는 말할 수 없었다. 해부는 시신 훼손이자 모독으로서 우리 종種의 가장 어두운 금기를 깨는 행위인데도, 아직까지 이러한 문제에 대해서 공개적으로 논의조차 이뤄지지 않고 있다. 대부분 10대인 학생들은 예나 지금이나 메스를 들고 부패해 가는 시신 주위에 모이는 것을 이상하게 생각하면서도, 화요일과 목요일 오전에는 으레 인간의 살을 도려내며 보내는 것이 당연하다는 듯 행동했다.

해부학 교실에서 자행되는 비인도적 행위의 심각성을 인식하지 못하면서, 지도 교수들은 은연중에 우리에게 심오한 가르침을 주었다. 죽은 자들 주변엔 말 못 할 비밀이 소용돌이친다는 것. 의사는 목소리가 아니라 감정과 본능을 감춰야 한다는 것. 어떤 감정도 용인되지 않는다는 것. 감정은 곧 미숙함을 상징하기에 무시하고 부정해야 한다는 것. 죽음을 마주했을 때 취약성을 드러내면 의학계의 골칫거리로 전락한다는 것.

우리는 아주 사소한 조직까지 전부 다 파악하라는 과제에 열심히 매달렸다. 온갖 근육과 신경과 뼈에 해당하는 수천 가지 라틴어 이름을 암기하느라 다른 생각은 할 엄두도 못 냈다. 그 덕에 우리의 약점을 비밀에 부칠 수 있었다.

죽음의 그림자가 어른거리는 순간엔 밀고 당기는 심리 싸움을 포기하게 된다. 나는 의과 대학에 입학하기 직전에 장래 남편이 될 데이브와 데이트를 시작했다. 그런데 본격적인 연애에 돌입한 계기가 특이했다. 전쟁이 우리를 맺어 줬달까.

이라크 전쟁이 시작된 2003년 3월 20일까지, 데이브와의 친분은 일 년 전에 했던 소개팅이 전부였다. 그날의 데이트는 너무 쑥스럽고 어색해서 자세한 내용은 영원히 기밀에 부쳐야 한다. 그런데 최악의 첫 데이트 이후, 나는 이 엉뚱한 남자가 내 유일한 짝이라는 불안한 생각을 억누를 수가 없었다. 보통은 이런 생각이 들면 진작 조치를 취했을 테지만 나는 골수까지 영국인이라 그냥 혼자서 속만 태웠다. 일 년이 지나도록 나는 그저 애석하게 한숨만 지었을 뿐이다.

그런데 이라크 전쟁이 발발한 지 사흘째 되던 날, 영국 공군의 고속 제트기인 토네이도 GR4가 바그다드에 폭격을 단행하고 돌아오다 미군 미사일에 격추되는 사고가 일어났다. 조종사와 항법사는 즉사했다. 미 국방부의 '충격과 공포' 전술로 폭탄이 비처럼 쏟아지는 이라크에서 사망자 수가 급증하던 시기라 이름 없는 두 영국 공군의 죽음에 호들갑을 떨 수는 없었다. 하지만 데이브, 그러니까 일 년 전에 딱 한 번 보고 혼자 속만 태우던 그 남자가 바로 영국 공군의 전투기 조종사였다. 그리고 내가 알기론, 데이브가 바로 그 제트기를 조종했다. 나는 그의 생사가 걱정되어 잠을 이룰 수 없었다. 그에게 진작 연락하지 않고 혼자서 끙끙 앓던 나 자신을 밤새 저주했다.

다음 날, 모르는 주소에서 온 이메일을 한 통 받았다. 불에 탄 사우디 사막의 군용 텐트에서, 동료들의 죽음에 충격을 받은 나의 전투기 조종사가 큰마음 먹고 내게 연락을 취했던 것이다. 우리는 삶의 위태로움과 장거리 연애에 고무되어 신나게 편지를 주고받았다. 군 검열관이 반대할 만한 주제만 빼고 시시콜콜한 이야기까지 전부 나눴다. 운 좋게 둘이서 함께할 미래가 온다면, 우리가 장차 이루어 갈 삶과 죽음과 꿈 등을 허심탄회하게 털어놓았다.

데이브가 이라크에서 돌아올 무렵, 나는 이미 그와 결혼하고 싶었다. 그런 감정을 어떻게든 드러내지 않을 요량으로, 나는 이스트 런던의 한 카레 음식점을 두 번째 데이트 장소로 골랐다. 고동색 벽지로 된 우중충한 실내에서 낭만을 찾기는 어려울 것 같았기 때문이다. 하지만 헛수고였다. 그의 매력적인 광대에 현혹되어 잔에 물을 따른다는 게 그만 식탁보에 물을 들이붓고 말았다. 그 순간 내가 이 남자에게 홀딱 반했음을 확실히 알았다. 데이브를 만난 그 주에도 해부학 실습이 있었다. 내 손엔 헨리의 심장이 들려 있었지만 머릿속엔 어설픈 연애시가 떠오르고 있었다.

병원에서 죽음을 다루는 냉정하고 차가운 방식

— 의대 커리큘럼에는 죽음과 관련한 과목이 좀체 없었다. 학생들이 입학 직후부터 시신에 초점을 맞추게 되는 것과 비교해 보면 이상하다 싶을 정도였다. 의과 대학 시절 어디에도, 심지어 환자와의 소통 기술을 연마하는 시간에서조차 죽음이라는 단어는 입밖으로 나오지 않았다. 비비안 베어링이 비범한 지성을 이용해 죽음에 대한 두려움을 모면했듯이, 우리를 가르친 여러 의사들도 죽음의 문제를 어떻게든 회피했던 게 틀림없다.

그들의 방패막이는 단어가 아니라 행동이었다. 의사 지망생들에 대한 지도가 진단과 치료, 구제와 통제 등 행동에 집중되는 한, 죽음은 무리 없이 축소되거나 아예 무시될 수 있었다. 그렇긴 해도 죽음은 우리 주변에 널려 있었다. 병동마다 주체하기 힘들 만큼 득실거렸다.

이러한 현실은 고통스러운 순간으로 이어지곤 했다. 학부생 시절, 한

번은 소속된 의료 팀에 신장암 환자가 들어왔다. 심한 흉통과 호흡 곤란으로 응급실을 찾은 터였다. 그의 이름은 티모시 브래드브룩. 유명한 언어학 교수로, 퇴직해서 70대에 이른 그때까지도 비비안 베어링처럼 남다른 지성을 바탕으로 현란한 어휘를 구사했다. 악성 종양이 혈액을 응고시키기 쉬워서 의료진은 그에게 폐색전肺塞栓이 생겼을 거라고 의심했다. 다른 방사선 전문의에게 초음파 사진을 보여 주며 재차 확인했지만, 의견이 분분했다. 그사이 브래드브룩 교수는 응급실 커튼 뒤에서 아내와 함께 초조하게 기다렸다. 한참 만에 의견 일치가 이뤄졌다. 우리 팀의 담당 전문의가 진단 결과를 알리러 출발했다. 다른 의사와 학부생이 그의 뒤를 우르르 따라갔다.

우리는 떼거리로 몰려가 청진기를 맨 죽음의 전령들처럼 브래드브룩 부부를 에워쌌다. 담당의가 지체하지 않고 입을 열었다.

"흠, 브래드브룩 교수님, 좋은 소식과 나쁜 소식이 있는데 어느 것부터 들으시겠습니까?"

딱히 대답을 바란 질문이 아니었는지 그는 바로 설명을 이어 갔다.

"좋은 소식은, 일단 교수님에게 폐색전이 생기지 않았습니다. 나쁜 소식은, 혈전으로 보였던 것이 실은 암이었습니다. 신장에 생겼던 종양이 대정맥까지 번져서 심장으로 파고들었습니다. 초음파 사진에 비쳤던 음영이 실은 암입니다. 대단히 이례적인 사례라 저도 처음 봤습니다."

나는 브래드브룩 교수를 유심히 지켜봤다. 그는 충격으로 얼굴이 하얘졌다. 평정심을 잃는가 싶더니 순식간에 두려움에 휩싸였다. 비좁은 칸막이 안의 공기가 싹 없어진 듯했다. 우리 의료진이 그 공기를 전부 없앤 것 같았다. 교수의 아내가 물었다.

"무, 무슨 말이에요? 심장에 암이 생겼다고요?"

"그걸 암세포의 전이라고 합니다. 이를 테면 먼 거리 확산이죠." 담당의는 브래드브룩의 아내가 어원을 설명해 달라고 한 듯 대답했다.

하지만 그것은 분명히 더 절박한 존재론적 질문이었다. 내 남편 심장에 어떻게 암이 생길 수 있죠? 암이 거기에, 하고많은 곳 중에서 거기에 생기면 남편이 죽는 건가요? 그런 건가요? 내 남편을 정말 잃게 되는 건가요?

물론 내가 잘못 봤을 수도 있다. 하지만 교수의 눈에서도 그런 낌새가 비쳤다. 자신의 죽음에 맞닥뜨린 충격이 정제되지 않고 고스란히 드러났다.

이런 상황에서 나오는 말은 바람에 날리는 흙먼지처럼 흩어지기 마련이었다. 잡으려 해도 잡을 수가 없었다. 담당의가 소견서와 추가 검사, 종양 병동으로의 이송에 대해 읊어 댔지만 브래드브룩 부부는 얼이 빠진 채 손만 잡고 있었다.

다정함이 필요한 시간이 있다면 바로 그때였을 것이다. 두려움이 비좁은 칸막이 병상 내부를 집어 삼켰다. 남편과 아내가 눈을 크게 뜨고 담당의를 바라봤다. 나는 의사와 환자 간의 인간적 연결을 기다렸다. 담당의가 무슨 말이든 해 주길 기다렸다. 죽음을 떠올린 환자가 어떻게든 희망의 끈을 붙잡을 수 있도록 뭐라도 해 주길 기다렸다.

하지만 아무것도 없었다. 담당의는 자신이 방금 터트린 폭탄을 망각했는지 그 자리를 얼른 벗어나려고만 했다. 우리도 그를 따라 우르르 나왔다. 스무 명 넘는 환자들이 회진을 기다리고 있었다. 그래도 우리 중 한 명은 돌아갔어야 했다. 나라도 돌아갔어야 했다. 하지만 우리는 심장에 암이 생긴 남편에게 필사적으로 매달리는 노부인을 가리도록 키튼을 닫았을 뿐이다.

의학도로서 죽을 운명에 대한 감정적 반응을 억제하도록 배우다 보니, 내 태도와 행동도 사회 통념과는 점점 더 멀어졌다. 그 과정이 처음엔 죽은 사람을 상대로 이뤄졌지만, 이젠 산 사람을 상대로 이뤄졌다. 한번은 병동 의사가 미숙한 의학도인 내게 입원 환자의 혈액을 채취해 오라는 지시를 내렸다. 능력을 입증하고 싶은 마음에, 나는 얼른 지혈대와 바늘을 챙겨서 환자에게 향했다.

막상 도착하고 보니, 상황이 녹록지 않았다. 내가 피를 뽑아야 할 남자는 침대에 누운 채 황달로 누렇게 떠 있었다. 얼굴은 쪼글쪼글하고 눈은 푹 꺼져 있었다. 얼굴이 아니라 노란색 박막에 감싸인 두개골로 보일 정도였다. 숨이 붙어 있는 게 기이할 정도였다. 나는 본능적으로 뒤로 움찔 물러났다. 숨이 꼴깍 넘어갈 것 같은 환자에게 피를 뽑아서 뭘 어쩌겠다는 건지 도저히 이해할 수 없었다.

나는 간호사실에서 어정쩡하게 서성거렸다. 솔직히 말하면 그에게 다가가기가 두려웠다. 내 능력 밖이라는 생각에, 그의 의료 차트를 뒤적이며 시간을 벌었다. 그는 췌장암이 전신으로 퍼진 상태였다. 암 중에서도 가장 독한 암이었다. 그가 좀비처럼 보이는 것도 전혀 이상하지 않았다. 하지만 결국 나는 그의 침대로 다가갔다. 임박한 그의 죽음이 전염되기라도 할 듯 사뭇 조심스럽게 행동했다. 내가 하려는 일이 잘못됐다고 느꼈지만, 나는 그간에 배운 대로 감정을 숨겼다.

"안녕하세요, 스미스 씨." 상황에 어울리지 않는 쾌활한 목소리로 말했다. "저는 의과 대학생인 레이첼입니다. 채혈해 오라는 지시를 받았거든요. 잠깐이면 됩니다."

나는 그에게 채혈에 대한 허락을 적극적으로 구하지 않았다. 그가 내 눈을 빤히 바라보는 모습을 동의로 간주했다. 나를 그곳으로 보낸 의사를 실망시키고 싶지 않았다. 잘못됐다고 느낀 정도가 아니라 진짜로 잘못임을 알았지만, 그냥 밀어붙였다. 뼈만 남은 앙상한 팔에 지혈대를 조이면서 꼭 필요한 일이라고 속으로 되뇌었다.

그런데 환자가 돌연 얼굴을 찡그렸다.

"왜 자꾸 이렇게 괴롭히는 거야?" 그가 없는 기운을 끌어모아 소리쳤다. "그냥 이대로 죽게 썩 꺼지라고!"

화들짝 놀란 나는 환자의 눈에 비친 내 모습을 바라봤다. 지시를 무작정 따르느라 더 나은 내 판단도 무시하고 그에게 작은 고문을 가하고야 말았다. 의미 없는 짓인 줄 알면서도 그에게 기어이 바늘을 꽂고야 말았다. 나는 몹시 당황하고 부끄러워 몇 마디 사과의 말을 웅얼거린 후 도망치듯 물러났다.

"죄송합니다. 환자분이 채혈을 원하지 않았습니다." 나는 빈손으로 돌아가 의사에게 말했다.

"아, 그래? 하긴 상관없어. 그 환자 상태로 봐선, 어차피 검사해 봤자 달라지는 것도 없을 테니까." 병동 의사가 대수롭지 않게 말했다.

나는 발끈해서 "그에게 가서 바늘로 찌르라고 말하기 전에 왜 진작 그 사실을 알아채지 못한 겁니까?"라고 따지고 싶었지만 꾹 참았다.

사실 그 분노는 나 자신에게 향한 것이었다. 내 본능이, 내 느낌이 옳았는데도 나는 여전히 잘못된 행동을 계속했다. 현직 의사가 의사 지망생보다는 더 잘 알 테니, 내가 모르는 이유가 있을 거라고 스스로 합리화했던 것이다. 그런 꺼림칙한 복종 때문에 인간적으로 무례를 범하고야 말았다. 문득 내가 전혀 속하고 싶지 않은 클럽에 가입한 기분이 들었다.

직업 요건상, 어쩔 수 없이 모질게 대해야 할 때가 있는 것도 사실이다. 우리가 사람들을 돕고 싶어서 의학을 선택했는지 모르지만, 의사는 동정심을 한껏 드러낼 수도 없고 드러내서도 안 된다. 가령 스물여덟 살 난 유방암 환자가 자식들을 두고 떠나는 슬픔을 가누지 못하는 상황에서 종양 전문의가 그 환자의 슬픔에 전적으로 동조한다면 어떻게 되겠는가? 종양 전문의는 환자에게 남은 삶의 질을 최대한 높여 줄 것 같은 치료 순열을 알아내야 하는데, 환자와 똑같이 슬픔에 잠긴다면 본연의 임무를 어떻게 수행하겠는가?

전문 지식과 기술이 필요한 상황에서, 그저 환자의 아픔에 공감하며 흐느낀다고 무슨 도움이 되겠는가? 결국 의사들이 넘어야 할 산은, 유능한 사람이 되기 위해 충분히 거리를 두면서도 참된 인간성을 유지하는 것이다. 하지만 누구도 학생인 우리와 이 문제를 논의하지 않았다. 오히려 선배 의사들은 업무에서 받는 감정적 타격을 인정하기보다는 대수롭지 않게 넘겨 버리는 것 같았다.

인간다운 죽음을 위한 질문들

— 의과 대학에서 처음 2년 동안은 생화학과 해부학, 생리학, 병리학 과목에 치여 사느라 비비안 베어링을 까맣게 잊었다. 나는 여느 학생들처럼 시험에서 높은 점수를 받으려고 무진 애를 썼다. 그러려면 말만 그럴싸한 이론보다는 정밀도와 정확성으로 무장해야 했다. 수시로 치르는 객관식 테스트에서 우리는 정답을 고르는 동시에 그 답이 옳다고 확신하는 정도를 1, 2, 3으로 표기해야 했다. 이렇게 하면 정답으로 믿고 고른 건지, 아니면 그냥 찍은 건지 알 수 있을 테니까. 지나친 자신감에는 벌칙이 따랐지만, 3을 선택해서 맞으면 보너스 점수가 나왔다. 시험마다 최대 150퍼센트의 점수를 받을 수 있었다. 그러니 기를 쓰고 하지 않을 수 없었다.

나는 이러한 채점 방식이 지식뿐만 아니라 태도까지 가르치려는 의도임을 간파했다. 대학은 학생들을 박식하면서도 위험을 감수할 줄 아는 사람으로 키우려는 것 같았다. 보아하니, 의술을 펼칠 때는 우물쭈물 망설일 여유가 없었다. 그랬다간 불호령이 떨어질 터였다.

그런데 지나친 자신감에는 단점이 있다. 오만함과 성찰적 실천이 함께 가지 않기 때문이다. 나는 담당 전문의 뒤를 고분고분 따라가던 도중에 간혹 〈위트〉에서 생생하게 묘사했던 의사와 환자의 착취적 관계가 완전히 사라지지 않았다는 증거를 직접 목격하곤 했다. 한번은 신경학 관련 부서에 임시 배속됐을 때, 나를 포함한 여덟 명이 멜로즈 교수를 따라 병상 회진을 돌게 되었다.

"자, 오늘 아침엔 특별한 걸 보여 주겠다. 웬만해선 다시 보기 힘들 거다." 엄격하기로 유명한 멜로즈 교수가 과장된 목소리로 말했다. 나는 불안해서 속이 울렁거렸다. 교수가 무슨 말을 할지 짐작이 갔기 때문이다.

"자, 다들 3A 병상으로!"

멜로즈 교수가 손목을 한 바퀴 휘 돌리더니 힘차게 앞서갔다. 학생들이 그 뒤를 허둥지둥 따라갔다. 나는 어떻게 할지 결정할 시간이 별로 없었다. 나는 3A 병상에 누가 누워 있는지 알았다. 그리고 우리가 왜 그녀에게 우르르 몰려가는지도 정확히 알았다.

3A 병상에는 60대 초반의 모린 깁슨이 누워 있었다. 그녀가 응급실에 막 도착했을 때 마주친 뒤로 나는 매일 그녀의 상태를 확인했다. 지난 몇 달 동안 모린은 몸이 조금씩 약해지는 것 같다고 막연히 느꼈다. 안락의자에서 일어나려면 두 손으로 팔걸이를 붙잡고 끙 하고 밀어야 했다. 얼마 지나서는 다리뿐만 아니라 팔도 힘이 빠지는 것 같았다. 별일 아니겠거니 넘기려 했지만 팔을 뻗어 찬장에서 수프를 한 통 꺼내는 것도 힘에 부쳤다. 어느 날 아침엔 전화를 받으려고 수화기를 들다가 쥐는 힘이 약해서 떨어뜨리고 말았다. 카펫에 떨어진 수화기를 보는 순간, 모린은 자기 몸에서 나쁜 일이 벌어지고 있을지 모른다는 생각에 겁이 덜컥 났다. 당장 병원에 데려다 달라고 남편에게 부탁했다.

얇팍한 커튼 뒤, 초록빛이 감도는 불빛 아래에서 나는 신경학부 수련의와 함께 모린을 만났다. 신음 소리, 달그락거리는 소리, 삐 하는 소리 등 응급실의 어수선한 분위기가 은빛의 커튼 너머로 고스란히 느껴졌다. 모린의 흔들리는 눈빛이 경쾌한 목소리와 대비되었다.

"비타민 결핍증 같은 게 아닐까 싶어요." 모린이 희망 섞인 목소리로 말했다. "요즘 먹는 게 좀 부실했거든요. 그게 아니면 업무 스트레스가 과해서 그런 걸까요?"

말은 그렇게 하지만 본인도 전혀 믿지 않는 눈치였다.

"맞아요." 모린의 남편이 끼어들었다. "모린이 요즘 일에 치여 살았 답니다. 솔직히, 지난 몇 달 동안 쉬질 못했어요. 그게 영향을 미쳤을 겁니다. 그렇지 않습니까?"

신경과 수련의가 먼저 모린의 병력을 확인한 다음, 신중하게 검사를 시작했다. 그의 세심한 진찰에서 따뜻한 인간미가 느껴졌다. 모린의 팔다리는 예상대로 굉장히 약했다. 그런데 반사 신경은 실로 놀라웠다. 대다수 사람들은 무릎 반사에 민감하다. 슬개골 아래 힘줄을 탁 치면 정강이가 위로 들리면서 근육과 신경이 제대로 작동된다는 걸 보여 준다. 하지만 다른 반사는 끌어내기가 어려워서 간혹 의사의 숙련된 기술이 필요할 때도 있다. 그런데 모린의 몸은 경련이라도 일으키듯 너무 쉽게 반응했다. 어느 부위든 살짝만 건드려도 움찔 반응이 나왔다. 심지어 손끝으로 턱을 슬쩍 건드렸는데도 입이 쩍 벌어졌다. 이런 환자는 난생처음이었다. 나는 놀란 가슴을 억누르며 애써 태연한 척했다.

신경과 수련의는 모린에게 증상의 원인을 알아내려면 입원해서 검사를 더 받아야 한다고 차분히 설명했다. 그는 모린 부부 곁에서 물러난 뒤에 나에게 질문을 마구 던졌다.

"레이첼, 자네는 어떤 진단을 내릴 텐가? 이건 꼭 아니었으면 싶은 걸 하나만 꼽으라면 뭘 꼽을 텐가?"

모린의 증상은 운동 신경 질환motor neuron disease, MND이라는 겁나는 진단에 딱 들어맞았다. 루게릭병이라고도 불리는 이 MND는 뇌와 척수에서 운동 신경 세포가 점진적으로 퇴화하는 치명적 질병이다. 아직까지 치료법도 없다.

그 뒤로 며칠 동안 우리는 이 암울한 진단 가능성을 놓고 모린과 수차례 이야기를 나눴다. 모린은 근육이 위축되는 속도에 겁을 잔뜩 먹었다. 하루가 다르게 몸이 약해지는 것 같았다. 쇠약해져 가는 몸에 꼼짝없이 갇히게 된다고 생각하니 참으로 암담했다. 처음엔 휠체어에 갇힐 테고, 다음엔 먹지 못하게 되고, 결국 도움 없이는 숨도 못 쉬게 될 터였다.

나는 모린에게 들르려고 일부러 병동에 30분 일찍 도착하곤 했다. 학생 신분이라 그렇게 할 시간적 여유가 있었다. 내가 찾아가면, 모린은 간혹 아무 말도 않고 내 손을 꼭 붙잡고 눈물만 흘렸다. 기분이 좀 괜찮은 날엔 수다를 떨었다. 나는 모린과 남편이 처음 만난 날 뭘 했는지, 그리고 손자가 물장구치는 걸 얼마나 좋아하는지 등 모린에 대해 많은 걸 알게 되었다.

그런데 신경과 병동에 평생 한 번 볼까 말까 할 정도로 심각한 임상 징후를 보이는 MND 환자가 있다는 소문이 빠르게 퍼져 나갔다. 학생들과 의사들이 모린의 병상으로 꾸준히 찾아오기 시작했다. 모린은 여기저기 찌르고 쑤셔 대는 손길을 참고 또 참았다. 하지만 참는 데도 한계가 있었다. 그녀를 의학계의 진기한 인물로 부상시킨 질병은 그녀를 점점 더 옭아매고 위축시켰다. 몰려든 군중은 그녀의 운명이 얼마나 기이하고 가혹한지 강조할 뿐이었다.

모린은 오전 회진을 특히 견디기 어려워했다. 그날 아침에도 눈물을 쏟으며 오늘은 누구한테 어떤 질문도 받고 싶지 않다고 호소했다. 나는 그녀의 눈물을 외면할 수 없었다. 결국 모린의 병상을 향해 성큼성큼 걸어가는 멜로즈 교수를 뒤에서 불러 세웠다.

"멜로즈 교수님, 죄송하지만 가지 마세요. 우린 그 환자를 볼 수 없습니다."

교수가 몸을 휙 돌리고 나를 쳐다봤다. 교수의 두 눈이 분노로 이글거렸다.

"자넨 도대체 뭐야?" 교수가 빽 소리쳤다.

나는 누가 들을세라 몇 걸음 다가가서 조심스럽게 말했다.

"저는 이 환자가 처음 내원했을 때부터 봐서 좀 아는데요. 오늘 아침엔 학생들의 호기심 어린 눈길을 감당할 수 없다면서 울더라고요."

"괜히 주제넘게 나서지 마. 그건 내가 판단할 거니까." 멜로즈 교수는 내 말을 단박에 무시한 후 다시 3번 구역으로 향했다.

"안 됩니다." 나도 모르게 그 말이 튀어나왔다. 그것도 아까보다 큰 목소리로.

교수가 휙 돌아서서 나를 쏘아봤다. 동료 학생들이 무슨 일인가 싶은 얼굴로 구경했다. 멜로즈 교수는 후배들이 눈물을 쏙 뺄 만큼 호되게 꾸짖기로 유명했다. 나는 주장을 고수할지, 아니면 교수 앞에 납작 엎 드릴지 갈피를 잡지 못했다. 그나마 다른 학생들보다 열 살은 더 먹은 게 도움이 되었다.

침묵.

나는 교수를 빤히 쳐다봤다. 다음 순간, 멜로즈 교수는 내 쪽으로 고 개를 살짝 끄덕이는가 싶더니 다른 환자를 향해 으스대며 걸어갔다.

"이번 회진이 끝나고 레이첼의 시험관이 누가 될지 기대된다. 멜로 즈 교수님이 아니길 기도할게." 누군가가 중얼거렸다.

"아예 조기에 은퇴하시면 더 좋겠어." 내가 들릴 듯 말 듯하게 대답 했다.

몇 주 뒤, 아버지에게서 전화가 왔다.

"그나저나 시험은 어떻게 치르고 있냐?"

멜로즈 교수에게 찍힌 날 오전, 우리는 신경과 전문의들의 매서운 눈 초리 앞에서 한 사람씩 환자를 진찰했다. 나는 역시나 멜로즈 교수에 게 할당되었다. 설상가상으로 대단히 어려운 케이스가 떨어졌다. 내 환자의 특이한 안구 운동 패턴은 극히 드물어서 웬만한 교과서엔 나오 지도 않았다. 나는 멜로즈 교수의 이글거리는 눈빛에 움츠러들지 않겠 다고 굳게 다짐하면서 신경 해부학적 징후를 어떻게든 설명하려 애썼 다. 벨이 울리고 다음 환자에게 옮겨 가려는데, 뜻밖에 멜로즈 교수의 굳은 표정이 살짝 부드러워졌다.

"전에 그 MND 환자 말이야, 레이첼." 멜로즈 교수가 낮은 목소리로 말했다. "혼자 내버려 둬야 한다고 했던 자네 주장이 옳았어. 그 일은 내가 고맙게 생각하네."

나는 아버지에게 그 일화를 들려줬다. 그게 시험 결과보다 더 중요한 것 같았다. 내 이야기를 다 듣고 나서 아버지는 의사로서 살아온 수십 년간의 세월을 돌아보며 말했다.

"내 생각엔 너도 결국 다른 사람들의 아픔에 무뎌질 때가 올 게다. 차갑게 변하고 싶지 않겠지만 어쩔 수 없단다. 안 그러면 버틸 수가 없거든."

나는 멜로즈 교수의 일상이 어떠할지 곰곰 생각해 봤다. 운동 장애 전문가로서, 그는 하루가 멀다 하고 찾아오는 환자들에게 온갖 끔찍한 진단을 내려야 했다. 파킨슨병, 진행성 핵상 마비, 피질 기저 핵변성, 다계통 위축증. 이름만 들어도 치를 떨 만큼 두렵고 암담하고 잔인한 질병들이다. 환자들의 삶을 산산이 부서뜨리는 폭탄선언을 수십 년간 쏟아내면서도 다정함과 인간미를 온전히 유지할 수 있을까? 나라면 그럴 수 있다고 확신할 수 있을까? 우리 중 누구라도 그럴 수 있다고 단언할 수 있을까?

4 죽을병이 삶을 바꾸는 방식

질병은 인생의 어두운 측면이며 더 부담스러운 국적이다.
사람은 태어날 때부터 모두 이중 국적을 취득하는데,
한쪽은 건강한 자들의 나라이고 다른 쪽은 아픈 자들의 나라이다.
우리는 모두 좋은 쪽 여권을 사용하길 바라지만,
머잖아 잠시라도 다른 쪽의 시민임을 인정하지 않을 수 없다.

-수전 손택, 《은유로서의 질병》

내가 〈위트〉의 주인공 비비안 베어링과 같은 처지가 될 거라고는 생각
지도 못했다. 하지만 나 역시 그녀처럼 부인과 검진용 발걸이에 발을
올린 채 무방비 상태로 누워, 천장에 달린 채 힘없이 돌아가는 환풍기
의 은빛 날개를 뚫어져라 쳐다보고 있었다. 내 다리 사이에서 한 남자
가, 아니 부인과 전문의가 한창 씨름 중이었다. 나는 허물을 벗고 그 자
리에서 벗어나기를, 육신에서 분리되기를 그때보다 간절히 갈망한 적

이 없었다. 발목에 족쇄를 찬 자세로 쿡쿡 찔리는 것만 빼고는 뭐든 다 참을 수 있을 것 같았다.

그나마 나는 암 때문에 이런 치욕을 겪은 건 아니었다. 암이라는 단어는 언급되지도 않았다. 사실 나는 다른 환자들에 비하면 아무것도 아니었다. 그건 누구보다 내가 더 잘 알았다. 대학 병원 부인과에 임시 배속되어 있는 동안 진료실로 오라는 호출을 받았다. 우리 병원에선 여자들의 몸을 가르고 병변을 제거하고 긁어내는 일은 주로 남자들의 손으로 이뤄진다는 사실을 뒤늦게 알았다. 산부인과 전문의 중 하나가 자기네 부서에 배속된 학생들을 위해 유용한 부인과학 자료를 손수 제작해서 사본을 나눠 줬다. 자료 제목이 '손가락만 놀리면 알 수 있는 부인과학Gynaecology at your fingertips(즉시 활용할 수 있는 부인과학 자료라는 뜻)'이었다. 그의 등 뒤에서 간호사들이 그를 황금 손가락Goldfinger이라고 불렀다. 그가 몰고 다니는 페라리를 뜻하는 건지, 아니면 내가 모르는 그의 남다른 의료 기술을 뜻하는 건지는 알 수 없었다.

부인과 병동에 입원한 여성들 중 일부는 매우 극단적인 수술을 감내하면서 말로만 들어도 섬뜩한 단어를 몸소 체험했다. 내가 첫 주에 배운 '내용물 적출exenteration'이라는 단어는 '장腸'을 뜻하는 enteron과 '안에서 밖으로'를 뜻하는 ex가 결합한 라틴어로, 체강 내용물(즉 장기)을 밖으로 꺼낸다는 말이다. 여성의 골반 내용물 적출에는 방광, 요도, 직장, 항문, 질, 자궁 경관, 자궁, 난소의 외과적 제거가 수반되었다. 하얀 가림막 밑에 조각상처럼 가만히 누워 있는 여성들이 짓고 있던 섬뜩할 만큼 무표정한 얼굴이 떠올랐다. 발가벗겨진 채로 이렇듯 송두리째 파헤쳐진다니 상상만으로도 견딜 수 없었다.

밤중에 나는 의학사를 다룬 글을 읽었다. 2차 세계 대전 당시 외과 의들이 실시한 이른바 영웅적 수술은 전후 세대의 의학계 종사자들을 흥분시켰다. 전체 골반 내용물 적출술을 고안한 미국인 외과 의사 알렉산더 브런스위그는 부인과 암에 걸린 환자를 치료하는 데 근치 질제술根治切除術, radical excision(병을 완치할 목적으로 구조물이나 기관을 전부 제거하는 수술)이 좋다고 극찬했다. 그의 주장을 입증한 증거가 별로 없는데도 〈영국 의학 저널〉은 1948년에 브런스위그의 책들 중 하나를 검토한 후 아주 열광적인 논평을 실었다.

'그 책을 꼼꼼히 읽어 보면 다들 그가 대범하고 능숙하고 용감하고 낙천적인 외과의라는 데 동의할 것이다.'

하지만 나는 그 말에 동의하지 않았다. 브런스위그에게 여성의 몸은 그저 정복해야 할 영역이었을 뿐이며, 용기는 그가 아니라 외과적으로 약탈당한 사람들이 냈다는 느낌을 지울 수 없었다. 놀랍게도, 〈영국 의학 저널〉은 다음과 같은 말로 논평을 이어 갔다.

'저자는 '수술 가능' 여부를 따질 때 예후를 고려하지 않는다. '전이가 어디로, 얼마나 이뤄졌는지 전혀 고려하지 않은 채' 제거할 수 있는 종양은 모두 수술 가능하다고 정의한다.'

다시 말해서, 브런스위그는 환자가 수술대에서 사망할 것 같지 않는 한, 근치 수술을 시도할 가치가 있는 만만한 먹잇감으로 여겼다. 책에서 기술된 환자 백 명 중 서른네 명이 수술 도중이나 직후에 사망했다. 영웅적 행위는 사실 피비린내 나는 학살에 지나지 않았다.

암과의 아슬아슬한 만남이 내게 남긴 것

— 부인과 암에 관한 강의를 듣고 있는데, 내 지역 보건의로부터 연락이 왔다. 스미어 테스트smear test(자궁 경부암의 조기 발견을 위한 검사. 질 천장이나 자궁 경부 표면의 분비물을 표본으로 만들어 현미경에서 암세포 유무를 조사한다─역자 주) 결과를 알려 주려는 것이었다. 처음엔 그녀가 의료계 여성 동지가 될 사람에게 단순한 호의로 결과를 직접 알려 준다고 생각했다. 그런데 그게 아니었다.

"크게 걱정할 건 없어요, 레이첼. 하지만 테스트 결과가 양성으로 나왔네요."

하긴, 의사가 좋은 소식을 전하려고 환자에게 직접 전화하진 않는다. 나는 놀란 마음을 숨기고 뭘 좀 아는 사람처럼 들리게 하려고 말했다.

"아, 그래요. 아무튼 연락해 줘서 고마워요. CIN 1이죠, 그렇죠?"

"아뇨, 실은 CIN 3이에요." 지역 보건의는 잠시 뜸을 들인 후 말을 이었다. "그래서 테스트 결과를 질경 검사 클리닉으로 보낼게요. 아마 그쪽에서 이번 주 안으로 당신에게 연락할 거예요."

"네." 이번엔 내가 잠시 뜸을 들였다. "그나저나 이런 일로 직접 연락하다니, 참 친절하시네요. 고마워요."

나는 겁먹은 사람처럼 보이지 않으려고 일부러 경쾌한 목소리로 말했다. 그런 다음 강의실 뒷문으로 살그머니 빠져나와 병원 안에 있는 인체 폐기물 수거함 쪽으로 향했다. 이곳은 냄새가 고약해서 끽연가조차 얼씬거리지 않았다. 나는 당황하지 않으려 애썼지만 다리가 자꾸 후들거렸다.

CIN은 자궁 경부 상피 내 종양Cervical Intraepithelial Neoplasia의 머리글자인데, 죄악을 뜻하는 'sin'처럼 발음된다. 그래서 왠지 성적으로 문란하다는 느낌을 주기도 한다. 이 기형적인 세포는 치료하지 않고 두면 암으로 변이될 수 있으며, 성 매개 감염병인 인유두종 바이러스와 밀접한 관련이 있다. 성생활에 소극적인 여성은 자궁 경부암에 걸리는 경우가 극히 드물다. 간단히 말해서, '착한 여자'는 보호받는 반면 '나쁜 여자'는 위험에 처하는 것이다. 온갖 생각이 뇌리를 스쳤고 가슴에 돌덩이를 얹은 듯 답답했다. 위험에 빠진 것 같기도 하고 문란한 여자로 찍힌 것 같기도 했다. 무엇보다도, 가림막 너머에서 내장을 적출하려고 메스를 대는 남자들을 마주하게 될지도 모른다는 끔찍한 생각이 들었다.

CIN은 심각성에 따라 세 단계로 나뉘었다. 내 경우는 가장 나쁜 단계로, 자궁 경부의 기저막에서 최상 표피까지 세포가 퍼진 부분을 전부 절제해야 했다. 이를 위해 질확대경 검사가 이뤄진 뒤, 감염 부위를 '고리상절제술'로 제거하게 될 것이다. 치즈 와이어(치즈를 자르는 가늘고 긴 철사)처럼 생겼지만 전류가 통하는 고리로 병변 부위와 함께 내 자궁 경관 가장자리를 잘라 낼 것이다. 치료 결과, 경계 부위가 깨끗하게 돌아와야만 암으로 변이되지 않았음을 알게 될 것이다. 이러한 절차는 아무리 불쾌하더라도 이를 악물고 참아 내야 한다. 사실 나는 수술 자체보다 전이에 대한 두려움이 더 컸다. 앞날에 대한 불안과 걱정을 어떻게든 몰아내려 애썼지만, 잉태하지 못할 아이들, 함께 늙어 가지 못할 남편, 찬란한 내 인생이 암으로 인한 고통과 배농관과 상처 등 온갖 괴로움으로 쪼그라드는 것 같았다.

　그날 저녁 집으로 돌아와 데이브에게 불안한 마음을 솔직하게 털어
놓지 않았다. 데이브까지 걱정시켜 봤자 무슨 도움이 될까 싶었다. 말
은 내뱉은 만큼의 무게만 실린다는 사실을 의과 대학에서 이미 배웠
다. 그래서 스미어 테스트에서 사소한 이상 소견이 나와 다시 검사해
야 한다고만 말했다. 데이브가 나처럼 최악의 상황을 상정하고 끙끙
앓을까 봐 '종양 형성' 같은 말은 꺼내지도 않았다.

　"걱정돼?" 데이브가 내 표정을 살피며 물었다.

　"아니, 전혀." 내가 웃으며 대답했다. "통계적으로 나한테 아주 유리
한 상황이라 괜찮을 거야."

　며칠 뒤, 나는 질경 검사 클리닉을 찾았다. 의대 신분증이 플라스틱
부적이라도 되는 양 목에 걸고 있었다. 이 배지가 전문가에서 환자로
의 전환을, 그에 따른 힘의 상실을 막아 주길 간절히 바랐다. 나를 이런
처지로 내몬 게 의사가 아니라 내 상태임을 알면서도, 그 소식을 전한
사람들에게 화풀이하고 싶은 마음이 자꾸만 치밀었다.

　부인과 전문의는 은퇴를 코앞에 둔 교수였다. 나보다 앞서서 수많은
여성들이 애써 태연한 얼굴로 그와 마주했을 것이다. 나는 전투라도
치를 듯한 기세로 그를 노려봤다. 하지만 그의 얼굴에 어린 자상한 미
소가 내 방어적 태도를 순식간에 무너뜨렸다.

　"괜찮다면, 레이첼. 당신을 의학도가 아니라 그냥 환자로 대하는 게
좋을 것 같군요. 병증에 대해 얼마나 많이 아는지 혹은 모르는지는 별
로 중요하지 않아요. 이론이 실제 경험과 똑같진 않거든요. 그렇게 진

행해도 괜찮겠어요?"

괜찮았을 뿐만 아니라 순간적으로 안도감이 밀려왔다. 그가 환자의 기분을 중요하게 여긴다는 사실에 마음이 놓였다. 속옷까지 벗은 채 무방비한 상태로 누워 있긴 했지만, 지역 보건의의 전화를 받은 뒤 처음으로 다시 안심할 수 있었다.

조직에 열을 가하는 투열 요법은 참으로 매력적인 치료법이다. 고주파 전류로 가열시킨 금속으로 환부를 절개하면, 환부가 떨어져 나가는 동시에 지져져서 혈액 손실을 최소화할 수 있다. 물론 살이 타는 매캐한 냄새가 코끝을 자극하기 때문에 현실은 그리 아름답지 못하다. 나는 목숨이 간호사의 손에 달린 양 꽉 잡았다. 다리가 덜덜 떨리기 시작했다. 그 순간, 간호사가 맞잡은 손에 힘을 주며 용감하게 잘 버틴다고 말해 주었다. 고마워서 껴안고 싶은 심정이었다. 이토록 작은 친절이, 이토록 간단한 접촉이 두려움을 이겨 내는 데 큰 힘이 된다는 사실을 그동안 왜 아무도 알려 주지 않았는지 의아했다.

결국 경계 부위가 깨끗한 것으로 드러났다. 나는 면죄부를 받았다. 하지만 예전에 죽을 뻔했던 사건들과 달리 이번 경험은 절대로 그냥 넘어가지 않겠다고 다짐했다. 이 병동에 들어서는 여성이라면 누구나 내가 느꼈던 두려움과 오싹한 공포감에 휩싸였을 것이다. 나는 짧은 순간이나마 암에 대한 두려움 때문에 절망의 심연을 엿볼 수 있었다. 그 덕에 환자들의 아픔을 더 진심으로 공감할 수 있게 되었다. 직접 경험하지 않았더라면 몰랐을 능력을 얻게 되었다.

그게 끝이 아니었다. 그날 밤, 암과의 아슬아슬한 조우가 남긴 여운

이 가시지 않은 가운데 데이브와 나는 삶의 위태로움에 대해 이야기했다. 향후 진로와 가족 계획 등 우리가 그동안 당연하게 여겼던 미래는 모두 우리의 취약성을 전혀 고려하지 않은 채 설계되었다.

"하지만 달리 뭘 할 수 있겠어?" 데이브가 혼잣말하듯이 말했다. "그저 하루하루 열심히 살아가는 수밖에."

데이브의 말이 옳았다. 막연한 희망을 품고 불확실한 미래에 뛰어들기 싫다면, 그야말로 단조롭고 무기력하게 사는 수밖에 없다. 가슴 뛰는 도전이 없으니 잃을 것도 전혀 없을 것이다. 그런데 누가 그렇게 살고 싶겠는가?

"살면서 하는 모든 경험은 결국 잃게 돼 있어." 내가 졸린 목소리로 말했다. "그걸 받아들일 때 비로소 삶의 기쁨을 진짜로 맛보는 것 같아. 그제야 제대로 음미하는 거지. 우리는 죽기 때문에 삶에 더 애착을 느끼는지 모르겠어."

데이브가 미심쩍다는 듯 눈썹을 치켜 올렸다.

"그런 건 잘 모르겠어. 하지만 나한테 괜찮은 아이디어가 하나 떠올랐어." 데이브가 씩 웃으며 내게 더 다가왔다. "이참에 가정을 꾸리는 건 어때?"

아픈 사람에겐 어떤 배려가 필요할까

— "야, 이거 당신에겐 도움이 될 만한 환자일지 모르겠네요, 레이첼. 혹시 유방 검사하는 법을 배운 적 있어요?"

수술복 차림의 젊고 건강한 남자가 내게 물었다.

"아뇨. 배워 보고 싶긴 해요." 내가 호기심 어린 목소리로 대답했다.

우리는 응급 병동의 경증 구역에서 이야기를 나누었다. 그곳은 병원에 제 발로 걸어 들어온 환자를 치료하는 곳이다. 건너편 중증 구역은 흔히 앰뷸런스로 이송돼 온 환자를 치료하는 곳이다. 그날 경증 구역은 에드의 소관이었고, 나도 그의 지시에 따라 움직여야 했다.

응급실 의사와 간호사들에게 의대생은 별 도움도 안 되는, 성가신 존재일 수 있다는 점을 나는 잘 알았다. 190센티미터 키에 럭비 선수처럼 어깨가 떡 벌어진 에드는 덩치에 걸맞은 분위기로 병동을 장악했다. 거구의 외모에 어울리게 그가 가장 좋아하는 형태의 응급 의료는 앰뷸런스와 헬리콥터가 출동해서 부딪치고 뭉개지고 절단된 사람들을 구하는 것이었다. 가령 고속 도로 연쇄 추돌 사고, 대형 화재, 폭발 사고 등 아드레날린이 솟구치는 사건들 말이다.

경증 구역의 환자들은 허름한 칸막이 안에서 대기하다 도착한 순서대로 진료를 받았다. 다음 진료 대상은 파비아나라는 이름의 스무 살 여성이었는데, 방문 이유가 범상치 않았다.

"유방에 멍울이 잡힌다고 응급실에 왔단 말이야?" 에드가 곰곰 생각하며 말했다. "거참 희한하군. 외국에서 온 학생이라 지역 보건의를 찾아갈 수 없었나?"

나도 그 이유가 궁금했다. 얇은 폴리에스테르 커튼으로 된 칸막이 안에서 파비아나는 주먹을 불끈 쥔 채 의자 끝에 엉덩이만 걸치고 있었다. 한마디만 잘못해도 화들짝 놀라 달아날 듯 보였다. 평소에는 지나치다 싶을 만큼 활기찼던 에드가 지금은 궁지에 몰린 동물을 달래려는 듯 조용하고 부드럽게 말했다. 파비아나의 눈길은 나와 에드 사이를 걱정스럽게 왔다 갔다 했다. 에드는 파비아나를 한참이나 구슬려서 몇 마디 이야기를 끌어냈다. 환자가 잔뜩 밀려 있었지만 에드는 시간이 멈춘 듯 여유를 부렸다.

파비아나의 스페인어 억양 때문에 알아듣기 힘들었지만, 우리는 그녀가 영어를 배우러 영국에 온 지 6개월 됐다는 사실을 파악했다. 게다가 지역 보건의에게 이미 진찰을 받았는데, 멍울이 전혀 잡히지 않는다는 소견을 받았다. 그 보건의는 에드처럼 경력이 상당한 사람이었다. 파비아나는 유방암 가족력이나 여타 위험 인자가 전혀 없었다. 그런데도 응급실에 찾아온 이유는 다른 의사의 소견도 들어 보고 싶었기 때문이다. 겉보기엔 건강미가 넘치는데도 우리를 만나려고 다섯 시간을 기다렸던 것이다.

에드는 파비아나에게 여의사의 진료를 받을 수도 있지만 본인이 직접 진찰해도 되는지 물었다. 파비아나는 고개를 끄덕였다. 얼른 끝냈으면 싶은 눈치였다. 블라우스 단추를 풀면서도 에드가 다가가자 움찔하면서 더 움츠러들었다. 벗은 몸을 보니, 어른이라기보단 어린아이에 가까웠다. 빼빼 말라서 한없이 연약해 보였다. 에드가 나를 힐끔 보면서 잘 봐 두라는 신호를 보냈다. 나는 그의 가르침이 무척 고맙게 느껴지면서도 가엾은 파비아나에게 담요라도 둘러 주고 싶었다. 에드는 조심스러우면서도 꼼꼼하게 양쪽 가슴을 차례로 촉진했다. 겨드랑이 안쪽까지 깊이 눌러 보며 암 덩어리가 침범할 만한 곳을 구석구석 살폈다. 파비아나는 주의를 딴 데로 돌리려는 듯 입술을 깨물며 천장을 올려다봤다. 책상에 놓인 그녀의 휴대폰에는 코알라와 피카츄 스티커가 붙어 있었다.

촉진 검사가 드디어 끝났다. 에드는 파비아나가 옷을 다 입을 때까지 기다린 후, 좋은 소식이라면서 아무것도 만져지지 않는다고 말했다. 파비아나의 눈길이 바닥으로 향했다. 눈가에 눈물이 맺히기 시작했다. 에드는 파비아나가 재킷을 걸치고 휴대폰을 집어 드는 모습을 유심히 지켜봤다. 이젠 우리도 얼른 일어나서 다음 환자를 만나러 가야 했다. 그런데 에드는 오히려 막 나가려는 파비아나를 붙잡았다.

"파비아나, 잠깐 기다려요. 오늘 우리를 만나러 온 이유가 따로 있지 않아요? 뭔가 말하기 힘든 이유가."

파비아나가 커튼을 붙잡고 망설였다.

"괜찮아요." 에드가 말했다. "우리한테 털어놓으면, 우리가 도울 수도 있지 않겠어요?"

파비아나의 일굴이 일그러졌다. 자리에 다시 앉은 파비아나의 눈에선 하염없이 눈물이 흘렀다.

"언니가, 우리 언니가⋯."

파비아나는 흐느껴 울면서 띄엄띄엄 말을 이었다. 어렵사리 알아들은 바, 파비아나의 언니는 스페인의 한 병원에서 전이성 유방암으로 화학 요법 치료를 받았다. 유전자 검사 결과, 유방암 발병 위험을 크게 높이는 BRCA1 돌연변이 유전자가 드러났는데 파비아나 역시 그 유전자를 물려받았을 가능성이 상당히 높았다. 언니의 암은 악성이라 치료할 수 없었고, 화학 요법 치료는 임시방편으로 시간을 조금 더 끌려는 시도였을 뿐이다.

"이 사실을 지역 보건의에게 말했나요?" 에드가 물었다.

파비아나가 고개를 저으며 차마 말할 수 없었다고 했다. BRCA1 가족력이 상황을 확 바꾸었다. 일반 검사에서 아무 이상도 없었지만 상황이 돌연 불리한 쪽으로 기울었다. 한 소녀가 암으로 사망한 언니처럼 자기도 암에 걸렸을까 봐 마음을 졸이고 있었다. 스캔 검사에서 안심할 만한 결과가 나왔더라도 그 가능성을 전적으로 부인하는 것은 온당하지 않았다.

우리는 몇 군데 전화를 걸어 파비아나가 제대로 된 검사를 받도록 조치했다. 스캔 검사를 받은 후 종양 전문의의 소견을 구하고자 병원의 원스톱 유방 종양 클리닉에 연결했다. 파비아나는 진료실로 가려다 말고 몸을 홱 돌리더니 에드에게 뛰어왔다. 여전히 눈물을 쏟으며 두 팔로 에드를 감싸 안았다.

"고맙습니다, 선생님. 고맙습니다."

그날 나는 유방 검진을 손으로 정확하게 실시하는 방법보다 훨씬 더 중요한 걸 배웠다. 겉보기엔 우락부락하지만 연약한 여성을 배려하고 세심하게 살피는 에드의 모습은 실로 놀라웠다. 특히 응급실의 과중한 업무와 제약 속에서도 한 개인의 위기를 파악하고 풀어 가는 솜씨는 감탄을 자아냈다. 파비아나는 그를 금세 잊을지 모르지만, 나는 그의 예리한 감각과 따뜻한 배려를 마음에 깊이 새겼다. 아버지를 본보기로 삼는 것처럼.

만약 내가 의과 대학에서 무엇이든 지시할 수 있는 위치라면, 나는 모든 의학도에게 일시적으로 질병을 한 가지씩 경험하게끔 처방을 내리고 싶다. 적어도 한두 번의 불쾌한 처치가 수반되고, 생각만으로도 학생들을 움찔 놀라게 할 만큼 상당히 두렵고 중대한 질병이어야 한다. 가령 대장 내시경 검사와 함께 파국적 결과를 예측할 수도 있는 진단이면 될 것 같다. 그런 경험이 없다면, 미래 의사들이 어떻게 환자의 고충을 제대로 이해할 수 있겠는가. 우리가 아픈 사람들에게 요구하는 것이 환자에게 어떤 의미인지 어떻게 알아차릴 수 있겠는가.

나는 지시받는 걸 좋아하는 사람이 아니다. 하물며 압력에 못 이겨 움직이는 건 더더욱 싫어한다. 그런데도 환자가 되니까 순한 양처럼 굴었다. 이쪽으로 돌아누워라, 천장을 보고 누워라, 팔을 똑바로 내려라, 다리를 벌려라, 옷을 휙 벗어라, 침상으로 휙 올라와라… 의사가 아무리 경쾌한 목소리로 말하더라도, 환자 입장에선 선뜻 옷을 벗고 침상에 올라갈 마음이 들지 않는다. 마음을 독하게 먹고서 불길한 침상으로 조심스럽게 다가가긴 해도 신나는 발걸음으로 휙 뛰어들진 못한다. 모든 권한이 의료진의 손에 집중된 상황에서 환자는 시키는 대로 따를 수밖에 없는 것이다.

수련 과정에서 에드처럼 열정과 배려를 겸비한 의사를 많이 만났고, 그때마다 나는 의학에서 태도의 중요성을 되새겼다. 하지만 내 눈을 활짝 열어 준 일은 따로 있었다. 잠깐이긴 하지만, 바로 아픈 사람의 입장이 되어 낯설고 두려운 마음으로 상황을 바라본 경험이었다. 내 안에서 암이 은밀하게 자라고 있을지도 모른다는 두려움. 자궁 경부의 살점이 치지직 타는 소리에도 왈칵 쏟아지려는 눈물과 그것을 참으려는 노력. 손목에 감긴 환자용 밴드만큼 움츠러드는 내 정체성. 대형 상점에 진열된 콩 통조림처럼 바코드로 인식되는 것에 대한 충격…. 아픈 사람 쪽에서 병을 바라보자 내가 앞으로 무엇을 어떻게 해야 하는지 감이 왔다.

삶과 죽음 사이, 소중한 것들이 제 모습을 드러내는 순간

—   때로는 절망적 무력감에서 교훈을 얻기도 한다. 우리에겐 너무나 사랑해서 무슨 짓을 해서라도 잃고 싶지 않은 사람이 있다. 당신의 삶을 빛나게 해 준 그 사람을 지키고 싶지만, 무력한 당신은 그저 바라볼 수밖에 없다.

의학 학위를 따려면 암기해야 하는 것들이 3백만 개나 된다. 나는 첫 학기말 시험을 앞두고 잠을 설치는 바람에 신경이 아주 예민해져 있었다. 통과를 의심하진 않았지만, 남들보다 잘하고 싶은 마음이 앞섰기 때문에 긴장을 놓지 못했다. 고개 한 번 들지 않고 세 시간 동안 두뇌를 전부 가동해서 문제를 풀었다. 도중에 누군가가 흐느끼며 시험장을 뛰쳐나갔다. 펜 300개가 종이를 긁어 대는 소리는 마치 미어캣이 떼로 몰려오는 소리처럼 들렸다.

내가 시험에 집중하고 있을 때, 수백 킬로미터 떨어진 곳에서 한 여성이 앰뷸런스에 실려 작은 지역 병원에 도착했다. 데이브의 어머니인 팻이었다. 팻은 위독한 상태였다. 염증이 혈관을 통해 걷잡을 수 없이 번져서 패혈성 쇼크에 빠졌다. 나는 시험을 치르느라 그런 일이 일어난 줄은 까맣게 몰랐다. 시험을 끝내고 휴대폰을 켰더니 데이브에게서 부재중 전화가 열두 통이나 와 있었다. 내가 높은 점수를 받겠다는 허영심으로 갖은 노력을 하는 동안, 그는 내게 연락하려고 무진 애를 썼던 것이다. 심장이 몹시 두근거렸다. 나쁜 소식임을 직감하면서 데이브에게 얼른 전화를 걸었다.

"여보세요? 나야, 레이첼. 무슨 일 있어?"

아주 먼 곳에서, 사랑하는 이를 잃게 된 사람들의 영역에서 그가 대답했다. 말이 뚝뚝 끊어졌다.

"엄마 때문이야. 병원에 있대. 지금 가는 중이야."

나는 불완전한 정보를 끌어모아 그가 하는 말을 겨우 알아들었다. 데이브 역시 아버지가 한 말 중에서 병원으로 당장 오라는 말만 간신히 알아들은 듯했다.

그날 밤 늦게 데이브가 병원에서 돌아왔다. 우리는 다시 이야기를 나눴다. 이번엔 할 이야기가 더 많았다. 특히 팻의 건강 상태가 제일 심각한 주제였다. 팻은 상태가 너무 나빠서 패혈증을 이겨 낼 가능성이 기껏해야 반반이었다. 게다가 스캔 검사를 해 보니, 암이 온몸으로 전이되어 있었다. 앞으로 며칠을 버텨 낸다 해도 앞날은 여전히 위태로웠다.

"내일은 나도 갈 수 있어. 나중에 재시험을 치르면 되니까. 점심때쯤 도착할게." 내가 말했다.

"아니, 바보 같은 소리 하지 마. 시험은 제대로 다 치르도록 해. 끝나고 와도 되니까."

나는 데이브의 목소리에 담긴 중압감이 못내 안쓰러웠다. 어떻게든 위로하려 했지만 내 입에서 나오는 말들은 억지스럽고 공허할 뿐이었다. 이런 일을 처음 당해서 어떻게 위로해야 할지 몰랐다. 사랑하는 사람에게, 가슴 찢어지는 이별을 앞둔 사람에게 도대체 뭐라고 해야 한단 말인가? 내가 확신에 차서 할 수 있는 말은, 진실하게 들리는 유일한 말은 그저 사랑한다는 말뿐이었다. 우리에게 무슨 일이 일어나든 변치 않고 사랑할 거라는 말뿐이었다.

내가 48시간 동안 시험에 매달리는 사이, 데이브는 아버지와 함께 어머니를 밤새 간호했다. 데이브가 중간중간 소식을 전했다. 나는 시험을 한창 치르다가도 팻이 문득 떠올랐다. 팻은 외아들의 새 여자 친구를 무척 반겨 주었다. 다정하고 사랑이 넘치는 그녀는 크리스마스 선물을 1월부터 사 모았다. 선물을 하나씩 옷장에 넣다 보면 어느새 옷을 둘 데가 없었고, 가을쯤엔 순록 그림의 포장지에 쌓인 선물이 카펫 바닥으로 쏟아질 정도였다. 나는 데이브의 눈매와 미소에서, 무엇보다도 그의 성품에서 팻을 엿볼 수 있었다. 데이브는 늘 겸손하고 예의 바르며 친절하고 너그러웠다. 주변 사람들의 좋은 면을 보려고 애썼다.

아직 의과 대학에서 이론만 배운 상태라, 나는 내 한계를 너무나 잘 알았다. 나는 아버지에게 연락했다.

"그냥 데이브 곁에 있어 주렴." 아버지가 말했다. "네가 상황을 더 좋게 할 순 없어. 넌 팻의 주치의가 아니니까. 하지만 데이브 곁에서 힘이 되어 줄 수는 있을 거야."

마지막 시험을 마치자마자 기차를 타고 팻이 입원한 병원으로 향했다. 기차역에 마중 나온 데이브는 그야말로 초췌했다. 전투에 처음 출전한 군인처럼 넋이 나간 모습이었다. 훈련은 잘되어 있었지만, 죽고 죽이는 전쟁의 참상을 처음 목도하고 혼란에 빠진 신병 같았다. 데이브의 아버지인 레이도 마찬가지였다. 두 사람은 팻의 병상을 밤낮으로 지키느라 기진맥진해 있었다. 나는 그날 밤엔 내가 팻의 곁에 있을 테니, 두 사람 모두 좀 쉬라고 권했다.

데이브는 병실에 들어서자마자 환한 얼굴로 말했다.

"엄마, 레이첼이 왔어요."

팻의 얼굴에 희미한 미소가 어렸다. 산소 튜브와 캐눌라를 잔뜩 꼽고 환자복 차림으로 누워 있는 팻은 너무나 왜소해 보였다. 체구가 원래 이렇게 작았나 싶었다.

"오늘 밤엔 레이첼이 옆에 있겠다고 하는데, 괜찮으세요?" 데이브가 물었다.

"괜찮고말고." 팻이 가까스로 웅얼거렸다.

나는 팻을 본 순간 시간이 얼마 남지 않았음을 직감했다. 그간에 받았던 교육 때문이 아니었다. 생화학 교과서엔 죽음과 관련된 내용이 전혀 나오지 않는다. 무엇보다도, 팻에게 생명의 기운이 거의 다 빠져나가고 없었기 때문이다. 가만히 침대에 누워 있는 팻은 소멸하지 않기 위해 얼마 남지 않은 기운을 쓰고 있었다. 살기 위해서 죽을 만큼 힘들게 버티고 있었다.

내가 병원이 실제로 어떻게 돌아가는지에 대해 좀 더 알았더라면, 다른 입원 환자들과 떨어진 곳에 마련된 1인실이 무엇을 뜻하는지 바로 눈치챘을 것이다. 환자가 임종을 앞둔 상황일 때, 병원 측은 병상이 부족하지 않은 한 환자와 가족에게 1인실을 배정해서 남의 눈치를 보지 않도록 배려한다. 결국 내 직감이 틀리지 않았던 것이다.

팻과 단둘이 남았을 때, 나는 이런저런 이야기를 들려줬다. 곧 있을 우리의 결혼식과 데이브가 나 몰래 꾸미는 신혼여행 계획, 부드럽고 화려한 웨딩드레스에 대해서 조곤조곤 설명했다. 팻은 이따금 희미한 미소를 지어 보였다. 한두 번 내 손을 꽉 잡아 주기도 했다.

"데이브가 어머니를 많이, 아주 많이 사랑해요." 내가 나지막한 목소리로 말했다. "그거 아세요? 그이 얼굴에선 늘 어머니가 보여요. 어머님과 아버님이 참으로 멋진 남자를 키우셨어요."

팻이 눈을 떴다. 그리고 분명한 목소리로 말했다.

"난 곧 죽을 거란다."

나는 너무 당황했다. 이런 상황에서 뭐라고 말해야 하지? 어떻게 위로하지? 이 상황을 조금이라도 좋게 하려면 뭘 해야 하지? 나는 할 말을 잃고 여전히 온기가 느껴지는 팻의 손을 꽉 잡기만 했다. 그러다 한참 만에 입을 열었다.

"저, 저도 어머니가 많이 아프다는 건 알아요. 하지만 의사들이 최선을 다하고 있어요. 무슨 일이 생기더라도 아버님과 데이브가 곁에 있잖아요. 저도 있고요. 어머니를 이대로 보내진 않을 거예요."

팻이 내 손을 토닥였다. 그 순간 위로가 필요한 사람은 팻이 아니라 나 같았다. 살면서 그토록 인자한 행동을 접했던 적이 있나 싶었다.

팻이 잠들었을 때, 나는 병실을 살그머니 빠져 나와 아버지에게 연락했다.

"아버지, 팻 본인도 자신이 곧 죽을 거라는 걸 알고 있어요. 이제 어떡하죠? 무슨 말을 해야 할지 모르겠어요."

"팻이 두려워하는 것 같니?" 아버지가 내게 물었다.

"아, 아뇨. 오히려 차분해 보여요."

"그래, 다행이다, 레이첼. 앞으로도 팻이 고통스러워하거나 두려워하지 않도록 신경 써라. 그 점이 제일 중요하단다. 모르핀과 미다졸람 같은 진정제가 도움이 될 거야. 물어볼 게 있으면 또 전화해라, 레이첼. 시간은 아무 때고 상관없다."

그날 밤, 나는 아버지의 지혜를 빌리려고 수차례 연락했다. 아버지는 팻의 원격 주치의가 되었다.

시간이 째깍째깍 흘러가는 동안 상황이 바뀌기 시작했다. 팻의 몸에서 생명의 기운이 점점 더 빠져나갔다. 뭐라도 해야 했다. 나는 팻의 대변자로 나섰다. 내가 나서지 않으면 어두운 병실에서 무슨 일이 일어나는지 아무도 모를 터였다. 먼저, 결혼반지가 팻의 부어오른 손가락을 옥죄는 것부터 해결하기로 했다.

"간호사에게 반지를 잘라 달라고 해라."

아버지의 조언대로 간호사에게 요청했지만, 그들은 병동에 절단기가 없다고 말했다. 아버지에게 또다시 전화했다.

"맙소사, 어느 응급실에나 이런 용도에 딱 맞는 절단기가 있다고 전해라." 아버지가 말했다. "응급실에 가서 구해 오라고 간호사한테 요구하든 네가 직접 가서 가져오든 해라."

간호사에게 다시 요청하자 한참 만에 간호조무사가 달려왔다. 그녀는 부드러운 손길로 솜씨 좋게 반지를 빼내 주었다.

팻이 몸을 뒤척이며 코에 연결된 산소 튜브를 빼려고 했다. 간호사들은 산소 튜브를 그대로 둬야 한다고 우겼다. 나는 슬머시 일어나 아버지에게 다시 연락했다.

"산소 공급 없이는 숨 쉬지 못하는 경우가 아니라면 산소 튜브를 빼 줘라. 팻이 가장 편안한 상태로 있게 해 줘야 해."

코에서 플라스틱 튜브를 빼 주자 팻은 다시 진정하고 잠이 들었다 깼다 했다.

조금 지나자 통증 때문인지 자꾸 앓는 소리를 냈다.

"모르핀을 놔 줘라." 아버지가 말했다.

"이미 모르핀을 맞고 있어요." 내가 말했다.

"투여량은?" 아버지가 물었다.

투여량을 알아보니 최소 용량인 2.5밀리그램이었다. 코데인 진통제 한 알 분량으로, 시작 투여량에 불과했다.

"제발 당직 의사를 좀 불러 주세요." 내가 간호사들에게 사정했다. "팻은 모르핀을 더 맞아야 해요. 얼른 더 놔 주세요."

간호사들 입장에서, 나는 그야말로 성가신 보호자였다. 하지만 팻이 필요 이상으로 고통받을지도 모른다는 두려움에 남의 시선을 따질 겨를이 없었다. 결국 수련의 한 명이 허겁지겁 달려왔다. 모르핀이 더 처방되었다. 그러자 팻의 숨소리가 한결 편하게 들렸다. 그제야 나도 숨을 좀 돌릴 수 있었다. 팻의 가슴이 오르락내리락하는 모습을 지켜보면서 팻의 손을 살살 쓸어 주고 흘러내린 머리카락을 뒤로 넘겨 주었다.

새벽 동이 트기 직전, 간호사가 따뜻한 차를 한 잔 갖다 주었다. 간호사는 내게 성가시게 했다고 나무라기는커녕 따뜻한 말을 건넸다.

"만약 내 어머니가 아프시면 당신 같은 사람한테 돌봐 달라고 부탁하고 싶네요."

아침이 되자 병동이 분주하게 돌아갔다. 아버지는 내가 해야 하는 일을 꼼꼼하게 알려 주었다.

"완화 의료 팀을 불러 달라고 해라, 레이첼. 당장 와야 한다고 해."

팻의 담당의가 병실에 얼굴만 살짝 비치더니 바로 가려고 했다. 내가 완화 의료에 대해 문의하자 그는 나가는 걸음에 애매하게 동의했다.

"아뇨." 내가 딱 부러지게 말했다. 그런 다음, 그의 눈을 똑바로 쳐다보며 단호하게 요구했다. "완화 의료 팀에게 당장 연락해 주세요."

나는 병실을 나서는 의사 뒤를 따라갔다. 간호사실까지 따라가서 그가 기어이 전화기를 집어 들 때까지 기다렸다. 내가 너무 기분 나쁘게 행동했나? 두 번 다시 만나기 싫은 보호자처럼 굴었나? 그럴지도 모른다. 하지만 아버지가 팻의 의사였다면, 벌써 전화를 걸었을 것이다. 나에게는 아버지가 환자를 제대로 보살피는 기준이자 지침이었다.

나는 완화 의료 팀이 온다는 소식에 안심하고 데이브와 교대한 다음 눈을 붙이러 집으로 향했다. 몇 시간 뒤 데이브가 돌아왔다. 뭐라 말하기도 전에 나는 팻이 떠났음을 직감했다. 우리는 부둥켜안고 하염없이 울었다. 서로의 품에 안겨 흐느끼다 보니 밖은 어느새 어둠이 깔렸다.

팻은 진단받은 지 겨우 나흘 만에 세상을 떠났다.

나중에, 데이브는 완화 의료 팀이 얼마나 신중하고 효율적으로 상황을 판단했는지, 얼마나 세심하게 팻을 보살폈는지 알려 줬다. 그들은 의식을 잃은 팻이 통증을 느끼지 않도록 휴대용 의약품 투입 펌프로 소량의 약물이 계속 들어가도록 조치했다. 팻은 레이의 품에 안겨 아무런 고통 없이 평온하게 숨을 거뒀다.

레이도 아들처럼 넋이 나간 상태였다. 그날, 물 한 모금 넘기지 못하고 울기만 하는 레이를 보면서 나는 사랑의 새로운 면을 알게 되었다. 사랑하는 사람을 잃으면 그 사람을 사랑한 만큼 아프다는 것. 팻이 레이에게 이루 말할 수 없이 소중했던 만큼, 그가 느껴야 하는 고통과 비통함도 똑같이 크다는 것. 죽음과 관련된 이 연산에서, 팻은 사랑한 크기만큼의 아픔을 레이에게 치르게 했다. 이 말은 곧 한없이 아프게 했다는 뜻이다. 나는 고개를 들어 데이브를 건너다봤다. 그는 따끈한 차를 따라서 아버지에게 권하고 있었다. 먼 훗날, 데이브와 나도 서로에게 그런 존재가 될 거라고, 한 치의 어긋남도 없이 그럴 거라고 확신했다.

곧바로 장례식이 치러졌다. 주변 상황은 급박하게 돌아갔지만 데이브와 레이는 당밀 시럽에 빠진 사람처럼 느릿느릿 움직였다. 장례 절차가 모두 마무리된 후, 나는 미래의 남편과 산책을 나갔다. 우리는 방향도 정하지 않고 무작정 걸었다. 우리의 앞날과 그의 상실감 사이에서 시간과 공간을 하염없이 채워 나갔다. 번잡한 의식과 조문 행렬에 휩쓸린 뒤에 맛보는 고요함은 마치 다른 세계에 들어온 듯 섬뜩하기까지 했다. 한여름 무더위가 유난히 기승을 부렸다. 뜨거운 태양에 그을린 초목이 갈색으로 물들고 있었다. 우리는 콘크리트처럼 단단하게 굳은 진흙 길을 걷고 또 걸었다. 해가 멀리 지평선에 살짝 걸치자 들판의 초목이 형형색색으로 물들었다. 시간이 더 흘러 여덟 시나 아홉 시쯤 됐을 때, 데이브가 드디어 어머니에 대한 이야기를 몇 가지 들려줬다. 우리는 야트막한 산마루에 올라가서 석양을 내려다봤다. 분홍색, 보라색, 초록색, 주황색 물감을 풀어 놓은 듯 하늘과 땅이 어우러지며 묘한 빛을 발했다.

발아래 빛나는 들판을 바라보고 있자니 가슴이 점점 벅차올랐다. 황홀한 자연에 감탄하는 사이, 시야 끝에 뭔가가 어른거렸다. 유령일까? 팻의 혼일까? 다시 보니 가면올빼미였다. 헛간에 둥지를 틀고 밤에만 활동하는 올빼미가 먹이를 찾아 배회하고 있었다.

"데이브." 내가 데이브를 살며시 부르며 올빼미를 가리켰다.

우리는 가면올빼미가 석양을 가로지르며 활공하는 모습을 숨죽이고 바라봤다. 녀석은 활짝 핀 두 날개 중 한쪽을 살짝 기울여 방향을 틀면서 햇빛으로 네쳐진 풀밭을 샅샅이 훑었다. 우리처럼 산책이라도 나온 듯 들판 위를 유유히 날았다. 산울타리 주변까지 접근하더니 녀석이 커다란 호를 그리며 경로를 되돌아갔다. 석양빛에 반사된 올빼미가 마치 황금새처럼 빛났다.

서로 다른 영역을 넘나들 수 있는 생물체가 있다면, 그건 바로 올빼미다. 야간 비행사지만 밤이고 낮이고 출몰해서 먹이를 사냥하고, 유령처럼 사라졌다가 어느새 다시 나타나서 황금 날개를 펼치고 불타는 하늘을 유유히 활강한다. 신의 존재를 믿지 않는 사람도 올빼미의 신출귀몰함에는 홀리지 않을 수 없다.

어느 순간, 올빼미가 사라지고 마법이 풀렸다. 우리는 안도감인지 경외감인지 모를 감정에 휩싸인 채 어린아이처럼 깔깔 웃었다. 어둠과 빛의 영역을 넘나들며 뜨거운 생명의 기운을 발산하는 가면올빼미의 모습을 또 볼 수 있을까? 우리는 땅끝에 걸린 태양을 뒤로하고 자리에서 일어났다. 그리고 혈관에 고동치는 뜨거운 피를 느끼며 집으로 돌아가는 먼 걸음을 시작했다.

사랑하는 사람을 먼저 보내야만 한다면

— 그 당시, 나는 팻의 입원에서 임종까지 아흔여섯 시간을 가슴에 묻기로 했다. 갑작스러운 이별로 마음이 너무 헛헛한 데다 의학도로서 사람을 살리는 일에 집중하느라 죽음을 깊이 생각할 수 없었다. 그저 데이브와 레이를 챙기는 데 집중했다. 그땐 몰랐지만, 내가 의사로서 나아갈 방향은 이미 정해졌다. 팻은 삶의 끝자락에서 극도로 취약한 상태였다. 마지막 몇 시간을 최대한 편안하고 품위 있게 머물다 떠나려면 도와줄 사람이 필요했다. 새벽녘에 찾아온 완화 의료 팀은 전문 지식을 갖췄을 뿐만 아니라 삶의 마지막 순간까지, 어쩌면 마지막 순간에 더 정성껏 돌봐야 한다는 사실을 알고 있었다. 완화 의료 팀의 업무야말로 질병이 아니라 환자를 중심에 두는 의료 행위였다.

5 드라마 같은 소생술은 없다

심정지 상황에선
일단 자신의 맥부터 재야 한다.

– 사무엘 셈, 《하우스 오브 갓》

"레이첼, 저 좀 도와주세요!"

때로는 말의 내용보다 말투로 사안의 중요성을 판단하고 움직여야
한다. 캐롤라인은 의대를 졸업한 지 두세 달밖에 안 됐지만 침착한 대
처로 팀에서 좋은 평가를 받고 있었다. 그런데 지금은 놀란 눈을 하고
잔뜩 긴장한 목소리로 내게 도움을 청했다.

나는 수련의 3년 차에 접어든지라 급박한 상황임을 바로 알아차렸

다. 문제의 환자에게 서둘러 가는 사이, 캐롤라인이 자신이 처한 상황을 이야기했다. 제 딴엔 정확히 설명한다고 했지만, 말이 뚝뚝 끊어져서 제대로 알아듣기 힘들었다.

"아무래도 환자가 곧 죽을 것 같아요. 아, 아무래도 심정지가 올 것 같아요. 심폐 소생술을 받게 될 텐데."

캐롤라인은 잠시 숨을 고른 후 말을 이었다.

"그런데 받으면 안 돼요. 진짜로 안 돼요. 오늘 아침 회진 때 담당 선생님께 이 문제를 제기했지만, '보라색 서류가 없잖아'라며 무시하더라고요."

나 역시 이런 상황을 수차례 겪어 봤기 때문에 캐롤라인이 얼마나 애타고 속상할지 알고도 남았다. 나한테 도움을 청했으니 그나마 다행이었다. 환자의 의무 기록지에는 흔히 심폐 소생술CPR을 하지 말라는 DNACPRDo Not Attempt Cardiopulmonary Resuscitation 서류가 빠져 있었다. 의료팀은 환자나 그 가족에게 심정지나 호흡 정지 상황에서 심폐 소생술을 원하는지 미리 문의해야 하지만, 여러 가지 이유로 이 절차를 빼먹곤 한다. 이 서류는 쉽게 눈에 띄도록 보라색이나 진홍색 테두리가 둘러져 있다. 그래야 급박한 상황에서 환자의 의도를 파악하려고 서류철을 뒤지느라 아까운 시간을 낭비하는 경우를 피할 수 있다.

서류가 없을 때는 기본적으로 소생술을 시행해야 한다. CPR 전담 팀이 득달같이 달려와 가슴을 압박하고 심장에 충격을 주고 아드레날린을 주입하는 등 중단된 생명을 되살리기 위해 안간힘을 쏟는다. 소생술은 뼈를 으스러뜨릴 만큼 격렬하다. 의사들은 환자의 부활을 소망하며 생명의 기운이 모두 빠져나간 몸에 맹렬한 공격을 퍼붓는다. 하지만 애초에 헛된 소망일 경우, 즉 나이가 너무 많거나 상태가 너무 악화돼 심장이 다시 뛰어도 사람답게 살기 어려울 경우, 그들이 초래하는 결말은 예외 없이 추하고 잔인하다. 존엄이라곤 찾을 수 없다.

캐롤라인은 경험이 별로 없는데도 환자가 생사의 기로에 위태롭게 서 있음을 감지했다. 몇 주 동안 매일 가까이서 돌봤기 때문에 오늘 그의 상태가 급격하게 나빠졌음을 알아차렸던 것이다. 캐롤라인은 그가 곧 죽을 거라고 정확하게 예측했다. 전문의에게 면박을 당했지만 물러서지 않았다. 환자가 부적절한 소생술에 시달리는 걸 어떻게든 막아 보려 애썼다.

나는 우드먼 씨의 병실로 뛰어가면서 몇 가지 기본 정보를 얻어 냈다. 그는 80대 후반에 피골이 상접하도록 말랐고, 낙상 위험이 있으며, 만성 심부전을 오랫동안 앓았다. 심장 근육이 늘어져서 수축 운동이 약하고 불규칙했다. 온몸에 활력을 불어넣어 주던 피가 이젠 제대로 돌지 못해서 운동 능력이 급격히 떨어졌다. 가만히 있어도 숨이 차고 다리가 부었다. 만성 심부전은 예후가 무척 안 좋다. 진단 후 1년 안에 환자의 30~40퍼센트 정도가 사망했다. 우드먼 씨가 입원해 있는 동안 의료 팀은 온갖 약물을 조합해서 도우려 애썼지만, 그를 치료하는 데는 역부족이었다.

병실에 들어서자 우드먼 씨가 나를 쳐다봤다. 얼굴은 고통과 두려움으로 일그러져 있었고, 커다란 두 눈은 도와 달라고 애원하고 있었다. 나는 겁이 덜컥 났다. 하지만 그런 감정을 드러내지 않으려고 마음을 단단히 먹었다.

"도와줘." 그가 가쁜 호흡 사이로 간신히 말했다. "죽을 것 같아."

그는 알고 있었다. 지금 이 순간 죽음의 문턱에 다다랐다는 확신에 사로잡혀 있었다. 나는 학부 시절에 일찌감치 '앙고르 아니미$_{Angor\ Animi}$'라는 증상에 주의하라는 가르침을 받았다. 영혼의 불안을 뜻하는 라틴어로, 환자 스스로 곧 죽을 거라고 확신하면서 느끼는 공포감을 말한다. 그때까지 앙고르 아니미를 접한 적은 손에 꼽았지만, 매번 오해의 소지가 없을 만큼 분명했다. 우드먼 씨도 맥박이 빨리 뛰고 혈압이 뚝 떨어지고 입술이 시퍼랬다. 심근 경색으로 혈액 순환이 제대로 되지 않아, 말을 하는 그 순간에도 숨이 넘어갈 듯했다.

지체할 시간이 없었다. 죽음을 막을 수 없다면 가장 친절한, 아니 유일한 행동 방침은 진정제를 투여해 우드먼 씨의 공포를 누그러뜨려 주는 것이었다. 모르핀이나 미다졸람을 정맥에 최대한 빨리 주사해야 했다. 하지만 오늘 그를 진찰한 고참 의사이자 그의 치료를 궁극적으로 책임진 전문의는 흉부 압박과 전기 충격, 필요하면 전면적인 심폐 소생술을 시행하라고 정반대 처방을 내려놓았다. 그의 처방을 따르려면 당장 CPR 팀을 호출해야 했다.

하지만 내 판단으로는 다 부질없는 짓이었다. 그렇다고 엄연한 위계질서가 있는 병원에서 하급자가 상관의 지시 사항을 멋대로 취소할 수도 없는 노릇이었다. 의학에서 좋은 판단은 흔히 경험에서 우러나기 때문에 연공서열을 따져야 했다. 나는 하급 의사였다. 게다가 이 환자를 알지도 못했다. 어쩌면 내가 중요한 점을 놓쳤는지도 몰랐다. 나는 잽싸게 머리를 굴려서 모든 선택지를 따져 봤다.

"캐롤라인, 가서 담당 선생님을 모셔 와. 응급 상황이니까 당장 오셔야 한다고 해."

그리고 간호사에게 얼른 정맥 주사용 모르핀 10밀리그램을 준비해 오라고 지시했다. 그런 다음, 혈액 가스 분석에 필요한 피를 극소량 뽑았다. 전문의에게 심폐 소생술의 부적절함을 입증하기 위해 내가 생각할 수 있는 가장 빠르고 가장 덜 고통스러운 방법이었다. 분석 결과가 완화 의료 외엔 전부 헛되다는 것을 입증할 수 있다고 확신했다. 하지만 주삿바늘이 들어가자 우드먼 씨는 신음 소리를 내뱉으며 온몸을 떨었다. 간절한 눈빛으로 도와 달라던 그에게 오히려 고통을 안기고 말았다. 담당 전문의가 오든 말든, 혈액 가스 분석 결과가 나오는 즉시 나는 모르핀을 주사하고 그의 두려움을 덜어 주겠다고 다짐했다. 그게 내 계획이었다. 그 순간 내가 짜낼 수 있는, 가장 덜 나쁜 절충안이었다. 하지만 상황은 내 계획대로 흘러가지 않았다. 그보다 훨씬 앞질러 갔다.

누군가가 혈액을 들고 분석실로 달려가자 이젠 죽어 가는 남자와 단둘이 남았다. 모르핀이 도착할 때까지 의료적으로 제공할 수 있는 건 하나도 없었다. 내가 줄 수 있는 거라고는 인간적 손길뿐이었다. 나는 우드먼 씨를 안아 주었다. 두 팔로 그의 축축한 어깨를 감싸 안았다. 그가 내 손을 꽉 잡았다. 어찌나 세게 잡았는지 비명을 지를 뻔했다. 그는 이제 말도 할 수 없었다. 얼굴이 점점 흙빛으로 변했다. 내가 바늘을 찔렀던 팔목에서 피가 뚝뚝 떨어졌다. 침대 시트에 떨어진 피가 참으로 선명했다. 나는 그의 어깨를 살살 토닥이며 위로의 말을 건넸다. 벼랑 끝에 있는 이 순간 절대로 혼자가 아님을 그가 알아차리길 바랐다.

간호사가 모르핀이 든 주사기를 든 채 문을 부술 듯이 밀고 들어왔다. 우드먼 씨가 숨을 헐떡거리며 경련을 일으켰다. 온몸은 땀으로 흥건했고, 얼굴은 짙은 보랏빛으로 변했다. 어깨의 긴장이 내 팔에 고스란히 전해졌다. 그 순간, 담당 전문의가 캐롤라인과 함께 병실로 들어왔다. 하지만 이제 그의 의견은 더 이상 필요치 않았다. 운명의 순간은 이미 지나갔다. 우리 앞에 누워 있는 남자의 눈은 이미 게슴츠레해져 있었다. 내 팔에는 이제 사람 대신 시신이 안겨 있었다.

한동안 아무도 입을 열지 않았다. 유황 가스 같은 침묵에 질식할 것만 같았다. 그때 또다시 문이 부서질 듯 벌컥 열렸다. 다른 간호사가 숨을 헐떡이며 혈액 가스 분석지를 들고 나타났다. 간호사는 파국적인 수치를 큰소리로 읽어 내려갔다. 전문의의 처방을 거역하는 데 필요한 증거였다. 하지만 너무 늦었다. 침대 시트는 죽은 남자의 땀으로 푹 절어 있었다. 우리 중 누구도 그의 마지막 간청을 들어주지 못했다.

생을 다하고도 편안하게 죽지 못하는 사람들

— 　　　그날 밤까지도 나는 여전히 죄책감에 시달렸다. 한 사람, 아니 두 사람에게 한없이 미안했다. 집에 돌아와서 아이들과 놀아 줄 때는 낮에 있었던 일을 잠시나마 잊을 수 있었다. 하지만 아이들을 재우고 집안이 조용해지자 다시 생각났다. 앙고르 아니미. 환자가 극도의 공포 속에서 세상을 떠났다. 내가 좀 더 용감했더라면, 본능에 따라 움직

였더라면, 그의 괴로움을 덜어 줄 수 있었을 텐데. 공포에 휩싸인 그의 마음을 진정시킬 수 있었을 텐데. 하지만 그러지 못했다. 나는 우드먼 씨뿐만 아니라 캐롤라인에게도 얼굴을 들 수 없었다. 캐롤라인은 환자가 이런 식으로 생을 마감하지 않기를 바라는 마음에서 내게 도움을 청했다. 하지만 그녀의 바람은 이뤄지지 못했다. 나중에 우리는 차를 마시면서 방금 벌어진 사태에 대해 이야기를 나눴다. 캐롤라인은 뜨거운 차를 두 손에 받치고 말없이 눈물만 흘렸다. 환자를 그렇게 보내고 애달파하는 젊은 의사를 보고 있자니, 내 안에서 좌절과 분노가 동시에 치밀어 올랐다. 담당 전문의에게 가서 소리치고 싶었다. 풋내기 수련의도 환자에게 진정 무엇이 필요한지 알아차렸는데, 당신은 어째서, 어째서 놓쳤느냐고 따지고 싶었다.

거실 소파에 구부정하게 앉아서, 병원에서 의례적으로 벌어지지만 대놓고 따지지 못한 문제를 좀 더 냉정하게 생각해 봤다. 의료진은 우드먼 씨에게 소생술에 대한 의견을 구하지 않았을 뿐만 아니라 환자의 상태를 누구보다 잘 아는 수련의의 의견마저 무시해 버렸다.

오늘날 자행되는 심폐 소생술, 즉 CPR은 인간의 존엄성을 훼손하는 잔인한 과정이다. 말기 심부전처럼 회복 불가능한 질병으로 죽어 가는 환자들에게는 애초에 시행하면 안 되는 처치였다. 건강한 환자들에게도 흉부 압박과 전기 충격은 흔히 실패로 끝난다. 병원 안에서 심정지에 빠진 사람들 다섯 명 중 한 명만 살아서 병원을 나간다. 병원 밖에서 심정지에 빠진 환자들의 소생 가능성은 훨씬 더 낮아서 열 명 중 한 명만 살아남는다.

물론 생사의 기로에 선 환자에게 CPR은 시도할 가치가 있다. 하지만 심장이 정지된 시간 동안 산소 부족이 장기화되면 환자는 살아나더라도 영구적으로 뇌 손상을 입게 될 위험이 있다. 남은 평생을 정신이 온전치 못한 상태로 살아야 하는 것이다. 나를 비롯한 일부 사람들은 이렇게 사느니 차라리 죽는 게 낫다고 생각한다.

DNACPR에 관한 논의는 환자에게 CPR을 원하는지 사전에 생각해 볼 기회를 제공한다. 그들의 소망을 의무 기록지에 철해 두면, 환자가 스스로 결정할 능력이 없는 응급 상황에서 임상의들은 바로 조치를 취할 수 있다. 보라색 서류는 죽음의 문턱에서 의사의 예측이 아니라 환자의 소망을 중심에 두는 데 꼭 필요하다. 환자는 결정을 내릴 능력이 있는 한, 사전에 언제든 CPR을 거부할 수 있다.

우드먼 씨는 몹시 쇠약하고 수척했다. 게다가 그와 같은 심장병을 앓는 사람의 통상적인 기대 수명보다 수개월을 더 살았다. 만성 질환에 합병증까지 겹쳤으니, CPR을 시도해 봤자 성공할 가망이 거의 없었다. 혈액 가스 분석이 그 점을 입증해 주었다. 그런데 의료 팀은 왜, 도대체 왜 이 문제를 사전에 그와 논의하지 않았을까? 왜 그가 지옥의 변방에서 고통에 몸부림치며 죽어 가도록 방치했을까? 왜 환자의 머리맡에서 하급 의사가 발을 동동 구르게 했을까? 환자에게 좋은 치료를 제공하고자 하는 본능을 억누르게 하면서 말이다.

그 답을 찾으려면 상당히 껄끄러운 문제, 즉 의사들이 환자의 죽음을 대하는 방식과 태도를 살펴야 한다. 의사들도 죽음에 대한 불안감이 크기 때문에 가능하면 회피하려 든다. 오늘날 사회는 죽음의 문제를 전문가에게 위탁했을지 모르지만, 그렇다고 해서 전문가가 반드시 그 일을 기꺼워한다는 뜻은 아니다.

의료진은 흔히 시간과 일손이 부족하다는 핑계로 CPR에 관한 중요한 논의를 회피한다. 물론 열악한 근무 여건은 부인할 수 없는 현실이다. 하지만 속내를 더 깊이 들여다보면 다른 이유가 있다. 바로 의사들도 죽음을 두려워한다는 점이다. 오랜 수련에도 불구하고, 혹은 어쩌면 바로 그 수련 때문에 의사들은 일반 사람들과 마찬가지로 죽음에 대해 논의하기를 꺼리고 두려워한다. 상황을 개선하려면, 일단 이러한 현실을 직시해야 한다.

의사가 말하길 꺼리는 단 하나의 진실

— 나는 의학 교과서나 병원 응급실이 아니라, 지나치게 자극적인 의학 드라마에서 처음 CPR을 접했다. 〈ER〉, 〈하우스〉, 〈캐주얼티〉, 〈그레이 아나토미〉 같은 미니 시리즈의 열렬한 팬으로서, 의대에 들어오기 전까지만 해도 소생술은 빈 당직실에서 펼쳐질 에로틱한 장면의 서막쯤으로 생각했다. 이러한 드라마에선 매력적인 중년 남성과 몸에 딱 붙는 수술복 차림의 늘씬한 젊은 여성이 환자의 생명을 영웅적으로 구한 후, 후끈 달아오른 몸을 안고 당직실로 향했다.

그런 이유로, 나는 급박한 상황에서 침착하고 노련하게 환자의 가슴을 압박하면 환자가 눈을 번쩍 뜰 거라는 태평스러우면서도 대단히 부정확한 오해를 품고서 의대에 입학했다. 풋내기 의학도로서 병동을 돌아다니기 시작한 후에도, CPR을 받은 환자들이 실제로 살아서 병원을 나서는 경우가 얼마나 드문지, 또 의학 드라마가 생존 가능성을 얼마나 터무니없게 과장했는지 아무도 알려 주지 않았다. 심지어 드라마에서 CPR을 지나치게 낙관적으로 묘사하여 대중의 인식을 왜곡시키는 이른바 '텔레비전 효과'를 증명한 연구 결과도 있었는데, 이런 텔레비전 효과는 비단 일반인뿐 아니라 나 같은 초보 의사들에게서도 나타났음이 분명했다. 나는 TV 드라마의 어느 장면처럼, CPR 상황에서 환자의 생사가 전적으로 의사인 나한테 달려 있다고 생각했다. 내가 잘하면 환자가 살아나겠지만, 환자가 살아나지 못하면 그 책임은 전적으로 내 탓일 터였다.

"그야말로 식은 죽 먹기야. 너희는 딱 세 가지만 평가하면 된다. 기도氣道, 호흡, 순환. 맥박을 감지할 수 없다면 곧장 CPR로 들어간다. 알아들었나?"

학부생 시절 한 수련의에게 받은 CPR 교육 내용이다. 안타깝게도, 후배들을 소생술 정예 부대로 키우려던 그의 열정은 우리에게 좋지 않은 영향을 미쳤다. 혹시라도 우리가 너무 서툴러서 맥박을 감지하지 못하면 어떡하냐고 묻고 싶었지만, 열강을 펼치는 선배 앞에서 우리는 끽 소리도 못 했다. 선배 수련의는 흉부 압박 중에 갈비뼈를 몇 대 부러뜨리지 못하면 틀림없이 실패할 거라는 섬뜩한 경고도 날렸다.

"너희가 제대로 못 하면, 설사 맥박이 돌아온다 하더라도 환자의 뇌는 곤죽이 될 것이다. 어정쩡한 압박은 어정쩡한 결과로 이어진다, 알았나?"

소생술에 대한 첫 교육 후, CPR을 제대로 하면 환자의 뼈를 몇 개 부러뜨릴 것이요, 잘못하면 돌이킬 수 없는 뇌 손상을 초래할 거라는 메시지가 뇌리에 콕 박혔다.

우리는 그날 초조한 얼굴로 체육관 바닥에 놓인 CPR 실습용 마네킹 주변에서 차례를 기다렸다. 바닥에서 올라오는 시큼한 냄새에 속이 메슥거렸지만 고무 몸통의 생명을 구하고자 꾹 참았다. 대학 배드민턴 팀의 열띤 응원을 받으며 힘을 쏟았지만, 매의 눈을 한 강사는 배드민턴 코치보다 더 거칠게 피드백을 쏟아 냈다.

"아니, 아니! 너무 느려. 너무 약해. 팔꿈치가 구부러졌잖아. 그런 식으로 무슨 힘이 전달되겠어? 아니, 왜 다들 땀 한 방울 안 흘리지?"

나는 이 실습에서 자신감보단 '잘못하면 어떡하지?' 하는 불안감을 더 크게 느꼈다. 그래서 다시 연습해 볼 기회가 생기길 고대했다. 그러다 병동 실습 중에 내가 소속된 구역에서 한 환자에게 심정지가 왔을 때 옳다구나 싶었다. 드디어 CPR을 실제로 해 볼 기회가 생겼다. 나는 흉부 압박이라는 육체노동을 교대할 여분의 손이었다. 당시 CPR 팀을 이끌던 여의사는 차분하지만 당차게 팀을 이끌었고, 환자는 성공적으로 소생했다. 위급한 순간에 어쩌면 저렇게 침착할까 탄복하면서, 나는 그녀의 움직임을 하나도 놓치지 않으려고 눈을 부릅뜨고 지켜봤다.

의사로 첫발을 내디딘 순간부터 심정지는 내 업무의 단골 메뉴가 되었다. 주간 근무 중에는 며칠에 한 번씩 CPR 전담 팀을 호출했고, 야간 당직이나 주말 당직 중엔 날마다 호출했다. 나는 호출 기회가 생길 때마다 내심 반가웠다. CPR 상황에 더 제대로, 더 자신 있게, 더 능숙하게 대처하도록 배울 기회였기 때문이다. 다섯 명 중 한 명만 살아서 병원을 나간다는데, 내가 그 살아난 환자의 담당 의사가 되고 싶었다.

그런데 기술을 숙달하고자 매진하는 과정에서 환자는 안중에 없었다. 심정지 환자가 있을 때마다 나는 CPR 팀의 침착하고 듬직한 리더로 거듭나는 데 급급해서, 맞물린 손바닥 아래에서 억눌리는 사람을 신경 쓸 겨를이 없었다. 더 솔직히 말하자면, CPR 상황이 펼쳐지는 순간 온통 나에 대한 생각뿐이었다. CPR을 제대로 하겠다는 데 정신이 팔려 정작 환자는 뒷전으로 밀려났던 것이다.

한편에선 그게 뭐가 나쁘냐고 주장하는 사람도 있을 수 있다. 만약 내 가족 가운데 한 사람이 입원 중에 심정지를 일으킨다면, 나는 딱 한 가지만 바랄 것이다. 뛰어난 실력을 갖추고서 눈 하나 깜짝 않고 바로 행동에 돌입하는 CPR 팀. 현장에서 당황하거나 머뭇거리면 사랑하는 내 가족이 살아날 가능성은 줄어든다. 인간적 동정이나 연민 따위는 필요 없다. 심정지 시간이 길어질수록 다시 뛸 가능성이 줄어들기에 무자비할 정도로 냉철한 의사들과 간호사들이 필요하다. 그러니까 병상 옆에 놓인 기계에 가장 가까운 버전의 인간을 원한다. 이따금 마주쳤던 미숙한 CPR 팀처럼 결정을 못 내리고 우왕좌왕한다면, 사랑하는 내 가족이 목숨을 잃을 수도 있다.

우리는 의사들에게 역설적 요구를 하고 있다. 환자에게 공감하고 환자를 배려하고 따뜻하게 대해 주길 원하면서, 또 한편으론 환자의 상황에 초연하길 바란다. 정지된 심장, 짓이겨진 팔다리, 질식할 것 같은 아이를 마주했을 때, 우리는 그들이 기계처럼 신속하고 정확하게 움직이기를, 움츠러드는 본능을 억누르고 끝까지 밀어붙이길 원한다.

우리의 심장이 멈추는 이유는
우리가 떠날 때가 되었기 때문이다

— 　CPR 현장에서 가슴 벅찬 순간을 목격한 적도 많았다. 특히 한 아이에게 시행된 CPR 장면은 지금도 눈에 선하다.

의학도로서 응급실의 CPR 구역에 임시 배속됐을 때, 의식을 잃은 아기가 앰뷸런스에 실려 온다는 소식이 전해졌다.

"무슨 정보가 있습니까?"

CPR 호출을 받고 달려온 소아과 전문의가 물었다.

"이름은 젬마예요. 세 살이고, 수로에 빠졌대요." 선임 간호사가 말했다. "부모가 아이를 꺼냈을 때 이미 호흡이 멈춘 것 같더랍니다."

"구급대원 도착 3분 전입니다." 다른 간호사가 응급실 전용으로 쓰는 진홍색 전화기를 치켜들며 말했다.

조금 전까지만 해도 이질적인 원자처럼 여러 병동에 흩어져 있던 일단의 전문가들이 멋진 공연을 앞둔 무용단처럼 우아하고 효율적인 몸놀림으로 빈 침대 주변에 둘러섰다. 신호만 떨어지면 당장 행동에 돌입할 태세였다.

CPR 팀을 이끄는 전문의는 각자 맡을 역할을 차분하게 배분했다. 마취과 의사는 기도를 책임져야 했다. 기록을 맡은 이는 처치와 관련한 시간, 약물, 용량 등을 하나도 빠뜨리지 않고 기록해야 했다. 의사 1

과 의사 2에게도 역할과 책임이 맡겨졌다. 전문의의 지시가 떨어지고 잠시 숨을 돌리려나 싶은 순간 구조대원들이 반회전문을 거칠게 젖히며 트롤리를 밀고 들어왔다. 트롤리 위에는 조그마한 아기가 축 늘어져 있었다. 아기의 창백한 몸은 뜨거운 형광 불빛 아래에서 미동도 하지 않았다.

젬마의 엄마가 울부짖는 소리에 구급대원의 목소리가 묻혔다.

"살려 주세요! 살려 주세요!" 아기 엄마는 간청하고 또 간청했다. "제발, 제발 우리 아기 좀 살려 주세요!"

한 간호사가 아기 엄마에게 다가가 응급실에서 조용히 머물지, 잠시 밖에서 대기할지 논의했다. CPR 팀은 벌써 행동에 돌입했다. 아기에게 호흡관을 삽입하고 튜브와 전극을 몸 여기저기에 꽂았다. 걸음마를 뗀 아기에게 맞는 흉부 압박이 진행되었다. 심장이 다시 뛰는지 확인하기 위해 정확히 2분마다 중단되었다가 재개되었다.

나는 뭐라도 돕고 싶었지만 관련한 경험이 거의 없었기에, 그저 놀란 표정을 감추려 애쓰며 조금 떨어진 곳에서 초조하게 지켜볼 수밖에 없었다. 이렇게 심각한 상태의 아이는 일찍이 보지 못했다. CPR 팀이 아이의 심장을 다시 뛰게 하지 못하면 나는 사실상 죽은 여자아이를 지켜보는 셈이었다. 문득 어린이집에서 안전하게 놀고 있을 내 아기가 떠올랐다. 지금 대기실에서 젬마의 엄마가 느낄 공포가 얼마나 클지 짐작이 가고도 남았다.

CPR 팀은 한 치의 흐트러짐 없이 임무를 수행했다. 압박, 아드레날린, 전기 충격, 압박. 미니어처 마네킹 같은 아기가 확신에 찬 의료 팀의 거친 손놀림에 마구 휘둘렀다. 아기를 살리기 위한 집단적 의지가 워낙 강해서 병상 주변에 힘의 장이 둘러쳐진 것 같았다. 다들 속으로 미친 듯이 주문을 외웠다. 아가야 돌아와, 돌아와, 돌아와, 제발 돌아와….

15분, 아니 20분쯤 지난 것 같았다. 소생 시도는 아무 효과가 없었다. 이 정도 시간이 흐르면 성인은 뇌 손상 위험이 높았지만, 젬마는 어려서 회복 탄력성이 높았다. 나는 눈물을 흘리지 않으려고 입술을 깨물었다. 그런데 전기 충격이 가해진 다음 순간, 돌연 심전도 그래프가 미친 듯이 움직이며 정상 리듬을 보여 주기 시작했다. 내 눈으로 직접 보고도 믿기지 않았다. 젬마의 기절했던 심장이 용케 깨어나서 다시 뛰기 시작했다. 수로에 빠져 폐가 악취 나는 바닷물로 범람했지만, 여리디여린 심장은 생명력을 유지했다. 심박 조율기를 꺼뜨리지 않았다. 꺼진 줄 알았던 생명의 기운이 되살아났다. 잔뜩 구겨진 시트 위에 축 늘어져 있던 여자아이가 죽음의 강에서 건져 올려졌다. 나는 세상이 떠나가도록 환호성을 지르고 싶었다.

그 뒤로도 CPR 팀의 집중력은 조금도 흐트러지지 않았다. 아이의 생명이, 아이의 뇌가 극히 불안정한 상태여서 승리감에 취할 여유가 없었다. ROSC Return of Spontaneous Circulation, 즉 자발 순환 회복은 심정지 상태에서 심장이 다시 뛰기 시작하는 첫 단계일 뿐이었다. 젬마는 소아과 집중 치료실로 황급히 이송되었다.

아기가 떠나자 CPR 구역에 있던 사람들의 얼굴이 드디어 활짝 펴졌다. 전문의와 간호사와 학생 모두 너 나 할 것 없이 서로 껴안으며 흔치 않은 기쁨의 순간을 기념했다. 하지만 내 안에서 그런 들뜬 기분은 금세 가라앉았다. 그날 밤 응급실을 나설 땐 무자비하리만치 냉정했던 분위기를 마음에 더 깊이 새겼다. 남들이 아기를 살리는 데 전념하는 사이, 나는 그저 몸을 떨면서 눈물을 흘리지 않으려 애썼을 뿐이다. CPR 팀은 인간 로봇처럼 아이의 생존 가능성을 극대화할 절차를 묵묵히 밟아 나갔다. 나는 내 안의 인간적 약점을 싹 뽑아내고 그들처럼 반은 기계가 되고 싶었다.

의도대로 잘 진행된 CPR은 벼랑 끝에 선 환자를 무사히 구해 낼 수 있으니, 그야말로 기적이나 다름없다. 세 살 난 아이의 심장은 웬만해서 멈추지 않는다. 하지만 우리 어른들의 닳아빠진 장기는 흔히 예측 가능한 상태로 쪼그라들다가 결국 항복하고 만다. 우리는 모두 어느 단계에 이르러 되돌릴 수 없는 심정지 상태에 빠져서, 자연스럽게 그리고 불가피하게 죽음의 순간을 맞는다. 우리의 심장이 멈추는 이유는 우리가 떠날 때가 됐기 때문이다. 이런 경우의 CPR은 잘해도 무의미하고, 잘못하면 인간의 품위를 끔찍하게 훼손한다.

따라서 의사들은 무엇보다도 되돌릴 수 없는 심정지 상태에 이른 사람을 구별할 수 있어야 한다. 하지만 의과 대학 시절 누구도 이런 중차대한 문제를 우리에게 가르쳐 주지 않았다. 아울러 CPR과 관련해서 환자의 의사 결정을 최우선으로 고려해야 한다는 사실도 알려 주지 않았다. 더 나아가, 환자와 그 가족을 상대로 이 까다롭고도 지극히 중요한 논의를 어떻게 수행해야 하는지도 알려 주지 않았다. 그저 CPR 자체에만 초점을 맞췄다.

내가 졸업한 의과 대학만의 이야기가 아니다. 다른 의과 대학도 별반 다르지 않았다. 우리는 사람이 아니라 질병에 관해서만 꾸역꾸역 배웠다. 아이러니하게도, 정작 중요한 대상인 내 미래의 환자는 배움의 내용에서 빠져 있었다. 내 뇌는 명칭과 수치, 약물과 진단으로 터져나갈 듯했지만, 혼란스럽고 불확실하고 일관성 없고 엉뚱하고 잘 까먹고 두려워하고 의심스러워하는 평범한 인간에 대해서는 배운 게 별로 없었다. 의학 교과서의 명명백백한 세상이 아니라 나와 마찬가지로 끊임없이 변하는 어중간한 세상에서 살아가는 인간에 대해서는 거의 배우지 못했다. 지식 습득이라는 난제에 짓눌리다 보니, 의학의 레종 데트르raison d'être(존재 이유)인 환자는 뒷전으로 밀려났던 것이다. 그 결과, 자격을 갖춘 의사로서 출근한 첫날에 나는 내가 얼마나 아는 게 없는지를 뼈저리게 느껴야만 했다.

처음 환자를 죽이고서 깨달은 것

—   해마다 8월 첫째 주 수요일이 되면 7000명에 달하는 초임 의사들이 병원 문을 들어선다. 그들의 불안한 마음을 비웃기라도 하듯, 신문사 한두 곳은 꼭 병원에서 해마다 반복되는 '죽음의 계절'이 돌아왔다는 충격적인 기사를 내보낸다. 이 시기에 신참 의사들의 미숙한 대처로 사망률이 급증한다는 내용이다. 그래서 의료계를 공격하고 싶어 하는 사람들은 '검은 수요일Black Wednesday'엔 절대로 아프지 말라는 농담을 던지기도 한다.

이 운명의 날 아침, 나는 좀 얼떨떨했다. 8시 59분까지도 평범한 사람에 불과한 내가 1분 뒤엔 온갖 기대감과 중압감이 수반되는 의사로 변신할 거라니, 전혀 실감이 나지 않았다. 병동에 들어서는 순간부터 나는 생명을 구할 수도, 죽일 수도 있는 힘을 가지게 될 터였다. 잠깐의 실수가 엄청난 파국을 초래할 수도 있었다. 겁이 덜컥 났다. 그래서 나는 지난 몇 달 동안 주문을 계속 외웠다.

'레이첼, 무슨 일이 있어도 실수로 사람을 죽이지만 마.'

내 머릿속에는 다른 생각을 할 여유가 없었다. 무슨 수를 써서라도 안전해야 했다. 그 말은 곧 어떻게 해서든 사람들을 모두 살아 있게 한다는 뜻이었다. 나한테는 그게 제일 중요했다.

야간 당직을 처음 서는 날에도 그랬다. 당직 첫날 밤이 끝나 갈 무렵, 몸이 좋지 않은 환자를 살펴봐 달라는 간호사의 호출을 받았다. 나는 병동으로 달려가면서 환자의 온갖 수치를 확인했다. 혈압은 뚝 떨어지고, 심박수는 휙 치솟은 상태였다. 산소 포화도는 생명을 위협할 정도로 낮았다. 그야말로 최악의 상황이었다. 이 여성의 몸은 어쩌면 돌이킬 수 없을 정도로 망가진 상태였지만, 난 의사가 된 지 며칠 안 된 상태였다.

내가 숨을 헐떡이며 오리어던 부인의 병상에 도착하자, 수치가 아닌 실체가 비상사태임을 여실히 보여 주었다. 그녀도 우드먼 씨처럼 죽음에 임박한 환자였다.

의과 대학에서, 선배 의사들은 우리에게 침대 끝에서도 아픈 환자를 분간할 수 있어야 한다고 가르쳤다. 한편 나는 10대 시절에 가끔 찻잔

이 아니라 주전자에 티백을 넣어서 차를 우리는 어이없는 실수를 저지르는 사람이었다. 그래서 때로는 내가 너무 미숙해서 중환자를 그냥 지나치지 않을까 하는 두려움에 시달렸다. 다행히 이번엔 그러지 않았다. 눈앞의 환자를 잠시 살펴본 결과, 소름 끼칠 정도로 두려워하던 순간이 닥쳤음을 직감했다. 그땐 미처 몰랐지만, 그런 환자를 '죽음이 임박한 환자'로 분류한다는 걸 나중에 배웠다. 더 지나서는 당면한 위기관리에 몰두하느라 두려운 마음을 숨기게 되었고, 결국에 가서는 두려움을 무시하게 되었다.

오리어던 부인은 쪼그라들 대로 쪼그라든 노인이었다. 피부는 잿빛으로 변했고, 몸은 땀으로 푹 젖었으며, 퀭한 눈은 두려움으로 가득했다. 공기를 빨아들이려고 몸부림치느라 목과 가슴의 힘줄이 툭 불거져 나왔다. '공기 기아air hunger', '호흡 일량work of breathing' 같은 교과서 문구가 뇌리를 스쳤다. '산통'이라는 말이 여자가 아이를 낳을 때 겪는 아픔을 제대로 반영하지 못하듯, 이런 말은 너무나 공허해서 현실 세계와 별로 연결되지 못했다. 현실에선, 충격과 공포에 휩싸인 노부인이 숨을 헐떡이며 간절한 눈빛으로 자신을 구해 달라고 애원하고 있었다. 병상 옆 탁자엔 감초 사탕이 든 병과 손자들이 보낸 카드가 놓여 있었다. 목에 두른 청진기가 그 어느 때보다 무겁게 느껴졌다.

오리어던 부인이 한때는 나치의 에니그마 코드를 해독하는 데 일조하고 혼자서 대서양을 횡단했는지 모르지만, 지금은 그런 게 다 무슨 소용이겠는가. 나는 그녀를 치료하는 데 도움이 될 만한 의학적 세부 사항을 최대한 끌어모았다. 하지만 그녀의 생명을 구하려는 시도를 삼

가야 한다는 생각은 조금도 하지 못했다.

　오리어던 부인은 95세이며 폐렴으로 입원했다. 그 전에 심장 질환으로 입원한 전력이 있고, 그보다 몇 년 전엔 뇌졸중으로 쓰러진 적도 있었다. 나는 산소와 심전도를 확인하고, 굵은 캐뉼라를 꽂고 모니터를 살폈다. 말로 안심시키려 했지만 실패했다. 기본 사항은 모두 확인했다. 이젠 뭘 더 해야 하지? 더 광범위한 항생제? 수액? 모르핀? 10분에서 15분 정도 흐른 것 같았다. 부인의 얼굴은 더 잿빛으로 변했고 호흡도 더 느려졌다. 목구멍에서 그르렁그르렁 가래 끓는 소리가 났다. 부인의 눈은 더 이상 나를 보는 것 같지 않았다. 처음 봤을 때보다 확연히 나빠졌다. 나는 비명을 지르고 싶었다. 뭘 어떻게 해야 할지 몰랐다. 아버지가 와서 내가 해야 하는 일들을 차근차근 알려 줬으면 싶었다. 아버지는 이 상황을 해결할 방법을 알고 있을 텐데, 내 미숙함이 부인을 결국 죽게 할 것 같았다.

　아침 9시. 야간 당직이 끝나는 시간이자 오전 인수인계를 시작할 시간이었다. 아래층 구내식당에선 사람들이 커피를 마시며 정겨운 농담을 주고받을 것이다. 누군가는 먹통인 컴퓨터에 대고 욕설을 퍼부을 것이고, 옆에선 의료 보험 공단의 IT가 불치병에 걸렸다고 농담을 던질 것이다. 나는 잠시 통렬한 자기 연민에 빠졌다.

　지난 5년 동안 의대 교육 과정을 이수하고 온갖 시험을 통과했지만, 지금 이 상황에 대처할 준비가 되어 있지 않았다. 혼자서 감당할 수 없다고 판단하고 오전 근무자를 불러 달라고 했다. 선배 의사가 곧 병실에 들어섰다. 오전 브리핑 시간에 호출했다고 잔뜩 짜증이 난 얼굴이었다.

"죄송합니다. 그런데 제가 달리 뭘 해야 하는지 모르겠습니다."

내가 미안한 얼굴로 말했다. 열세 시간 동안 당직을 서면서 쌓인 피로가 한꺼번에 몰려왔다. 어두운 복도에서 밤새 동분서주했더니 아침 햇살이 너무 따가웠다.

그는 현장을 휙 훑어봤다. 맙소사, 내가 꽂은 캐뉼라에서 핏자국이 보였다. 환자는 그가 보는 앞에서 요란하게 가라앉고 있었다. 또다시 짜증스러운 표정이 스쳤다.

"눈은 됐다 뭐 하나? 이 노인네는 금방이라도 숨이 넘어갈 거야. 자그마치 아흔다섯 살이야. 척 보면 모르겠어?"

선배 의사는 그 말을 뒤로하고 냅다 돌아서서 나가려다 문득 생각난 듯 어깨 너머로 한마디 덧붙였다.

"가족들한테 연락하도록 해."

그 순간, 의사가 실질적 영웅이라는 어린 시절 환상은 산산이 부서졌다. 알고 보니 의사들 중에도 정말 돼먹지 못한 인간이 확실히 있었다. 옆에 있던 간호사가 내 눈에 비친 눈물을 보더니 위로의 말을 건넸다.

"환자분은 지금 아무것도 의식하지 못해요. 저 봐요. 방금 무슨 일이 있었는지도 전혀 모르잖아요."

오리어던 부인의 눈은 초점없이 게슴츠레했다. 호흡은 아까보다 더 얕고 산발적이었다. 목구멍에서 나던 가래 끓는 소리도 어쩌다 한 번으로 줄었고 그나마도 거의 들리지 않았다. 공포로 번득이던 눈빛도 다 사그라졌다.

"어느 누가 왔더라도 구할 수 없었을 거예요, 레이첼. 당신이 오기 전에도 이미 죽어 가고 있었어요."

간호사는 이제 몸을 돌려 환자의 손을 잡았다.

"괜찮아요." 간호사가 손바닥을 살살 쓰다듬으며 속삭였다. "제가 있잖아요. 제가 옆에 있잖아요."

나는 눈물이 떨어지기 전에 얼른 그곳을 나와야 했다. 내가 등을 돌리는 순간에도 환자는 마지막 가쁜 숨을 헐떡거렸다. 사랑하는 이들과 작별 인사도 못 하고 병원의 싸구려 커튼 뒤에서 낯선 사람들과 기계에 둘러싸여 외롭게 떠나야 하다니, 얼마나 괴로운 죽음인가. 나는 그녀의 의무 기록지를 뒤져서 가장 가까운 친척의 번호를 찾았다. 전화는 금세 연결되었다. 목구멍까지 차오르는 괴로움과 수치심을 꾹 누르고 간신히 입을 열었다.

"여보세요…, 오리어던 씨 맞나요?"

의사들은 왜 환자와 그 가족들이 임박한 죽음을 미리 준비하도록 돕는 데 선뜻 나서지 못할까? 그 이유를 정말로 알고 싶다면, 여러 병동에 핀볼처럼 흩어져서 온갖 죽음의 위기에 맞서 이리 뛰고 저리 뛰다가 뼛속까지 사무치는 좌절감과 죄책감에 눈물짓고 마는 초보 의사들의 심정을 상상해 보면 도움이 될 것이다.

물론 환자가 가장 먼저다. 하지만 어떤 초임 의사도 경험 부족에 따른 미숙함 때문에 가혹하게 비난받아서는 안 된다. 특히 질책과 조롱은 그들을 비뚤어지게 해서 수련의 초반부터 죽음과 죽어 감에 대한 그들의 태도를 왜곡시킬 수 있다. 오리어던 부인을 예로 들어 보자. 그간의 경험으로 지금은 척 보면 그녀가 죽어 간다는 것도, 어떤 치료를 시도한들 곧 죽을 거라는 사실도 알 수 있다. 그때 아버지가 내 옆에 있었더라면, 그때의 내가 지금의 나처럼 경험이 쌓였더라면, 임박한 죽음의 신호를 바로 감지하고 치료보다는 숨이 끊어질 때의 고통을 완화해 주는 데 집중했을 것이다.

하지만 당시 나는 그런 통찰이 없었고, 그런 걸 고려하라고 배우지도 않았기에, 내 평생 가장 괴롭고 외로운 상황을 겪어야 했다. 환자가 자신의 체액에 빠져 허우적거리는 동안 나는 어떻게든 살려 보려고 갖은 애를 쓰면서도 나 때문에, 내가 서툴러서 환자가 죽어 간다고 확신했다. 내가 더 열심히 공부했더라면, 더 많이 배우고 더 많이 알았더라면, 더 침착하게 대처했더라면, 공포 영화 같은 이런 상황은 벌어지지 않았을 거라 믿었다. 생명을 구하는 의사들과 달리, 나는 부적절한 처치로 돌이킬 수 없는 해악을 초래했다고 스스로를 한없이 자책했다. 그날 병원 문을 나설 때 다시는 그곳에 돌아가고 싶지 않았다. 쏟아지는 햇살이 미웠다. 청명한 하늘도, 유모차에 탄 아이도, 버스 정류장에서 흥겹게 떠드는 사람도 전부 미웠다. 환자를 죽게 한 기분에 대해 아무것도 모르는 주변의 순진무구한 사람들이 죄다 미웠다. 세상 만물이 미워서 콘크리트 담벼락에 주먹이라도 날리고 싶었다.

당신이 그간에 만났던 의사들도 틀림없이 이러한 일을 겪었을 것이다. 그렇지만 그 경험을 터놓고 이야기하는 의사는 별로 없다. 영국의 대다수 병원에서 정신적 외상에 대한 사후 보고나 상담, 정서적 지원

같은 대처는 도무지 찾아볼 수 없다.

만약 당신이 초임 의사이고 돌보던 환자가 당신의 대처로 인해 죽게 되었다고 생각한다면, 당신은 죄책감과 수치심에 피가 마를 것이다. 그러나 아무도 당신 잘못이 아니라고 말해 주지 않는다. 당신이 정신적 외상에 시달리는 줄도 모른다. 그 길로 의료계를 떠나지 않는다면, 당신은 수련의 업무가 애초에 생각했던 것과 크게 다르지 않다며 결국 받아들이게 된다.

나이가 많이 들어서 입원한 환자가 완치되어 나가는 경우는 많지 않다. 그들은 대부분 늙고 쇠약해서 서서히 죽음의 길로 접어든다. 의학은 그들을 좀체 구할 수 없다. 그게 당신 잘못은 아니다. 의과 대학에선 언급을 회피하지만, 그게 인간의 본질이자 냉혹한 운명이다. 그러나 죽음의 불가피성을 회피하는 병원의 분위기에 자꾸 노출되다 보면, 당신도 결국 시류에 편승하고 삶과 죽음의 문제를 환자들에게 언급하지 않게 되면서, 선배 의사들이 무심코 당신에게 가르친 대로 따라가는 것이다.

의학을 배우다 보면 인간의 몸을 자꾸 해독하게 된다. 사람의 몸도 책처럼 읽을 수 있기 때문이다. 누군가가 걷는 방식, 입 한쪽이 처지게 씩 웃는 웃음, 뺨에 생긴 뾰루지, 동공 크기 등 겉모습과 소리, 촉감과 태도는 모두 잠재적 건강 이상의 단서이다. 학부생 시절, 한동안 사람을 보면 자꾸 병증이 떠오르곤 했다.

'버스에서 본 그 여자는 유난히 동그란 얼굴에 멍이 많은 걸로 봐서 쿠싱병을 앓는 게 틀림없어. 엄청나게 긴 손가락에 크고 삐쩍 마른 저 남자는 분명히 마르판 증후군을 앓고 있을 거야. 손톱 밑에 보일 듯 말 듯한 검은 반점은 혈류를 통해 미세한 혈전이 흩뿌려진 것인데, 심장 판막 안쪽 깊숙한 곳에 치명적 감염이 있음을 암시하는 거야. 앞으로 다가올 재앙의 자그마한 전조 증상이지.'

실제로 이런 선상 출혈 증상을 처음으로 마주했을 때, 나는 그 환자를 감염성 심내막염으로 진단해야 한다는 걸 바로 알아차렸다. 심장 내막에 생긴 염증을 손끝만 봐도 알 수 있었던 것이다.

하지만 우리가 전혀 배우지 못한 진단이 한 가지 있었다. 내가 오리어던 부인을 진료할 때 만났던 증상, 바로 죽어 가는 상황에 대한 진단이다. 어느 누구도 죽는 과정이 실제로 어떻게 보이는지 설명해 주지 않았다. 아울러 의료진의 피나는 노력에도 환자는 대개 멈추지 않고 죽어 간다는 사실 역시 아무도 설명해 주지 않았다. 오리어던 부인의 병상에서 내가 저지른 근본적 실수는 의사들이 제대로만 하면 환자가 모두 소생할 수 있다고 가정했던 것이다. 지금 생각하면 너무나 순진하고 어리석은 가정이었다.

6 어떤 결말을 준비할 것인가

신은 우주를 상대로 주사위 놀이를 한다.
신이 걸핏하면 주사위를 던지는
상습 도박꾼이라는 증거가 도처에 깔려 있다.

– 스티븐 호킹의 강연, '신은 주사위 놀이를 하는가? Does God Play Dice?'

수면등의 초록빛이 방 안을 은은하게 감싸고 있었다. 핀은 낡은 곰 인형을 옆에 끼고 잠들어 있었다. 핀은 아기 때부터 꾀죄죄한 폴리에스테르 헝겊 인형을 무척이나 좋아했다. 옆구리에 찰싹 붙은 인형이 파도에 밀려왔다 떠내려가듯 오르락내리락했다. 손으로 뺨을 어루만지자 핀은 한숨을 쉬면서 알아듣기 어려운 말을 중얼거렸다.

데이브와 나는 운이 좋았다. 가정을 꾸리고 아이를 낳아 키우자는 소망이 이뤄졌다. 나는 평온함에 취해 핀의 머리맡을 얼른 떠나지 못했다. 아이 방에서 미적거리느라 매번 병동까지 헐레벌떡 뛰어가야 했다. 야간 근무를 마치고 집에 돌아오면, 데이브가 이미 핀을 어린이집에 보낸 뒤였다. 지금 나가면 거의 24시간 뒤에나 볼 수 있었다. 천사처럼 자는 아이를 두고 나가자니 마음이 아팠다. 마지막으로 이마에 입을 맞추며 녀석의 머리카락 냄새를 맡았다. 그런 다음 아래층으로 뛰어 내려가 병원 수술복으로 갈아입었다. 시동이 한 번에 걸리길 기도하며 현관문을 열고 어둠 속으로 나갔다. 밖은 지독하게 추웠다. 차가운 기운이 응급실의 대혼란을 예고하는 듯했다. 서리가 폐부 깊숙이 들어오자 숨이 턱 막혔다. 오늘 밤도 혹독한 전쟁을 치를 것 같았다.

지금은 술집이 문을 막 닫고 자기네 고객을 우리에게 보낼 시간이었다. 병원으로 가는 길에 앰뷸런스의 사이렌 소리를 보통 한두 차례 듣기 마련이었다. 그런데 오늘 밤은 조용했다. 전날 밤도 그랬다. 나는 그들이 어디에 있는지 정확히 알았다. 차를 세우고 발밑의 살얼음이 오도독오도독 깨어지는 소리를 들으며 병원으로 걸어갔다. 아니나 다를까, 앰뷸런스가 음울하게 늘어서 있었다. 오늘 밤엔 여덟아홉 대쯤 되는 것 같았다. 병원 앞마당에 꼼짝 못 하고 서 있는 앰뷸런스마다 구급대원들과 환자가 타고 있을 것이다. 당장에라도 병상에 누워야 할 환자들이 차 안에서 하염없이 대기하고 있었다. 이유는 간단했다. 병상이 없었다. 병원 안은 이미 환자로 넘쳐 났다. 누군가가 자리를 비우지 않으면 아무도 입장할 수 없었다. 심장 마비, 출혈, 패혈증, 수막염 등 온갖 이유로 푸른 경광등 차에 실려 왔지만, 그들은 병상이 날 때까지 아까운 시간을 허비하고 있었다.

응급실엔 아직 들어가지도 못했는데 복도는 이미 환자로 가득했다. 트롤리에 실려 복도에서 오도가도 못하는 환자들은 가림막도 없이 의사의 손길을 기다렸다. 얇은 이불 속에서 끙끙 앓는 소리가 났다. 한 중년 여성이 트롤리 위로 몸을 구부리며 아픈 엄마를 살살 얼렀다.

"괜찮아요, 엄마. 내가 옆에 있잖아요."

그 옆의 트롤리에 누운 젊은 남자가 욕설을 마구 내뱉었다.

"염병할! 의사 놈들은 다 어디 갔어? 언제까지 기다리게 할 거야!"

그의 두 눈은 분노와 절망으로 이글거렸다. 술에 취했거나 약에 취했거나 어쩌면 뇌종양으로 머리가 이상해졌을 수도 있다. 하지만 나는 그 남자보다 한 트롤리 건너에 누운 남자가 훨씬 더 신경 쓰였다. 그는 아무 소리도 내지 못한 채 핏기 없이 누워 있었다. 이마에선 연신 땀이 흘렀고 산소도 연결되어 있지 않았다. 보다 못한 경찰이 나서서 분주한 간호사들 쪽으로 트롤리를 밀고 갔다.

"2번 트롤리, SVT!" 한 간호사가 다른 간호사에게 소리쳤다. "당장 소생 구역 선생님 좀 불러올 수 있어요?"

SVT. 심실상 빈맥supraventricular tachycardia의 약자로, 심박동 수가 걷잡을 수 없이 급등해서 심정지가 올 수 있다는 뜻이었다.

흐느끼고 소리치고 욕하고 헐떡거리고 항의하고 간청하고 신음하는 온갖 소리가 지옥에서 들려오는 사운드트랙 같았다. 순간, 나는 보건부 장관의 멱살을 붙잡고서 그를 이 지옥 같은 복도로 데려오고 싶었다. 경제적 '효율성'이라는 미명하에 비용을 줄일 대로 줄인 보건 서

비스의 현실을 눈으로 직접 보게 하고 싶었다. 하지만 마음과 달리 그저 고개를 숙이고 걸음만 재촉했다. 한편으론 당혹스럽고, 한편으론 근무를 시작하기도 전에 성마른 보호자에게 화를 입을까 두려웠기 때문이다.

밤 11시 정각, 나는 교전에 합류했다. 유리벽 안쪽에서 간략하게 인수인계를 받았다. 벽 너머로 보이는 응급실 풍경은 그야말로 난장판이었다. 그래도 나는 오늘 밤 응급실을 지휘할 전문의 이름을 보고 내심 환호했다. 응급실을 이끄는 전문의가 모두 훌륭했지만, 특히 닉은 침착한 태도와 리더십으로 대다수 수련의에게 존경을 받았다. 그는 똘똘 뭉쳐서 무슨 일이든 척척 해낼 수 있게 우리를 이끌었다. 고맙게도, 닉은 오늘 나를 중증 구역에 배치해 주었다. 일반적으로 응급실은 세 구역으로 나뉘었다. 자력으로 걸어온 부상자는 경증 구역에서 평가받고 치료받았다. 더 심각한 부상으로 앰뷸런스에 실려 온 환자는 중증 구역으로 보내졌다. 생사의 기로에 선 사람들은 소생 구역에 배치되었다. 그런데 올 겨울부터 네 번째 구역이 생겼다. 복도 구역. 트롤리에 실려 온 환자가 너무 많다 보니 복도에서 대기하는 환자들을 전담할 의사와 간호사 팀이 필요했다. 일부 병원에서는 '복도 의료'에 종사할 의사를 뽑기도 했다. 그 자체로 의료 서비스가 붕괴됐다는 증거였다.

다른 병원 응급실에서 근무하는 한 친구는 날마다 이를 악물고서 복도를 순찰한다고 했다. 하루는 그가 내게 전화해서 울분을 토했다.

"인간적으로 정말 못 할 짓이야. 난 누가 살지, 죽을지 선택하면서 그야말로 신 노릇을 한다니까. 세계에서 다섯 번째로 꼽히는 경제 대국에서 이게 말이나 되냐고!"

그가 일하는 병원도 넘치는 환자들로 교착 상태에 빠져 있었다. 중환자실까지 포함해서 빈 병상이 하나도 없었다. 그 말인즉슨, 소생 구역에서 운 좋게 목숨을 구한 사람이 중환자실에서 누군가가 죽어 나가거나 충분히 회복해서 일반 병실로 옮겨지기 전까지 갈 데가 없다는 뜻이다. 병상이 빌 때마다 친구는 그 자리를 차지할 운 좋은 사람을 선택하는 참으로 음울한 임무를 수행해야 했다.

"복도를 따라 걸어가면서 누가 제일 아픈지, 누가 제일 빨리 죽을지 결정해야 해. 저승사자하고 힘겨루기를 하는 것 같다니까. 소생 구역으로, 아니면 적어도 중증 구역으로 보내야 할 사람이 네다섯 명쯤 보이는데, 하나같이 모니터도, 산소도 연결되지 않은 채로 방치되어 있으니, 환장할 노릇이지. 이런 야만적인 상황에서 인간의 존엄을 어떻게 찾겠어."

나는 병원과 전쟁터가 굉장히 유사하다는 사실에 무척 놀랐다. 물론 총칼을 들고 싸우진 않는다. 하지만 우리가 날마다 접하는 피비린내와 고통은 평범한 삶과는 너무나 동떨어져서 최전방 부대의 전우들이나 이해할 수 있다. 아픈 사람으로 들끓는 이곳에서 떨리는 손으로 인간의 생사여탈을 위태롭게 쥐어 보지 않는 한, 우리가 얼마나 괴로운지, 또 마음에 쌓인 상처가 얼마나 깊은지 어떻게 알 수 있겠는가?

오늘 밤, 나는 소생 구역이나 복도 구역을 맡기엔 경력이 짧았다. 그래서 인력이 가장 많이 필요한 중증 구역에 배정되었다. 수련의 경력 1년 차에 나는 이미 격무에서 오는 고통을 즐기는 의학적 마조히스트로 변해 있었다. 6개월 동안 생사의 드라마에 푹 빠지겠다는 각오로 응급실 근무를 자원했다. 쇼크, 발작, 아나필락시스, 뇌졸중, 출혈, 심장 마비, 패혈증과 진득하게 겨뤄 보고 싶었다. 오리어던 부인이 내 눈앞에서 질식해 죽어 갈 때 느꼈던 공포를 다시는 경험하고 싶지 않았다. 그 경험으로 병원 내 죽음은 피할 수 없을 때가 많다는 교훈을 얻었다. 하지만 그보다 더 중요한 교훈도 얻었다. 생사의 기로에 선 환자들을 최대한 많이 접해서 앞으로 어떤 상황이 닥쳐도 내 환자를 살아 있게 할 만큼 충분히 강해져야 한다는 것이었다.

응급실과 인생의 공통점

— 응급실에선 무슨 일이든 벌어질 수 있다. 황당무계한 일, 소름 끼치는 일, 비통한 일이 시시각각 펼쳐진다. 삶이 얼마나 위태로운지, 혹은 우리가 그런 위태로운 삶을 얼마나 당연하게 받아들이는지를 여기보다 거리낌 없이 보여 주는 곳은 없다. 칼에 찔리고 총에 맞고 약에 취하고 개에 물리고 불에 데고 뼈가 부러진 사람들 속에서, 응급실은 변함없이 한 가지 메시지를 전한다. 바로 인생은 짧고 믿기 어려울 정도로 달콤하지만, 지극히 불안정한 상태에 있다는 것이다. 이침의 푸른 하늘이 오후의 대참사로 이어질 수 있다. 응급실에 오는 사람이 따로 정해져 있지 않다. 지붕의 홈통을 청소하다 발을 헛딛고 떨어져 등골이 부러진 사람이 당신일 수 있다. 갓돌에 걸려 넘어져 대형 트럭 밑에 깔린 사람이 당신일 수 있다. 나비를 쫓다 차에 쾅 하고 부딪힌 아이

의 부모가 당신일 수 있다. 성분 표시 없는 샌드위치 속에 들어간 땅콩을 먹고는 목구멍에 튜브를 꽂고 폐로 공기를 주입받는 사람이 당신일 수 있다. 어느 일요일 오후, 도무지 알 수 없는 이유로 탑승형 잔디 깎는 기계에 치어 한쪽 팔을 비닐봉지에 담아 와서 의사한테 도로 붙여 달라고 애원하는 사람이 당신일 수 있다. (문제의 비닐봉지 안에서 피에 흠뻑 젖은 영수증도 나왔다.)

그날 밤, 내 첫 번째 환자는 정치학을 공부하는 반항적인 여자아이였다. 열아홉 살의 레일라는 몇 년 전까지 병원을 뻔질나게 드나들었다. 과민성 천식을 앓았는데, 호흡 질환의 극단적 형태로 심한 발작이 갑작스레 일어나서 기도가 순식간에 막힐 수 있었다. 레일라는 소아과 집중 치료실에 몇 번이나 입원했는지 정확히 기억할 수도 없었다. 죽을 뻔한 적도 여러 번이었다. 그런 아이가 지금은 코걸이를 세 개나 하고 핑크빛으로 물들인 머리를 삐쭉삐쭉 세운 모습으로 응급실에서 나가게 해 달라고 요구하고 있었다. 레일라는 내가 끼어들 새도 없이 속사포로 말했다.

"자, 일단 내 산소 포화도는 97퍼센트이고, 내 최대 호기량은 정상의 95퍼센트예요. 이 수치가 무슨 뜻인지 알죠? 이건 천식 발작asthma attack이 아니라고요. 난 아주 멀쩡해요. 그런데도 굳이 여기에 온 이유는 내 주치의가 편집증에 걸렸기 때문이에요."

나는 웃음이 나오려는 걸 참으며 레일라와 협상을 시작했다.

"공격attack이 최선의 방어지. 그렇지 않니, 레일라?"

내가 한 방 날리자 레일라가 멋쩍게 웃었다. 그렇긴 해도 레일라가

한 말은 모두 사실이었다. 혈액 내 산소 공급은 원활했고, 심박수는 극히 정상이었다. 가슴을 청진해도 전혀 쌕쌕거리는 기색이 없었다. 내가 레일라의 병력을 몰랐더라면 아주 건강한 상태라고 결론 내렸을 것이다. 다만 그녀의 주치의가 굳이 큰 병원에 가서 검진을 받으라고 했다는 점이 마음에 걸렸다. 무언가가 호흡기 분야에서 유명한 교수의 촉을 건드린 모양인데, 나는 도무지 그것을 포착할 수 없었다.

레일라를 응급실에 붙잡아 둘 이유가 딱히 없는 데다 대기하는 환자도 많았다. 그렇다고 그냥 내보내자니 두 가지 이유로 마음이 편치 않았다. 일단 레일라의 주치의가 그날 진료에서 우려를 표명했다는 점이 신경 쓰였다. 더구나 시간이 오밤중이었다. 과민성 천식을 차치하고라도, 얇은 옷차림의 10대 여자아이를 영하의 날씨에 홀로 내보낼 순 없었다.

"자, 이렇게 하면 어떨까?" 내가 제안했다. "새벽까지 여기 있는 거야. 그래, 지겨울 거야. 하지만 적어도 여긴 따뜻하고 안전하잖니. 나도 안심이 되고. 날이 밝으면 바로 나가게 해 줄게. 약속해. 어때?"

레일라가 나를 쩨려봤다. 몇 초가 흘렀다. 소생 구역에서 누군가가 흐느끼는 소리가 희미하게 들렸다. 한참 만에 레일라가 분한 듯 소리쳤다.

"난 진짜 의사들이 미워요. 멍청한 환자에게 뭐가 좋은지 나쁜지 항상 자기들 마음대로 정하잖아요, 그렇죠?"

의사가 밉다는 말에 어찌나 힘을 주는지, 또다시 웃음이 나오려는 걸 꾹 참았다. 그런데 곧 레일라가 가엾다는 생각이 들었다. 분노와 반항 이면엔 여전히 어린 소녀가 있었다. 레일라는 어린 시절 내내 끔찍한 고통을 연이어 겪었다. 병원에 입원할 때마다 나 같은 의사들이 동맥에 주사기를 찔러 댔고, 폐에 이상이 있을 때마다 의사들이 캐뉼라를 연결해 진정제를 투여하고, 호흡관을 삽입해 산소를 공급했다. 레일라는 자기 몸을 마음대로 주무르는 의사들에게 저항할 힘이나 능력이 전혀 없었다. 나는 응급실을 서둘러 나갔을 때 겪을 수 있는 위험을 협박조로 경고하려다 생각을 바꿨다. 위협보다 솔직함이 더 통할 것 같았다. 감염 통제 규칙을 어기고 레일라의 침대에 걸터앉았다. 응급실에 여분의 의자가 없는 데다 환자를 위에서 내려다보는 게 싫었기 때문이다.

"레일라, 진짜 솔직하게 말하면 내가 왜 이런 기분이 드는지 나도 모르겠어. 하지만 여기서 널 내보내면, 난 네가 집에 안전하게 도착했는지 밤새 걱정할 거야. 게다가 네 주치의가 너한테 오늘 응급실에 가 보라고 한 데는 뭔가 이유가 있을 거야. 육감이랄까 직감이랄까, 아무튼 과학적 근거는 없지만 그분이 나보다 널 잘 아시잖아. 그걸 무시하자니 자꾸 마음에 걸려. 하지만 난 너를 여기에 머물라고 강요할 순 없어. 가겠다고 하면 보내 줄게. 네가 결정해."

레일라는 망설이며 얼굴을 찡그렸다. 그러더니 축 늘어지면서 또다시 의사에게 백기를 들었다.

"고맙다." 내가 말했다. "진심이야. 고마워."

레일라는 응급실에 인접한 대기실로 보내졌다. 이곳은 바로 퇴원시키기엔 불안하고 위층 병실에 입원시키기엔 멀쩡한 환자를 잠시 수용하는 구역이었다. 나는 중증 구역에 남아 의무 기록지를 작성하려다 혹시라도 레일라가 마음을 바꿀까 봐 즉흥적으로 그녀를 따라갔다. 불신과 엄마의 마음이 합쳐져 그녀의 생명을 구할 줄은 미처 몰랐다.

처음엔 병원에서 으레 나는 소리를 들으며 의무 기록지를 작성했다. 정맥 주사액이 막힐 때 나는 삐 소리, 자동 혈압 측정용 밴드가 윙 하고 돌아가는 소리, 심장 박동이 너무 빠르거나 느릴 때 나는 알람 소리, 방치된 환자들의 코 고는 소리나 신음 소리, 병원 이불 속에서 밤새 자다 깨다 뒤척이며 불평하는 소리. 온갖 소리에 둘러싸여 있다 보니, 레일라의 쌕쌕거리는 소리를 알아차리는 데 시간이 조금 걸렸다. 더구나 대기실은 어두웠다. 진료 내용을 기록하려는데 글씨가 잘 보이지 않았다. 나는 얼른 끝내고 다음 환자를 볼 생각으로 서둘러 기록했다. 그때 한 간호사가 다가와 아기 모양의 젤리를 건네주었다. 응급실에서 밤샘하는 직원들에겐 마약 같은 간식이었다.

"고마워요." 나는 씩 웃으며 젤리의 머리를 베어 물었다. "내가 제일 좋아하는 참수형 방식이죠."

그 순간, 내 귀에 들려온 온갖 소리 중 하나가 유난히 거슬렸다. 쌕쌕. 나는 벌떡 일어나 귀를 쫑긋 세웠다. 쌕쌕. 거칠게 몰아쉬는 숨소리가 점점 더 크게 들렸다. 대기실 끝에서 나는 소리였다. 15분 전까지만 해도 별다른 이상이 없었던 환자의 가슴에서 나는 소리였다. 의학 교육을 받은 사람에게 이보다 더 불길한 소리는 없었다. 과민성 천식에서는 시간이 전부였다. 일분일초가 급했다. 나는 대기실을 절반쯤 가로지르고 나서야 내가 전력 질주하고 있음을 알았다.

"여기 도움이 필요해요! 당장!"

나는 간호사들에게 소리치면서 레일라의 침상 커튼을 획 젖혔다. 어둠 속에서 내 쪽으로 팔을 뻗치는 모습이 흐릿하게 보였다. 전등 스위치를 켜자 레일라의 눈이 툭 불거져 있었다. 반은 극심한 공포 때문이었고, 반은 쇠약해진 폐로 공기를 빨아들이려는 강력한 힘 때문이었다. 그런데 뭔가가 신경에 거슬렸다. 레일라의 벌게진 얼굴에 반점이 돋아 있고, 내 눈앞에서 입술이 점점 부어올랐다. 나는 얼굴을 찌푸렸다. 이상했다. 하지만 다음 순간, 나는 눈이 번쩍 떠졌다.

"레일라!" 나는 레일라의 주의를 끌려고 소리쳤다. "레일라! 몸이 가렵니?"

레일라가 말도 못 하고 고개만 끄덕였다. 레일라의 뇌는 세포에 산소가 부족함을 감지했다. 본능적 공포가 인간적 형태로 나타나, 레일라의 이마에 땀방울이 맺히고 홍채 주변이 하얗게 변했다.

"아드레날린!" 내가 소리쳤다. "소생 팀 트롤리도!"

천식이 아니라 아나필락시스였다. 음식물이나 약물 등 레일라가 흡입한 뭔가가 끔찍한 알레르기 반응을 일으켰다. 이 미스터리한 물질을 처리하고자 과열된 면역 체계가 생화학전을 촉발시켰다. 히스타민은 기도를 부풀게 하고, 체액은 정맥에서 조직으로 새어 나갔다. 백혈구 수십만 개가 몰려들었다. 혈압이 뚝 떨어지고 기도가 완전히 막혔다. 충격과 공포를 야기하는, 면역학적 융단 폭격이자 치명적 반응이었다. 생리학적으로, 인간의 몸이 이렇게 순식간에 붕괴된다는 게 그저 놀랍고 두려울 따름이었다. 하지만 감상에 젖을 시간이 없었다. 우리는 수액 주머니를 쥐어짜서 정맥에 주입하고, 근육에 아드레날린을 주사하면서 트롤리를 힘차게 밀고 갔다. 소생 구역에 도착할 무렵, 레일라는 이미 의식이 없었다. 당장에라도 호흡 정지가 올 것 같았다.

다행히, 닉이 소생 구역을 지휘하고 있었다. 닉은 레일라에게 수액과 산소를 연결하고, 폐에 모르핀을 분무했다. 레일라는 꼭두각시 인형처럼 축 늘어졌다. 죽은 듯 꼼짝도 하지 않았다. 꼬치꼬치 따지며 반항하던 때보다 훨씬 작아 보였다. 펑크 헤어스타일도 어색해 보였다. 이대로 보내기엔 너무 아까운 생명이었다. 나는 이토록 하얀 입술을 본 적이 없었다. 그런데 온 세상이 잠시 멈추는가 싶더니, 끔찍한 재앙이 순식간에 벌어졌던 것과 비슷하게 거의 죽었던 아이가 순식간에 살아났다. 의학적 시간 여행의 열쇠인 아드레날린이 재앙을 되돌려 놓은 것이다. 레일라의 얼굴에 다시 화색이 돌기 시작했다. 곧이어 몸을 뒤척이며 토할 것처럼 구역질을 했다. 그제야 나는 가슴이 아플 정도로 내 심장이 심하게 뛰고 있음을 알았다. 방금 벼랑 끝에서 떨어질 뻔했던 아이가 구조되었다. 휘청거리는 아이를 우리가 홱 잡아끌었다. 만약 레일라가 남자이거나 나이를 더 먹었거나 옷을 단단히 입었거나 의사의 회유에 끝까지 반항했다면 어떻게 됐을까? 만약 내가 원래 있던 곳에서 의무 기록지를 작성했다면? 만약 훗날 우리가 없는 곳에서 레일라에게 이런 일이 또 벌어진다면? 우리가 있더라도 제대로 대처하지 못한다면? 온갖 만약의 경우가 머릿속에서 맴돌았다.

그 뒤로 레일라를 다시 보지는 못했다. 응급실의 여러 위기에 대처하느라 중환자실에 다녀올 여유가 없었고, 근무를 마친 뒤엔 너무 지쳐서 신경 쓸 여력이 없었다. 잔뜩 구겨진 수술복 차림으로 서리를 맞으며 차로 걸어가다 나와 같은 모양새의 닉을 만났다.

"아까 아주 잘했어, 레이첼." 그가 말했다. "아나필락시스 천식 발작을 일으켰다고 오해할 만한 상황이었는데. 아이 목숨은 당신이 구한 거나 마찬가지야."

나는 씩 웃었다. 그의 말이 옳을지도 몰랐다. 이젠 중환자를 다룰 때도 두렵지 않았다. 응급실의 온갖 소음과 열기에 점점 매료되는 것 같았다.

삶이 평균과 통계치를 벗어나기 시작했을 때

— 우리가 응급실에서 환자를 인간적으로 대하는 정도는 죽음에 대한 근접성과 반비례했다. 당신의 심장이 더 이상 뛰지 않으면, 우리는 우르르 몰려가 당신을 소생시키려는 일념으로 갈비뼈를 으스러뜨린다. 당신이 고속 도로 연쇄 추돌 현장에서 실려 온다면, 우리는 당신을 발가벗긴 후 뼛속까지 바늘을 찔러 넣는다. 치명적 외상을 손보느라 당신의 신음과 고통을 싹 무시한다. 극단적 상황에선 일분일초가 중요하기 때문이다. 환자들과 인간적 관계를 구축하느라 시간을 허비할 수 없다. 그렇긴 하지만, 소생 구역에서 의사나 간호사가 손을 꼭 잡아 주거나 격려의 미소를 보내거나 겁먹은 환자에게 "잘하고 있어요", "우리가 있으니까 걱정하지 말아요", "우리가 고쳐 줄게요"라고 다정한 말을 건네기도 한다. 혼란스러운 와중에 인간미를 발휘하는 의사나

간호사(대개 간호사이다)를 보면 참으로 감탄스럽다.

처음에 나는 응급실로 쏟아져 들어오는 환자의 수치에 집중하며 닥치는 대로 진료했다. 잠깐 만났다가 당일 근무 시간이 끝나면 더는 그들을 볼 일이 없었다. 노련하고 능숙한 의사로 단련되는 게 내 목표였다. 하지만 자신감이 커지면서 매사를 산업적 잣대로 접근하는 데 내한 거부감도 덩달아 커졌다. 의사? 나는 그저 오작동하는 신체 부품을 수선하는 기계공이었다. 결함을 파악해서 후다닥 수선하는 기계공. 우리가 수선한 건 사람이 아니라 장기臟器였다.

어느 날, 부품이 아니라 한 사람 전체를 살펴야 할 일이 생겼다. 잠깐 스치듯 만난 환자에 지나지 않았지만 뇌리에서 떠나지 않았다. 그녀는 앨리스라는 이름이 아니라, 수치로 처음 다가왔다. 창문도 없는 지하 병동에서 기계음과 인간의 신음 소리를 배경으로 환자의 '상태 평가'를 하는데, 이름도 명시되지 않은 한 진료 기록부의 수치가 내 시선을 빼앗았다.

상태 평가는 대다수 영국 병원의 린치핀, 즉 핵심 요소이다. 몸에 이상이 생겨 병원에 온 사람은 반드시 당직 의사에게 신속하게 검진을 받아야 하는데, 이게 바로 상태 평가다. 환자는 입원해서 외과의의 진료를 받게 될지, 아니면 수술이 불필요해서 나 같은 수련의의 진료를 받게 될지, 이때 결정된다.

상태 평가는 하루 3교대, 여덟 시간 간격으로 1년 365일 동안 진행된다. 그런데 그 방식은 놀라울 정도로 구식이다. 환자의 상태와 그들의 니즈를 정리하고 우선순위를 매기는 데 첨단 컴퓨터 시스템이 동원되지 않는다. 그저 비좁은 간호사실 책상에 접착테이프로 붙여 놓은 허접한 종이 한 장만 있으면 된다. 그 종이엔 평가받는 환자의 이름과 주소, 중요한 의료 정보가 휘갈겨져 있다. 누가 의사의 글씨 아니랄까 봐 알아보기도 어렵다. 상태 평가가 신규 입원 환자의 유입 통로라는 점을 고려할 때 참으로 놀라지 않을 수가 없다.

앨리스의 경우, 종이에 이름이 적혀 있지 않았다. 일반의가 통상적인 혈액 검사 결과를 보고 놀라서 우리 병원으로 보냈는데, 어쩐 일인지 그 과정에서 환자 이름이 누락되어 있었다. 내 앞에 놓인 건, 볼펜으로 휘갈겨 쓴 나이와 혈구 수치뿐이었다. 20세, 헤모글로빈 수치 45, 백혈구 수치 2, 혈소판 수치 30. 나는 이 수치를 뚫어져라 쳐다봤다.

의사는 일찍이 수치가 아니라 환자를 치료해야 한다고 배운다. 눈앞에 있는 실제 사람을 절대로 놓치지 말아야 한다. 하지만 나는 이미 모든 규칙엔 예외가 있다는 걸 알 만큼 꽤 오래 의사 노릇을 했다. 성인기에 갓 접어든 젊은 환자에게 이런 수치가 나오다니, 등골이 오싹했다. 이 수치가 의미하는 진단은 참으로 불길했다.

익명의 환자는 아무래도 백혈병으로 판명 날 듯했다. 혈구 수치가 위험할 정도로 낮았다. 혈구를 쉴 새 없이 생산하는 공장인 골수가 악성 세포에 의해 치명적으로 손상되면 세 가지 정상 세포 라인, 즉 적혈구와 백혈구와 혈소판을 제대로 생성하지 못한다. 과제 마감일이나 남자 친구와의 갈등, 특이한 헤어스타일 같은 문제로 고심할 나이에 암과 맞서야 할 여자아이를 생각하니, 일이 손에 잡히지 않았다. 진단을 내리는 내가 등골이 오싹한데 당사자는 오죽할까.

나는 익명의 여자아이가 혹시라도 누락될까 싶어 직접 찾아 나서기로 하고, 간호사를 찾아가 물었다.

"이 아이는 누구죠? 이름이 안 적혀 있어요."

"스티커가 없네요." 간호사가 대답했다. "병원 ID가 아직 안 나왔어요. 우리 병원 시스템에 아직 기입되지 않았나 봐요."

백혈병 환자는 순식간에 생명이 위험한 상태로 치달을 수 있는데 병원 ID 때문에 상태 평가가 지체되고 있다니, 좌절감이 확 밀려왔다. 나는 하는 수 없이 초저녁부터 어수선한 응급실을 지나서 접수 담당자의 사무실로 향했다. 그녀는 새로 내원한 환자의 ID를 발급할 때 아무리 바쁜 상황에서도 느긋하게 타이핑하기로 유명했다.

내가 찾아가자 그녀가 쾌활한 목소리로 말했다. "아, 네. 앨리스 바이런. 스무 살. 어리네요, 그렇죠? 안 그래도 지금 그녀의 스티커를 출력하고 있었어요."

"고마워요." 내가 신원 확인용 스티커 다발을 낚아채며 말했다. 이름도 알아냈으니 다시 대기실로 걸음을 옮겼다. 나는 걸어가는 내내 고민했다. 어떻게 말해야 환자에게 위협적으로 들리지 않을까.

나는 앨리스를 금세 알아봤다. 상태 평가를 기다리는 노약자들 틈에서 젊은 여성을 찾아내기란 어려운 일이 아니었다. 지팡이나 휠체어에 의지하지 않고 이불을 두르거나 안경을 쓰지 않은 사람은 한 사람뿐이었다. 그녀는 잔뜩 긴장한 채 고개를 숙이고 있었다. 책을 읽는 건지, 누구하고도 눈을 맞추고 싶지 않은 건지, 나로선 알 수 없었다. 옆자리에 불안한 얼굴로 앉아 있는 중년 남성은 앨리스의 아버지인 듯했다. 병원이라곤 모르고 살았던 그의 평온한 삶이 곧 무너질 터였다. 두 사람은 왠지 그 사실을 벌써 알고 있는 듯했다.

"앨리스?" 내가 상냥하게 물었다.

앨리스가 책을 무릎에 내려놓고 고개를 천천히 들었다. 겁먹은 표정과 파리한 낯빛 외엔 크게 아파 보이지 않았다. 눈빛이 반짝이고 스스로 걸을 수 있으니 당장 쓰러질 염려는 없는 듯했다.

그런데 병원의 싸구려 커튼 뒤에서 정식으로 만났을 땐 아까보다 더 왜소해 보였다. 앨리스는 병원 가운을 걸치고 신원을 확인해 주는 손목 밴드를 차고 있었다. 두 무릎을 가슴에 붙여 안은 채 그간의 이야기를 또박또박 들려주었다.

대학교 2학년생인 앨리스는 지난 몇 주간 이상하게 픽픽 넘어지고 기운이 통 없었다. 학기말 과제를 준비하느라 너무 힘들었나 싶어 집에 돌아갈 날만 손꼽아 기다렸다. 그런데 집에서 부모님과 편하게 지내는데도 몸이 계속 처지고 힘들었다. 게다가 부딪친 적도 없는데 여기저기에 멍이 생겼다. 뭐가 잘못됐나 싶은 마음에 앨리스는 마지못해 혈액 검사를 받았고, 그 결과 우리 병원을 찾아오게 되었다.

나는 그런 증상에서 유추할 수 있는 여러 진단을 설명했지만, 백혈병에 대한 언급은 애써 피했다. 그러자 앨리스의 아버지가 나섰다. 피하고 싶었던 질문이 기어이 나왔다.

"일반적인 진단은 잘 알겠습니다. 하지만 선생님이 생각하는 최악의 시나리오는 뭡니까?"

위험할 정도로 감소된 적혈구를 보충하려면 앨리스를 어느 부서로 보내는 게 좋을지 고심하면서 그녀에게 시선을 돌렸다. 앨리스는 허리를 꼿꼿이 세우고 내 말을 기다리고 있었다. 나는 우선 앨리스의 의중을 파악해야 했다. 그래서 어떤 사람은 각종 통계와 수치, 가능성을 전부 알려고 하지만, 어떤 사람은 자신의 미래를 예측하는 대신 그냥 일이 어떻게 흘러가는지 두고 보려 한다며 에둘러 설명했다.

"난 네가 어떤 부류인지 잘 몰라, 앨리스. 넌 얼마나 알고 싶니?"

나는 내심 앨리스가 이 드물지만 위협적인 진단을 피하고 싶어 하기를 바랐다. 하지만 똑 부러진 태도에서 엿보였듯이, 앨리스는 그냥 솔직하게 알려 달라고 요구했다. 잠시 고민했지만, 앨리스가 앞으로 만나게 될 수많은 의사를 신뢰하게 하려면 솔직함이 최고의 무기였다.

"가능한 원인은 굉장히 많아." 나는 고심 끝에 입을 열었다. "대부분 가벼운 원인에서 비롯되지만, 아주 드물게 심각한 원인에서 비롯될 수도 있어. 우리가 배제하고 싶은 가장 심각한 가능성을 상정해 본다면, 이게 다 골수에 문제가 생겨서일 수 있어. 골수가 혈구를 제대로 생성하지 못한다는 뜻이야. 최악의 경우, 백혈병일 수 있지만 지금으로선 알 수 없어."

나는 앨리스의 반응을 유심히 살폈다. 최악의 시나리오에 대한 상정은 늘 무익할뿐더러 고통스럽기도 하다. 가상의 질병에 이름을 붙이면, 그 가능성이 아무리 희박하더라도 환자에게 엄청난 불안감을 안긴다. 그런데 이번 경우엔 앨리스나 아버지나 별로 놀라는 것 같지 않았다. 진료 후에 혼자 남아 괜히 불필요한 괴로움을 안긴 게 아닌가 걱정하면서 의무 기록지를 작성하고 있는데, 앨리스의 아버지인 바이런 씨가 나를 따로 찾아왔다. 자식을 걱정하는 여느 부모처럼 그는 아내와 함께 집에서 인터넷을 뒤지며 원인을 찾아봤다고 했다. 내가 언급하기도 전에 그들은 이미 백혈병뿐만 아니라 척수 형성 이상증 같은 덜 알려진 질병도 염두에 두고 있었다. 둘 다 골수가 정상 세포를 생성하지 못해 생기는 질병이었다.

나는 가슴이 찌르르 저렸다. 문득 그동안 내 아이들이 잠깐씩 아팠던 때가 떠올랐다. 아이가 크리켓 공으로 머리를 맞았을 땐 경막하 출혈을 의심하며 초조해했고, 무릎이 부었을 땐 화농성 관절염이 아닌가 걱정했었다. 또 벌레에 물렸을 땐 수막염으로 이어지지 않을까 노심초사했었다. 이번 일도 자식에 대한 부모의 지나친 염려로 끝나길 간절히, 간절히 바랐다.

하지만 상황은 내 바람대로 흘러가지 않았다. 척수 형성 이상증은 영국 전역에서 해마다 발병 사례가 손에 꼽힐 정도로 적었고, 더군다나 앨리스 또래 환자는 극히 드물었다. 하나님이 주사위를 던져 6만 연속해서 수십 번 나오는 경우와 맞먹었다. 그런데도 바이런 부부는 병원에 오기도 전에 딸의 병을 정확히 파악했다.

당직 시간이 끝나 갈 무렵, 앨리스는 응급실에서 내과 병동으로, 거기서 다시 혈액 종양 센터로 이송되었다. 잠시 스친 인연이었고 그 뒤로 다시 만나지도 못했지만, 앨리스는 기억에 오래 남았다. 잔뜩 겁먹은 와중에도 야무지게 말하던 모습과 여러 번 읽어 손때 묻은《해리 포터》책도 인상 깊었지만, 젊은 나이에 병마와 싸워야 할 운명이 참으로 안타까웠다. 한 가족이 아무 이유도, 사전 경고도 없이 질병의 소용돌이에 휘말려 들었다. 그들의 고통은 언제든 우리 중 누군가의 고통이 될 수 있다.

1퍼센트 가능성에 모든 것을 거는 사람들

━━━━━   앨리스와의 인연은 그것으로 끝났다고 생각했다. 이름도 없이 수치로 처음 만난 여자아이 앨리스는 기억에서 싹 지워지진 않았지만, 날마다 파도처럼 밀려드는 응급 환자 때문에 수면 아래로 가라앉았다. 그런데 몇 달 뒤, 혈액학과에 근무하는 지인이 근래 유명하다는 어느 젊은 환자의 블로그를 방문한 적이 있느냐고 물었다. 그가 말했다.

"아주 흥미롭다니까요. 영문학을 전공하는 학생인데, 바이런(영국의 낭만파 시인 바이런과 성이 같음)이라고 불릴 정도예요."

"앨리스 바이런?" 내가 물었다. "응급실에 처음 왔을 때 검진했던 의사가 바로 나예요. 너무 어려서 무척 안쓰러웠는데."

"그럼 한번 들어가 봐요. 당신 얘기도 나올지 모르니까."

그날 밤 아이들을 재우고 집안이 일시적으로 정돈된 모습을 되찾았을 때, 나는 와인을 한 잔 따른 뒤 노트북을 열었다. 그곳에 생기발랄한 앨리스가 있었다.

나는 열아홉 살로 카디프 대학에서 영문학을 공부하는 2학년 학생이다. 이 뒤틀린 동화 같은 이야기의 주인공이지만 사실 나는 지극히 평범하다. 내 주변엔 멋진 친구들이 있는데, 그들 중 몇 명은 양 갈래로 머리를 묶고 술래잡기를 하던 시절부터 알고 지냈다. 사랑하는 가족이 있고, 짭짤한 부업거리도 있다. 파스텔 색상의 예쁘고 편안한 파자마를 즐겨 입는다.

앨리스는 연민이나 감상에 빠지지 않고 자신의 증상과 진단, 불임 치료에 대한 이야기를 담담히 풀어 나갔다. 척수 형성 이상증이 결국엔 급성 백혈병으로 변이될 수 있고, 그러면 대단히 힘든 화학 요법 치료를 받아야 하기 때문에 젊은 환자는 미리 난자를 채취해 불임에 대비한다. 병원에 입원하고 6개월 정도 지나 그 일이 실제로 닥쳤을 때, 앨리스는 너무나 솔직하게 속내를 털어놨다.

조마조마한 마음으로 생체 검사 결과를 기다리다 드디어 오늘 전문의에게 소식을 들었다. 6월에 처음 진단받았을 때 내 골수에는 미성숙 세포가 1퍼센트밖에 없었다. 이젠 그게 50퍼센트로 늘어났다. 내 몸은 완전히 점령당했다. 화요일 저녁까지만 해도 어디서 눈썹 왁싱을 할지 고민했는데, 금요일이 되자 가까운 장래엔 눈썹 왁싱할 필요가 없다는 사실을 받아들여야 했다. 의사가 화학 요법 치료와 탈모 증상에 대해 자세히 설명해 주었다.
　현실이 그런 걸 어쩌랴. 2주 뒤엔 내 몸에 남아 있는 털이 하나도 없을 것이다. 어쩌면 정상적으로 작동하는 골수도 없을 것이다. 화학 요법 치료로 하나씩, 하나씩 나자빠질 테니까.

아마존에서 킨들 책을 사느라 쌓인 빚이 꽤 있는데, 아빠한테 대신 갚아 달라고 유서라도 미리 써 놔야 하나? (내가 미쳤지. 아, 누가 나 좀 말려 줘!) 나는 아직도 이요르(곰돌이 푸에 나오는 당나귀 인형)를 끼고 잔다. 그리고 다섯 달 전만 해도 치렁치렁한 토가를 걸치고 럭비 경기를 뛰는 데서 쾌감을 느꼈다. 나한테 여긴 완전히 새로운 영역이다.

지금까진 의사들 입장에서 상황을 바라보며 "치료법이 효과가 없네요", "암이 재발했군요", "우리가 달리 할 수 있는 게 없습니다" 같은 염치없는 말을 들었다. 그런데 이번엔 상황이 바뀌었다. 환자 입장에서 상황을 바라보며 절절한 이야기를 들으니 마음이 더 심란했다. 나는 읽기를 잠시 멈추고 노트북을 닫았다. 와인을 한 잔 더 따라 마신 다음 앨리스의 이야기를 마저 읽었다.

내가 처음에 단순한 수치로 앨리스에게 이끌렸던 것처럼, 앨리스 본인도 자신의 통계적 수치에 이끌린 듯했다. 병동에 입원했던 역대 척수 형성 이상증 환자들 중 앨리스가 가장 어렸지만 열은 최고로 높았다. 앨리스가 앓는 암은 가장 치명적이고 가장 특이한 형태였다. 앨리스는 의도치 않게 그간의 병원 기록을 모두 갈아 치운 듯했다. 환자로서 가장 바라지 않는 일을 꼽자면 특이 증상으로 의사들 눈에 띄는 것이다. 앨리스의 마지막 글은 익명의 기증자에게 골수를 이식받기 전날 쓴 것이었다. 미쳐 날뛰는 백혈병을 막기 위한 최후의 시도였는데, 글의 제목이 '숫자 놀음A numb3rs game'이었다.

오늘, 영국 여성이 평균 며칠을 사는지 궁금해서 구글로 검색해 봤다. 별걸 다 조사한다 싶겠지만 내 사정을 감안해서 좀 봐주길 바란다. 영국 여성은 평균 82.7년을 산다. 일수로 따지면 30만 1185.5일이다. 이 정도면 엄청 오래 사는 것 같다. 출퇴근 시간이나 테스코 마켓에서 줄 서는 시간, 그밖에 아이들의 토사물을 치우는 시간 등을 빼더라도 상당히 긴 시간이다. 그나저나 그런 하찮은 일을 하는 데 걸리는 시간을 날수로 따지면 얼마나 될까?

내가 살아온 나날도 계산해 봤는데, 지금까지 7682일을 싸돌아다녔다. 하지만 지난 1년 남짓한 시간, 그러니까 빈혈로 혈액 검사를 받고 병원에 입원하고 혈액암 진단을 받은 이후로 보낸 369일 동안 내 머릿속은 온통 '혈액 이상', '골수 이식', '암' 같은 단어와 생각으로 가득 차 있었다. 이 망할 질병 때문에 이미 허비한 나날이 많고, 앞으로도 많이 남았다는 걸 알지만, 내일은 이런 생각 중 몇 가지와 작별을 고하게 될 것이다. 아울러 친척들의 걱정하는 전화, 병원에서 머무는 시간, 주사, 지독하게 괴로운 약물하고도 조금씩 조금씩 작별을 고하게 될 것이다.

아직은 끝나지 않았다. 더구나 이 모든 게 무위로 끝날 가능성이 75퍼센트에 달한다. 이젠 온갖 수치와 통계로 평가되는 데 지쳤지만, 그래도 힘닿는 데까지 열심히 부딪혀 볼 생각이다. 가능성이 얼마든, 나는 영국 여성에게 약속된 61.9년의 여생을 누리고 싶다. 이젠 내 삶을 되찾고 싶다. 제발.

앨리스는 골수 이식을 받고 한 달도 안 돼 사망했다. 스물한 살 꽃다운 나이로 눈을 감는 그 순간까지 주삿바늘과 독한 약에 부대껴야 했다. 빼앗긴 62년을 되찾겠다고 이식 수술 후에도 3주나 더 끔찍한 의학적 중재를 받았지만 죄다 실패로 끝나고 말았다.

혈액학과는 원래 과잉 진료를 많이 한다는 이야기가 의사들 사이에서 심심치 않게 나돈다. 그런데 혈액학과 전문의들이 실패를 예상하면서도 환자에게 고통스러운 치료를 감행하는 이유는 무슨 수를 써서라도 치료하고 싶은 욕심이 크기 때문이다. 포기를 모르고 노력한다는 점에서 그런 의혹은 일면 정당화될 수도 있다. 그렇더라도 혈액학과 전문의에 관한 풍자적 유머를 들어 보면 그들이 얼마나 지독한지 알 수 있다.

"사람이 죽으면 왜 2미터 지하에 묻는지 알아? 바로 혈액학과 전문의들이 그들에게 더 이상 접근하지 못하게 하려는 거야."

논란의 여지가 있지만, 혈액학과 전문의들에게 제기된 비난 중 일부는 혈액학적 질병의 전개에 대한 오해에서 비롯되었다. 고형암固形癌은 암이 퍼지기 전에 외과의가 잘라 낼 수도 있지만, 혈액암은 악성 세포가 처음부터 혈액이나 림프계를 자유롭게 통과하면서 퍼진다. 예를 들어 백혈병은 흔히 다루기도 힘들고 맹렬해서 외과의의 칼이 소용없다. 그래서 백혈병 치료는 정맥 내 화학 요법이 주류를 이룬다. 주입액이 암처럼 교묘하게 널리 퍼져 나가서 몸의 구석구석까지 침투할 수 있기 때문이다. 그런데 혈액암의 자연사natural history는 고형암보다 예측하기 어렵다. 백혈병을 두고서 "번지기 전에 왜 잡지 못했죠?"라고 따져 봤자 아무 소용이 없다. 시간이 지나고 나서 화학 요법이 성공하지 못했을 때, 주입액의 효과가 없었음을 알게 된다.

더 근본적으로, 혈액암을 잃는 환자 입장에서 살펴보자. 앨리스는 골수 이식으로 살아날 가능성이 25퍼센트밖에 안 된다는 점을 알면서도 가능한 모든 치료를 시도하고 싶어 했다. '이젠 내 삶을 되찾고 싶다. 제발.' 이 마지막 문장은 앨리스의 간절한 마음을 여실히 드러낸다. 그런 입장에 처하지 않는 한, 청소년 딱지를 막 떼서 좋아할 나이에 남은 성인기를 몽땅 도둑맞아야 하는 기분을 상상할 수 있겠는가? 의사가, 아니 누구든 앨리스의 청을 거절할 수 있겠는가?

앨리스처럼 어리고 또 살려는 욕구가 강한 경우, 온갖 방법을 동원하더라도 논란의 여지가 없다. 이럴 때 우리는 의사가 신 노릇을 해 주길 바란다. 주사위 내기에서 이기도록, 형세를 뒤집도록, 아직 젊은 환자의 꺼져 가는 생명의 불꽃을 되살리도록, 그들이 가진 전부를 걸고 최선을 다해 주기를 바란다.

어떤 결말을 준비할 것인가

— 나이가 들면서 활력은 떨어지지만, 살고자 하는 욕구의 강도는 별로 약해지지 않는다. 질병으로 점점 쇠약해져 완치 가능성이 거의 없을 때조차도 치료에 대한 갈망은 여전히 크다.

BBC 방송국의 전직 기자인 앤디 타일러는 57세에 다발성 골수종이라는 혈액암 진단을 받았다. 앤디의 나이만 봐선 골수종을 없앨 유일한 치료법이 골수 이식이었다. 앤디에게 심각한 합병증이 없긴 했지만, 골수 이식은 앨리스의 사례처럼 통계적으로 볼 때 그를 죽게 할 가능성이 상당히 컸다. 그래서 혈액학과 전문의들은 더 조심스럽고 안전한 치료를 권했다. 그가 갈망하는 완치는 어렵지만 운이 좋으면 앞으로 몇 년은 더 살 수 있다며 회유했다. 하지만 앤디는 단칼에 거절했다. 앤디에게는 모 아니면 도였다.

"그게 나한테 무슨 소용이 있었을까요?" 앤디가 내게 말했다. "내가 고작 1, 2년 혹은 3년을 더 산들 뭐가 달라졌을까요? 나한테는 자식들이 있어요. 난 더 살고 싶었어요. 걔들이 자라서 대학에 가고 결혼하고 또 자식을 낳아 키우는 모습을 보고 싶었어요. 어떤 것도 놓치고 싶지 않았어요. 전부 다 원했어요. 기껏 3년 더 사는 것으론 턱없이 부족했죠. 사람들이 그러더군요. '맙소사, 정말 결정하기 힘들었겠어요.' 하지만 나한텐 그보다 쉬운 결정이 없었어요. 난 살고 싶었습니다."

앤디의 집념은 결실을 맺었다. 고통스러운 이식 수술을 이겨 내서 의사들을 놀라게 했으며, 통계적 이상치(정상 범주에서 크게 벗어난 값)로 알려져 존재 자체로 사람들에게 희망과 기대감을 심어 주었다. 앤디는 이식 수술을 받은 지 10여 년이 지난 요즘도 건강하고 말과 행동에 거침이 없었다. 아울러 예후에 대한 의사들의 소견이 틀릴 수 있음을 보여 주는 산 증인이자, 아무리 희박한 가능성이라도 보란 듯이 현실로 만들어낸 좋은 본보기였다.

앨리스 바이런이 웅변적으로 묘사했듯이 의학은 숫자 놀음이다. 하지만 자칭 게임의 달인이라는 의사들도 늘 이길 수는 없다. 의학의 다른 여러 측면과 마찬가지로, 기대 수명을 예측하기는 참으로 어렵다. 불완전한 정보를 기초로 위험과 확률의 균형을 맞추려는 불확실한 시도일 뿐이다. 병원에는 장래를 점치는 데 쓰는 수정 구슬이 없다. 의사는 환자의 생존을 확실하게 장담하거나 배제할 수 없다. 절대라는 말을 절대로 할 수 없는 불확실한 공간에서, 인간의 희망은 하늘 끝까지 치솟을 수 있다. 앨리스와 앤디는 가능성이 낮다는 걸 알면서도 기어이 싸우겠다고 선택했다. 그들에게는 의학적 중재가 유일한 동아줄이었다. 그들은 끝까지 싸우고 싶어 했다. 그 때문에 죽게 된다 하더라도.

직접 겪어 보지 않으면 누구도 그 심정을 정확히 알 수 없다. 치명적 질병에 걸린다면 나 역시 위험한 치료에 이판사판으로 덤빌 것 같다. 내 자식들이 엄마를 잃는 고통에서 벗어날 수 있겠다 싶으면, 신뢰성이 아무리 낮더라도 가장 실험적인 치료를 받게 해 달라고 의사들한테 애원할 것이다. 하지만 내가 간절히 바라는 결과가 로또 당첨보다 훨씬 더 어렵다면, 그런 의학적 결정을 내리도록 이끌어 준 신중하고 냉정하고 합리적인 이유가 실은 공수표에 지나지 않을 수도 있다.

PART 2 ————————————————————————————————————

아버지의 죽음 앞에서

: 후회 없는 삶을 위한 이야기들

7

내 삶은 어떤 이야기로
기억될까

세상을 살아가는 데 필요한
음식과 쉼터와 동반자가 다 갖춰졌다면,
다음엔 이야깃거리가 가장 필요하다.

– 필립 풀먼

근대 의학의 아버지로 널리 알려진 윌리엄 오슬러 경은 이야기의 중요
성을 일찌감치 강조했다. 의학도와 수련의가 환자를 직접 진료하고 그
들과 이야기를 나누면서 배워야 한다고 주장했다.

"환자의 말에 귀를 기울이고 또 기울여라. 의사가 내릴 진단이 그 말에
들어 있다."

오슬러의 주장은 그때나 지금이나 유효하다. 스캔 검사와 유전체학,

분자 분석 등 첨단 의학 기술을 차치하고라도, 환자가 들려주는 이야기에 귀를 기울이면 의사는 의외로 수월하게 진단을 내릴 수 있다. 질병 서사illness narrative, 즉 환자가 자신의 병에 대해 의사에게 들려주는 이야기는 좋은 의료의 기본 토대이다.

《황금 나침반》으로 유명한 작가 필립 풀먼은 거기서 한 걸음 더 나아간다. 인간 생존에 반드시 필요한 것 중 하나가 바로 이야기라고 주장하면서, 이야기에 의학을 변화시키는 힘을 불어넣는다. 질병과 고통에 대해 구성하는 의미, 즉 무엇이 잘못됐고 어디로 향하는지에 관해 들려주는 이야기는 질병에 대한 기존의 경험을 뒤집을 수 있다. 그러나 안타깝게도 심정지, 다량의 내출혈, CPR 호출 등 생사의 갈림길에 처한 환자들로 가득한 대학 병원에서, 의사들은 흔히 환자의 이야기에 귀를 기울일 시간이 없다. 촌각을 다투는 상황에서 의료진은 코앞의 일을 처리하느라 너무 바쁘다.

약이나 메스만으로 치유되지 않는다는 점에서, 병원만큼 풀먼의 말이 꼭 들어맞는 곳은 없다. 앨리스 바이런의 블로그 글을 읽고 나서 그 점을 확실히 깨달았다. 손을 잡아 주거나 이야기를 들어 주는 등 사소한 행동이나 배려에도 환자는 소중하게 다뤄진다고 느끼고 병원을 인간미 넘치는 곳으로 생각한다. 내가 앨리스를 또렷하게 기억하듯이, 아버지도 50여 년 전에 전신 화상을 입고 죽어 가던 두 해병의 일을 어제 일처럼 생생하게 기억했다. 아버지는 그들이 눈을 감는 순간까지 함께 이야기하고 농담하면서 위로와 사랑을 베풀었다. 그 당시 아버지가 그들에게 전하려 했던 허구적 이야기보다 더 중요하고 더 감동적인 이야기가 있을까?

영국 최고의 암 전문 병원 중 한 곳인 로열 마르스덴에서 근무하는 한 지인 역시 이야기의 중요성을 제대로 알려 주었다. 놀이 치료 전문가인 그녀는 방사선 치료를 앞둔 아이들이 느끼는 두려움과 불안감을 덜어 주고 싶었다. 환자 외엔 누구도 치료실에 들어갈 수 없기 때문에 아이는 부모와 떨어져서 시끄럽고 겁나는 기계를 홀로 마주해야 한다. 전신 마취는 아이의 공포를 가라앉힐 수는 있지만, 위험한 절차라서 피하는 게 좋다.

어린 환자의 관점에서 이 문제를 깊이 고민한 끝에 그녀는 '마법의 끈'을 고안했다. 여러 색실을 꼬아 만든 끈의 한쪽은 아이가 잡고, 다른 쪽 끝은 치료실 너머 부모가 잡도록 했다. 그녀가 고안한 실타래는 겁에 질린 아이가 납으로 된 문 뒤에 홀로 누워 있는 동안에도 엄마나 아빠가 반대편에서 자신을 꼭 붙잡고 있다는 느낌이 들게 했다. 과자값만큼 저렴하지만 값을 매길 수 없을 만큼 귀중한 마법의 끈 덕분에, 오늘날 암에 걸린 아이들은 버림받았다는 경험 대신 사랑받고 지원받는다는 느낌을 얻을 수 있다.

어떤 중독이든 약발이 점점 떨어지듯이, 응급 의학의 '약발'도 한없이 지속되진 않았다. 시간이 지나면서, 나는 환자의 이야기에 귀를 기울이는 등 좀 더 평범한 방식으로 생명을 구하는 일에 더욱 매료되었다. 살고 죽는 문제에서도 때로는 말이 행동보다 더 효과가 있다는 걸 배웠다.

"이렇게 사는 게 다 무슨 의미죠?"

— "지금 바로 와 줄 수 있어요? 3A 병상의 브루가다 증후군 환자가 숨을 못 쉽니다."

"환자 이름이 뭐죠?" 내가 피곤한 목소리로 물었다.

"이름이요? 음… 그건 모르겠고, 호흡수는 40이고 호흡량은 15리터예요. 내일 ICD(삽입형 제세동기) 수술을 받을 예정이에요."

"오케이. 바로 갈게요." 나는 성가신 기색을 애써 감추며 말했다.

새벽 네 시. 아무리 건강한 사람도 좀비처럼 무기력해질 시간이었다. 야간 당직으로 정신없이 뛰어다닌 지 일곱 시간이 지났다. 하지만 아직도 대여섯 시간을 더 버텨야 한다는 생각에 어깨가 축 쳐졌다. 초저녁부터 위기의 연속이었다. 혼미한 정신을 깨우려고 고개를 흔들며 서둘러 복도를 지나는데, 어둠 속에서 요란한 새소리가 들렸다. 참새 혹은 지빠귀가 떼 지어 지저귀며 밝아 올 아침을 예고하는 것 같았다. 하지만 동이 트기도 전에 흥겹게 지저귀는 새소리를 들으니, 내 처지가 더 불쌍해 보여서 화가 치밀었다.

'이 시간에 뭐가 그리 좋아서 신나게 떠드니?' 나는 새들에게 버럭 소리치고 싶었다. '행복감은 속으로나 간직할 것이지, 왜 남의 염장을 지르는 거야?'

3A 병상의 브루가다 환자는 심장 병동에 입원한 마흔한 살 남성으로, 숨을 제대로 쉬지 못해 몸을 비틀며 괴로워하고 있었다. 그의 이름은 톰이었다. 맨체스터 시티 축구팀을 응원하고, 세 살 난 쌍둥이 아들

과 공원에서 공놀이를 즐긴다고 했다. 그런데 몇 달 전 두 아들과 공놀이를 하다 갑자기 픽 쓰러졌다. 톰은 파란 하늘을 쳐다보면서 어안이 벙벙한 채 누워 있었다.

"이봐요, 괜찮아요?" 멀리서 한 남자가 물었다.

톰은 뭐라 대답하지 못한 채 눈만 껌뻑였다. 한참 만에 몸을 추스르며 일어나려고 애쓰는데, 숨이 살짝 막혔다.

"숨 좀 돌려요. 애들은 걱정 말아요. 저쪽에서 잘 놀고 있어요."

쌍둥이가 영문을 모른 채 아빠 쪽으로 다가왔다.

"아빠? 아빠?" 팔 네 개가 동시에 뻗어 나왔다. "자, 이거. 아빠가 공 가져."

당시엔 쓰러진 이유를 몰랐지만, 알고 보니 톰은 치명적인 심장 부정맥에 걸리기 쉬운 심장을 타고났다. 브루가다 증후군. 갑작스러운 심장 마비를 일으킬 수 있는 여러 질병 중 하나이다. 심장이 멀쩡하게 작동하다가 갑자기 전기 폭풍에 휘말린 듯 헛되이 흔들리며 혈압이 뚝 떨어진다. 심장이 자발적으로 정상 리듬을 되찾지 못했더라면, 톰은 그때 쌍둥이와 영영 작별을 고했을 것이다.

다행히 톰은 곧 정신을 차렸다. 잔디에 얼굴을 부딪쳐 의식을 잠깐 잃었을 뿐 별일 아니라고 여겨 아내에게 알리지도 않았다. 그날 밤 그의 이마에 초록 물이 든 상처를 보고 아내가 물었을 때, 톰은 프리미어 리그 축구의 위험성에 대한 자조적 농담을 던지며 웃어넘겼다. 사악한 전조 증상을 단순한 몸 개그로 둔갑시켰던 것이다.

하지만 그런 일이 또 벌어졌을 땐 그냥 넘어갈 수 없었다. 몇 주 뒤,

톰은 통근 시간대의 번잡함에 살짝 짜증을 느끼며 회사에 도착했다. 그리고 평소처럼 계단으로 걸어 올라갔다. 도시인의 직장 생활에 임기응변식 인터벌 트레이닝이 좋다는 기사를 읽은 뒤로 줄곧 실천해 온 습관이었다. 그런데 이번엔 자신의 개방형 사무실까지 계단을 성큼성큼 올라가는 대신, 그날의 가장 뜨거운 가십거리이자 구경거리로 전락하며 자신의 몰락을 만방에 알리고 말았다. 왜 두 번씩이나 쓰러졌는지 알게 된 지금에도, 톰은 동료들 앞에서 픽 쓰러져 리놀륨 바닥에 누워 있던 걸 생각하면 얼굴이 화끈거렸다. 일어나려고 버둥거리는 자신을 구급대원이 들것에 억지로 눕혔던 것도, 회사에서 촉망받던 인재가 실신해서 병원으로 실려 가는 모습을 동료들이 실실거리며 바라보던 것도, 생각하면 절로 움찔했다.

톰이 일하는 헤지펀드는 능력 있는 자들만 살아남는 곳이었다. 상사들은 수익을 창출하는 톰의 수완에 혀를 내둘렀다. 톰은 알고리즘을 능가해서 회사에 엄청난 이익을 안겨 주었다. 동료들 중 몇 명은 속으로 그의 몰락을 아주 고소해할 터였다.

나는 톰을 처음 봤을 때 이런 사실을 전혀 몰랐다. 그저 공포감에 사로잡혀 가슴을 움켜쥐고 버럭 소리치는 남자로밖에 안 보였다.

"숨을 못 쉬겠어! 숨을 못 쉬겠다고! 의사는 도대체 어디 있는 거야?"

"내가 의사입니다." 나는 톰의 혈압과 산소 포화도가 정상인 데다 목소리까지 우렁찬 걸 확인한 뒤 톡 쏘아붙였다.

"환자가 낮에도 내내 공황 발작을 일으켰어요." 심장학과 간호사 중 하나가 지친 목소리로 말했다.

나는 톰을 다소 쌀쌀맞고 사무적으로 대했다. 고압적인 목소리로 내가 호흡하듯이 천천히 따라하라고 지시해서 그의 공황 상태를 재빨리 가라앉혔다. 나는 그가 괜찮아졌다는 생각이 들자 바로 병실을 나왔다. 그가 왜 잠도 못 자고 두려움에 떨었는지 알아보려 하지 않았다. 뇌졸중과 마비, 출혈, 패혈증 등 진짜 응급 상황에 할애할 시간도 부족한데, 정신적 고뇌에까지 신경 쓸 여력이 없었다. 이런 야박한 태도는 지독한 피로감에서 비롯되었다고 생각하지만, 젊은 사람이 이만한 일도 견디지 못하냐는 편견도 영향을 끼쳤을 것이다. 나는 오밤중에 신경과민을 받아 줄 마음도 없었고, 그럴 기운이나 시간도 없었다.

하루쯤 지나 병동에서 톰을 다시 만났다. 심장병 전문의들이 그의 가슴에 ICD를 설치한 덕분에, 톰은 이제 급성 심장 마비를 막을 예방 수단이 생겼다. 그의 심장에서 전기 펄스가 다시 멈추면, ICD가 강한 쇼크를 내보내서 정상 리듬을 되찾게 할 것이다. 3인치 넓이의 맞춤형 CPR 팀을 달고 사는 셈이다.

나는 다음 날 퇴원 예정인 톰에게 다음 내원 일정을 알려 줘야 했다. 초저녁이었다. 금방 일어나려다 이번엔 왠지 그의 병상에서 좀 더 머뭇거렸다. 전날의 고압적인 태도가 마음에 걸렸던 데다 수술이 잘 끝났는데도 톰의 얼굴이 창백하고 불안해 보였기 때문이다.

"톰, 혹시 또 공황 발작을 일으키진 않았어요?"

톰이 나를 뚫어지게 쳐다봤다. 무슨 꿍꿍이인지 알아내려는 듯했다.

"두어 번." 톰이 퉁명스럽게 대답했다. "두 번 다 어젯밤처럼 심하진 않았습니다."

자신의 신분을 빼앗기고 환자복 차림으로 잔뜩 위축된 상태에서 심장이 언제든 멈출 수 있다는 이야기를 들으면 어떤 기분이 들까? 그토록 건강했던 몸이 사실 언제 깨질지 모를 살얼음판처럼 불안정한 상태였음을 알게 된다면 어떤 기분이 들까? 나는 숨을 한 번 깊이 들이마셨다.

"전날 밤에 너무 쌀쌀맞게 대해서 정말 미안해요. 너무 피곤했었나 봐요. 당신을 무시하려는 의도는 없었어요. 그래서도 안 되고요. 아무튼 내가 좀 지나쳤어요."

톰의 표정이 부드러워졌다.

"글쎄요, 그래도 당신은 사과할 염치는 있군요."

나는 미안스레 웃으며 그를 쳐다봤다.

"ICD를 차고 있으니까 마음이 좀 놓이나요?"

"솔직히 말할까요? 전혀 안 놓입니다." 톰은 한동안 말을 잇지 못하고 자신의 손만 힘없이 쳐다봤다. "나는 거의 죽을 뻔했어요. 너무나 허망하게. 물론 지금은 가슴 안에 손바닥만 한 금속 상자를 달고 있죠. 그렇다고 뭐가 달라집니까? 내일 전혀 다른 일로 죽을 수도 있는데. 나뿐만 아니라 우리 모두 그렇죠. 그러니까… 언제 무슨 일로 죽을지 모르는데 이까짓 게 무슨 소용이 있습니까?"

나는 그를 이해하려 애쓰며 조심스럽게 말을 이었다.

"그러니까… 당신은 갑자기 쓰러져 죽을 것 같아서 공황 발작을 일으켰던 게 아니라는 뜻인가요?"

"물론이죠. 죽는 게 문제가 아니에요. 어차피 죽을 건데 사는 게 무슨 의미가 있겠어요. 다 부질없어요. 100년 후엔 당신이 존재했는지 아무도 모를 겁니다."

톰이 내 얼굴을 향해 손가락으로 딱 소리를 내며 말했다. "매초 두 사람이 죽는다는 걸 알고 있어요?" 톰이 다시 딱 소리를 냈다. "두 사람이 또 죽었네요." 또다시 딱! "또, 또, 또. 당신. 나. 내 아내. 두 아들. 다 죽습니다. 다들 영원히 살 것처럼 굴지만 돌아서면 금세 역사 속으로 사라집니다."

톰의 발작은 돌연사에 대한 불안 때문이 아니었나 보다. 불꽃처럼 확 타오르다 금세 꺼져 버리는 인생의 덧없음에 대한 고통스러운 자각과 영원한 지속에 대한 갈망 때문이었던 것 같다.

"그 때문에 아무것도 못 하겠어요." 톰은 마치 죄인처럼 풀이 죽었다. "살아 있는 모든 것이 결국 허무하게 사라진다고 생각하니, 다 부질없는 것 같아요. 어차피 죽을 건데 아등바등 살아서 뭐하겠어요?"

"한 가지만 물어볼게요." 내가 조심스럽게 말했다. "몇 년 뒤에 두 아들의 모습을 상상해 봐요. 열 살이나 열한 살쯤. 아버지의 존재론적 고뇌에 아이들도 빠질 만한 나이가 됐을 때를 상상해 보세요."

나는 톰이 슬며시 웃는 모습에 힘을 얻어 다시 이야기를 이어 갔다.

"애들이 당신에게, '아빠, 어차피 죽을 걸 뻔히 아는 상황에서 우린 어떻게 살아야 하는 거예요?'라고 물으면 뭐라고 대답할 건가요?"

톰이 한참 심사숙고하더니 대답했다. "글쎄요, 아마도 세상이 얼마나 멋진 곳인지 알려 줄 것 같네요. 멋진 세상을 누리는 게 얼마나 즐거운지, 사랑하는 사람들과 함께 지내는 게 얼마나 행복한지, 일요일에 공원에서 아이들과 축구를 하는 일상의 소소한 즐거움이 얼마나 중요한지… 뭐 그런 걸 알려 주지 않을까요?"

"그게 바로 당신의 답변이에요. 그중에 영원히 지속하기 때문에 소중한 건 하나도 없잖아요. '석양이 다 무슨 소용이야? 잠깐 머물다 사라질 건데'라고 말하는 사람은 아무도 없잖아요."

톰은 한동안 말없이 앉아 있었다. 그러다 한참 만에 씁쓸하게 웃으며 말했다.

"아, 네, 네. 무슨 말인지 알아들었어요. 도시를 떠나 히피처럼 살라는 말이군요, 그렇죠?"

"아마도." 내가 히죽 웃으며 말했다. "당신이 포르쉐를 얼마나 좋아하는지에 달렸겠죠. 그런데 당신이 아끼는 것들은 결국 일상의 소소한 즐거움 아닌가요? 스쳐 지나가는 찰나의 즐거움 말이에요. 그런 것들이 아름다움이나 가치를 지니기 위해서 왜 영원히 지속돼야 하죠? 난 오히려 그런 게 영원하지 않기 때문에 훨씬 더 좋다고 생각해요. 어쩌면 우리도 그렇고요."

톰은 다음 날 아침 퇴원했다. 흔적도 없이 사라질 운명으로부터 한동안 자신을 지켜 줄 장치를 가슴에 달고 살아서 걸어 나갔다. 우리의 대화가 그에게 도움이 됐는지는 모르겠다. 그래도 내가 그의 두려움을 이해하려고 시도한 덕분에 적어도 그는 담당 의사가 자기에게 마음 쓴다는 건 알지 않았을까.

톰과 이야기하던 중에 문득 어떤 생각이 뇌리를 스쳤는데, 그 당장엔 차마 꺼내지 못했지만 지금 와 생각하면 톰도 일리가 있다고 수긍했을 것 같다. 톰이 급성 심장 마비로 진짜 죽었다고 가정한다면, 그의 삶은 단박에 끝났을 것이다. 그런데 죽음으로써 삶의 덧없음을 보여 주기는 커녕 역설적으로 자신의 삶에 의미를 부여했을지도 모른다. 부검을 통해 그의 브루가다 증후군이 밝혀졌을 테고, 그러면 두 아들은 유전자 검사를 받을 것이다. 톰은 인생의 전성기에 목숨을 잃음으로써 두 아들의 생명을 구했을 수도 있다. 유전적 질환이 대부분 그렇듯이, 브루가다 증후군도 자식에게 유전될 가능성이 농후하기 때문이다.

죽음을 앞둔 사람의 말에 귀를 기울이면

— 나는 병원 직원들이 친절 본능을 지키려고 애쓰는 모습을 오래도록 지켜봤다. 하지만 환자에게 공감과 연민을 느끼다 보면 의사와 간호사도 지치기 마련이다. 결국 피로가 쌓일 대로 쌓인 그들은 자신이 돌보는 인간에게 방어벽을 치고 뒤로 물러나 버린다.

환자가 임종을 앞두고 있을 때 이런 성향이 더욱 극명하게 드러난다. 어느 날, 후배 의사가 눈물을 글썽이며 자신의 최근 경험담을 들려주었다. 클로에가 근무하는 동안에도 응급실은 여느 때처럼 한계에 도달해 있었다. 복도의 이동식 카트마다 환자가 줄줄이 대기하는 상황에서, 병상 관리자들은 의료진에게 진료를 서두르고 웬만한 환자는 바로 퇴원시키라고 계속 쪼아 댔다. 수련의 1년 차인 클로에는 응급실의 살벌한 상황을 제대로 알지 못했다. 클로에가 말했다.

"전쟁에 대해선 잘 모르지만, 여기가 바로 전쟁터 같다는 생각이 들었어요. 하루 종일 식사는커녕 물 한 모금 못 마셨어요. 그야말로 아수라장이었다니까요."

초저녁에 한 선임 관리자가 클로에에게 노령의 환자를 응급실에서 병동으로 옮기는 데 동행하라고 지시했다. 클로에는 응급실 한쪽에서 베개도 못 받치고 불편하게 누워 있는 아흔두 살 난 노인을 옮기는 데 의료진이 왜 굳이 동행해야 하는지 궁금했지만, 너무 피곤해서 묻지도 않고 지시를 순순히 따랐다. 승강기 문이 닫히고 이송 요원과 이동식 카트에 누운 환자까지 셋이서 8층으로 올라가기 시작한 뒤에야 클로에는 환자의 눈에 어린 극심한 공포를 알아차렸다.

"환자가 숨을 헐떡거리는 것 같았어요. 낯빛이 확 변하는가 싶더니 내 눈앞에서 바로 숨이 넘어가더라고요."

승강기 문이 다시 열렸을 땐 환자의 심장은 이미 박동을 멈추었다. 클로에는 산 사람과 함께 승강기에 들어갔다가 시신과 함께 나와야 했다. 임종 순간에 사랑하는 사람들과 작별 인사는커녕 페덱스 꾸러미처럼 짐짝 취급을 받았던 것이다. 이런 죽음에 어찌 존엄을 논할 수 있겠는가.

정말 말도 안 되는 상황이지만, 나는 어쩌다 이런 일까지 벌어졌는지 정확히 알았다. 이동식 카트에 갇힌 환자들의 신음과 울음소리에 날마다 둘러싸이다 보니, 직원은 밖에서 기다리는 환자를 위한 병상을 확보하려고 죽어 가는 연금 수급자를 승강기에 밀어 넣을 만큼 무자비해질 수밖에 없었던 것이다. 마음이 돌처럼 굳어지지 않은 채로 그 일을 어떻게 계속할 수 있겠는가.

하지만 나는 그렇게 되고 싶지 않았다. 나는 내 친절 본능을, 따뜻하게 보살피려는 본능을 고이 간직하고 싶었다. 내가 내뱉은 말이 물리적 중재만큼 섬세하고 중요할 수 있으며, 때로는 삶을 변화시킬 수도 있음을 깨달았기 때문이다. 말은 의사가 신뢰를 구축하고 두려움을 덜어 주는 수단이다. 연민을 드러내고 혼란을 해결하며, 희망을 심어 주기도 하고, 또 때로는 그 희망을 없애기도 하는 수단이다. 하지만 절대로 서두르면 안 된다. 몸의 일부가 아니라 인간에게 집중하고자 한다면, 환자에게 진정으로 중요한 게 무엇인지 알고 싶다면, 시간을 들여서 환자의 말에 귀를 기울여야 한다. 정말 생각지도 못한 경험을 할 수도 있다.

그가 80년간 숨겨 온 비밀을 마지막 순간에 털어놓은 이유

— 　나는 일부 동료들이 어떻게든 피하려 애쓰는 어려운 대화에 자꾸 마음이 끌렸다. 암 진단을 알리거나, 더 나쁘게 암이 재발했음을 통지하기도 했고, 지푸라기라도 잡으려는 환자를 부드럽지만 단호하게 만류하기도 했다. 그때마다 엄청난 상실감이 환자를 짓눌렀다. 나는 그 모습을 내내 지켜봐야 했다. 임박한 죽음 앞에선 누구나 마음이 약해졌다.

죽음을 앞둔 고령의 환자와 이야기하다 보면, 나도 모르게 내 할아버지가 떠오르곤 했다. 아서라는 환자를 돌볼 때도 그랬다. 아서는 호흡 곤란으로 응급실에 들어왔고 우리 병동으로 이송된 후에도 힘겨운 시간을 보냈다. 80대지만 크고 건장한 아서는 평생 농장 일로 잔뼈가 굵은 사람이었다. 호흡 곤란의 원인은 70년 가까이 담배를 피웠기 때문이다. 만성 폐쇄성 폐질환도 폐암과 마찬가지로 애연가의 단골 질환이었다. 아서의 질병은 결국 그의 발목을 잡았다. 폐렴을 달고 살다 보니 나중엔 아무리 독한 항생제를 써도 효과가 없었다. 열이 나고 체중이 줄고, 기침을 하면 진한 가래가 나왔다. 일 년 넘게 집에서 산소 치료에 의존했는데, 겁나서 도저히 중단할 수가 없었다.

아서가 가족을 대하는 태도는 참으로 살가웠다. 아내인 베릴을 향한 아서의 헌신과 제멋대로 구는 손자와 증손자 들을 향한 애정에 병동 사람들 모두 감동했다. 호흡이 허락하는 한, 아서는 누구라도 붙잡고 증손자들에 대한 이야기를 들려주었다.

"우리 젬마가 학교에서 쿠키를 구워 팔았대." 아서가 어느 날 자랑스럽게 말했다. "판매 수익금은 자선 병원에 기부할 거래. 그리고 우리 토미는 모형 비행기를 팔겠다고 자청했대. 할아버지는 여기서 잘 지내고 있으니까 다른 환자들을 돕겠다고 하더라고. 어린 것들이 얼마나 기특한지 몰라."

저녁에 퇴근하면서 아서의 병실을 지나다 보면, 아이들이 산소 튜브와 모니터, 침대 한쪽에 놓인 가래 단지를 아랑곳하지 않고 할아버지 위로 올라가 있곤 했다. 폐에선 가래가 끓고 이마에선 땀이 솟았지만 아서는 만면에 웃음을 띠었다.

입원 초기엔 차도를 보이기도 했다. 강력한 항생제를 정맥에 주사하자 아서의 호흡이 24시간 동안 고르게 나타났다. 우리는 아서를 곧 퇴원시킬 수 있겠다고 생각했다. 그런데 잠깐의 회복 뒤로 아서는 다시 위축되기 시작했다. 이따금 밖에서 병실 안을 엿보면, 아서는 침대 끝에 걸터앉아 푸르스름한 입술을 오므려 힘겹게 호흡하고 있었다. 두툼한 목에는 힘줄이 전선처럼 툭 불거져 나왔다. 그러던 어느 날 나는 어렵사리 모르핀 이야기를 꺼냈다.

"사람들은 모르핀을 통증에만 좋은 줄 알고 있지만, 실은 숨이 가쁠 때도 도움을 얻을 수 있어요. 소량만 복용해도 숨쉬기가 한결 편하게 느껴질 거예요." 내가 조심스럽게 제안했다.

"모르핀?" 아서는 속으로 이게 무슨 의미인지 생각하는 듯했다. "그러니까… 자네는 이제 모르핀을 투여할 때가 됐다고 생각하는 건가? 그런 거야?"

나는 아서가 무엇을 두려워하는지 알았다. 아니, 적어도 안다고 생각했다. 모르핀을 제안하긴 했지만 실은 그의 죽음이 임박했다는 어두운 진실을 전했던 것이다. 그리고 아서의 질문에 아니라고 부인할 수도 없었다. 폐가 너무 심하게 망가져 침대에 가만히 누워 있기도 어려울 때, 모르핀은 기침 억제 효과가 있어서 폐 질환 말기 단계에 유용하게 쓰였다. 그렇더라도 최후의 수단이었다. 아서는 마지못해 시험 삼아 한두 번 써 보자고 동의했다. 그런데 의외로 모르핀은 그에게 상당한 효과가 있었다. 아서가 말했다.

"무엇보다도 우리 손자들하고 이야기하는 게 한결 수월해. 그 덕에 하루가 얼마나 행복한지 몰라."

하지만 아서의 병세는 하루가 다르게 나빠졌다. 어느 날 아침엔 얼굴이 벌겋게 달아오르고 온몸이 땀으로 흥건했다. 옆에선 베릴이 어쩔 줄 몰라 자신의 손만 비틀고 있었다. 아서의 광대뼈가 유난히 튀어나오고 눈 밑도 평소보다 더 꺼져 보였다. 사형 집행자가 훌쩍 다가온 듯했다. 내가 자리에 앉으며 물었다.

"기분이 어떠세요, 아서?"

"피곤해." 아서가 숨을 헐떡거리며 말했다. "너무 피곤해."

베릴이 고개를 푹 숙이고 울음을 터뜨렸다.

"염증이 또 생긴 거지, 그렇지?" 아서가 내게 물었다.

"그런 것 같아요." 내가 고개를 끄덕이며 말했다. "열이 아주 높아요."

우리는 한동안 말없이 앉아 있었다. 나는 아서를 면밀히 관찰하며 어려운 이야기를 꺼냈다.

"아서, 이제 앞으로 우리가 어떻게 해 드리면 좋을지 의논해도 괜찮을까요?"

남편과 아내가 눈빛을 교환했다.

"항생제를 더 드릴 수는 있어요. 하지만… 그렇게 해 드리길 바라세요?"

"그건 이미 의논했잖아." 아서가 나직한 목소리로 말했다. "항생제는 이제 그만. 그건 우리 둘 다 동의했어. 이젠 그만."

우리는 일이 어떻게 전개될지에 대해 한동안 이야기했다. 감염이 치명적으로 퍼질 경우, 며칠 만에 목숨이 위태로울 수 있다는 이야기도 어렵사리 꺼냈다. 그날 저녁, 병동을 나설 때 보니 아서가 홀로 누워 있었다. 가슴이 피스톤처럼 오르락내리락하고 눈이 반쯤 감겨 있었다.

잠시 머뭇거리는데 아서가 나를 쳐다봤다. 그런데 그의 눈에 눈물이 어른거렸다. 나는 가슴이 철렁했다.

'아, 비탄에 젖은 걸 보니 이대로 가는 게 두렵고 막막한가 봐.'

이런 생각이 퍼뜩 떠올랐지만 아서는 나를 향해 미소를 지었다. 그리고 가까이 오라는 듯 침대를 톡톡 두드렸다.

"그렇게 걱정스럽게 쳐다보지 말고 이리 와서 앉았다 가."

가까이 다가가서 보니 아서의 이마에 땀방울이 맺혀 있었다.

"난 자네가 상상하는 이유로 눈물짓는 게 아니야." 아서가 이야기를 시작했다. "자네가 모르는 게 있어. 세상 누구도 모르는 게 있어."

망가진 폐가 허락하는 한에서 사랑과 인내에 관한 한 남자의 이야기가 시작되었다. 아서와 나는 둘 다 숨을 제대로 쉬지 못했다. 한 사람은 숨을 죽였고, 한 사람은 숨을 헐떡였다.

"레이첼, 난 평생 거짓말을 하고 살았어. 성인이 된 뒤로 줄곧." 아서가 소곤소곤 이야기했다. "하지만 자네가 알아야 할 게 있어. 난 50년대 사람이야. 내가 어렸을 땐 나 같은 사람은 존재 자체가 범죄였어. 나 자신에게 거짓말을 하든, 아니면 내가… 변종이라는 걸 받아들이든 내 뜻대로 선택할 수 없었어."

나는 미동도 하지 못했다. 그 순간 참으로 소중하고 심오한 뭔가를 건네받고 있다는 걸 알았기 때문이다. 너무나 성스러운 비밀이기에 의사가 아니라 신부가 된 기분이었다. 한 남자가 임종의 순간에 자신을 피하거나 비난하지 않을 거라고 믿는 사람에게 마음을 열었다.

"학창 시절에도 내가 동성애자라는 의심이 들긴 했어. 하지만 아니라고, 계속 아니라고 부정했지."

아서가 잠시 입을 다물었다. 말을 하는 것은 폐가 망가진 사람에게 고문이나 다름없었다.

"베릴은 남자라면 누구나 탐낼 만한 멋진 배우자였어. 사랑이 넘치고 마음이 따뜻한 사람이야. 하지만… 내가 사랑하는 사람은 따로 있었어. 내 가족에겐 그 사실을 차마 털어놓을 수 없었어."

아서는 수십 년 동안 동성애를 지속했다. 남부끄러운 관계를 평생 은밀하게 이어 왔다. 아서는 사회적 편견과 개인적 의무감에 짓눌린 채 평생 자신의 참모습을 드러낼 수 없었고, 그 점을 무척 애통해했다.

"난 내 파트너 조나단이 죽을 때 곁에 있을 수 없었어. 내가 아니라 그의 자식들이 곁을 지켰지. 설사 조나단이 지금까지 살아 있다 해도 지금 내 곁을 지켜 줄 수 없을 거야. 우린 이렇게 평생 드러낼 수 없는 사이였어."

나도 모르게 아서의 손을 잡았다. 우리는 인생의 실타래를 풀어 가면서 다양한 모습으로 살아간다. 그 과정에서 누군가와 연결되기를 바라고, 자신의 참모습을 인정받기를 간절히 바란다. 아서는 죽음을 눈앞에 두고 내게 자신의 이야기를 들려줬다. 나는 그의 증인이었다. 이제 그의 참모습을, 그의 진실을 알게 되었다.

"고마워요, 아서." 내가 거듭 말했다. "애써 감춰 온 이야기를 내게 들려줘서 정말 고마워요."

자리에서 일어서려다 기어이 규칙을 깨고 말았다. 나는 색안경을 끼고 보지 않는다는 걸 아서에게 전하고 싶었다. 그의 이야기를 잘 들었고 소중히 간직하겠다는 내 마음을 전하고 싶었다. 그래서 충동적으로 몸을 기울여 내가 돌보는 환자의 뺨에 입을 맞추었다. 몸을 일으키고 다시 보니 아서가 미소를 짓고 있었다. 그리고 내게 가까이 다가오라고 손짓했다. 나는 흙빛으로 물든 그의 얼굴 쪽으로 다시 몸을 기울였다. 아서는 땀으로 축축한 얼굴과 약간 흔들리는 어깨를 기어이 일으켜서 내 뺨에 입을 맞춰 주었다. 우리 둘 다 시간이 얼마 남지 않았음을 잘 알았다.

내 삶은 어떤 이야기로 기억될까

— 병원마다 사람들이 구겨진 시트에 누워 얼마 남지 않은 삶의 끈을 붙잡고 있다. 병원이 어떠한 곳이기를 바라는지 우리는 알고 있다. 모두의 바람처럼 병원은 따뜻하고 안전한 곳이어야 하고, 사랑과 배려가 넘치는 곳이어야 한다. 노쇠하고 외로우며 두려움에 떠는 사람들에게는 더더욱 그런 곳이어야 한다. 병원은 또 환자 개개인의 타고난 성향을 존중하고 그에 맞게 대하는 곳이어야 한다. 하지만 그 기준에 미치지 못할 때가 너무 많다. 병원 직원들이 환자에게 베푸는 소소한 친절이야 헤아릴 수 없이 많지만, 사람들은 여전히 수치와 질병, 신체 부품으로 위축되고 그들의 이야기는 제도적 제약에 막혀 전해지지 못한다. 사람들은 의도치 않게 의료진 때문에 고통을 겪기도 한다.

나는 선택을 내려야 했다. 한때는 혈액학을 전문으로 하고 싶었다. 혈액암의 미묘한 성질과 예측 불가능한 궤적에 매료되었기 때문이다.

첨단 과학을 동원해서 위험한 내기를 하는 것도, 생사의 문제를 놓고 환자들과 대화하는 것도 좋았다. 환자의 목숨을 살렸을 땐 크나큰 보람을 느꼈다. 하지만 몇 년 전 데이브의 어머니와 보냈던 몇 시간이 내 마음속에 크게 자리 잡고 있었다. 아버지의 도움을 받아 장차 내 시어머니가 될 분의 마지막 가는 길을 편히 모시고자 동분서주했던 기억이 너무 생생했다. 게다가 지금도 질병이 손쓸 수 없는 단계에 들어섰다는 확신이 들면 목숨이 붙어 있더라도 더 이상 관여할 가치가 없다고 여기고서 환자를 '완화 의료 쓰레기통'으로 치우라는 의사들이 여전히 존재했다.

응급 의학에 중독됐다고 할 만큼 좋아했지만, 시간이 지나면서 나는 생명이 마지막 순간에 다다른 환자에게 더 끌렸다. 다른 의사들이 질색하고 피하려 들어서 더욱 그랬다. 그동안 병원에서 그냥 넘길 수 없을 만큼 추하고 잔혹한 죽음을 너무 많이 목격했다. 우리가 그보다는 더 잘해야 한다는 걸 알았다.

뻔히 보이는 단점에도 불구하고, 완화 의료는 내가 늘 소망했던 의사로 남을 수 있는 유일한 부서라는 생각이 들었다.

8

죽어 가는 사람이 살아가는
하루에 대하여

내 안에서 잠든 이 음울한 녀석이
나는 무섭다.
하루 종일 나는 녀석의 깃털처럼 부드러운 움직임과 해악을 느낀다.

- 실비아 플라스의 시 '느릅나무'

"흐으윽…"

낮게 흐느끼는 소리에 하던 일을 우뚝 멈췄다. 인간의 울음이라기보다는 짐승의 고통스러운 울부짖음 같았다. 나는 소리가 나는 쪽으로 달려갔다. 문을 열자 환자인 론은 그야말로 평온하게 누워 있었다. 하지만 그의 아내는 바닥에 엎드린 채 괴로워하고 있었다.

"줄리." 나는 그녀를 부축해 일으키며 속삭였다. "괜찮아요. 괜찮아요, 줄리.”

　전혀 괜찮지 않은 상황이었다. 줄리는 내 품에 안겨 온몸을 떨었다. 열여덟 살에 첫사랑과 결혼해서 자식들을 키우고 손자들을 돌보며 40년 넘는 세월 동안 참으로 행복하게 살았는데, 이제 사랑하는 남편을 뇌종양 중에서도 가장 무서운 교모세포종으로 떠나보내야 했다. 누구라도 그런 처지에 놓인다면, 절망을 이기지 못하고 병원의 리놀륨 바닥에 쓰러져 몸을 비틀지 않겠는가.

　의사로 살아오면서, 이때만큼 환자와 가족의 고통에 벽을 치고 싶었던 적이 없었다. 나는 줄리의 감정을 공유하고 싶지 않았다. 갑판 위에서 입을 뻐끔거리며 온몸을 퍼덕거리는 물고기 신세가 된 기분을 느끼고 싶지 않았다. 사력을 다해 피하고 싶었다.

　론은 평온하게 잠들어 있었다. 아내가 곁에 있는지도 몰랐다. 두개골의 부종을 완화하려고 복용해 온 스테로이드가 그의 얼굴과 팔다리의 살을 재분배했는지, 눈은 푹 꺼지고 뺨은 불룩 부어올랐다. 종양이 자리 잡은 이마 쪽도 툭 불거져 나왔다. 론의 호스피스 병상 주변엔 모니터가 없었다. 산소 튜브도, 삐 소리를 연발하는 기계도 없었다. 생명을 구한다는 현대적 장치는 하나도 없었다. 그저 집에서 가져온 플리스 이불과 베개 옆에 비스듬히 놓인 손자의 곰 인형뿐이었다. 아무것도 의식하지 못하는 상태가 론에게는 오히려 축복일 수 있었다. 내가 줄리를 달래는 순간에도 론의 불규칙한 호흡은 죽음이 시시각각 다가오고 있음을 알려 주었다. 떠날 때가 얼마 남지 않았다. 하지만 론은 그것도 의식하지 못할 것이다.

나는 론이 하루가 다르게 위축되는 모습을 지켜봤다. 월요일엔 미소를 지으며 아내의 손을 꽉 쥘 수 있었다. 의사의 질문에 예, 아니오라고 답할 수도 있었다. 화요일엔 말은 못 했지만 줄리가 얘기할 때마다 눈을 반짝이며 귀를 기울였다. 수요일엔 아무런 반응이 없었다. 그 자리에 있었지만 없는 거나 마찬가지였다. 반쯤 뜬 눈으로 아내의 접촉이나 목소리에 전혀 반응하지 않았다. 목요일엔 더 이상 눈을 뜨지 않았다. 어린아이가 세상 걱정 없는 표정으로 새근새근 자듯이 론은 깊은 잠에 빠져들었다.

"이렇게 평온할 줄은 미처 몰랐어요."

줄리가 내게 말했다. 론이 무의식의 세계로 깊이 빠져들수록 줄리는 그의 부재가 더 아프게 느껴졌다.

금요일 아침. 하룻밤 새 론은 또다시 눈에 띄게 달라졌다. 반응도 전혀 없고 호흡도 간헐적으로 이어졌다. 손목의 맥박이 희미하게 잡히는 것으로 봐선 심장이 급격히 약해지고 있음이 분명했다. 온몸에 얼룩덜룩한 반점까지 생겼다. 몸의 장기가 차례차례 제 기능을 멈추면서 손끝이 차가워지고 피부도 점점 잿빛으로 변했다.

내가 완화 의료 부서로 옮겨 온 지 딱 일주일 지난 시점이었다. 론은 내가 처음 맡았던 호스피스 환자들 중 한 명이었다. 나는 줄리를 조용한 사무실로 데려가서 오늘이 남편의 마지막 날일 것 같다고 미리 알려 주었다.

"이런 날이 올 줄… 이런 날이 올 줄… 알고 있었어요. 알고 있었다고요."

줄리는 두 손을 비틀기도 하고 쥐어짜기도 하면서 같은 말을 반복했다. 벌렁거리는 가슴을 진정시킬 수 있기라도 하듯 여러 번 반복했다. 이런 때를 위해 비치된 NHS(영국의 국민 보건 서비스)의 휴지가 그녀의 슬픔 앞에선 아무 소용도 없었다. 목가적인 풍경의 벽지는 그녀의 심정을 조롱하는 듯했다. 나는 상투적인 말을 하고 싶은 마음을 억눌렀다. 어떤 말도 그녀의 슬픔을 위로할 수 있을 것 같지 않았다. 그저 줄리의 손을 잡고 말없이 앉아 있었다. 이론적으로만 알고 있던 상실감이 점점 형체를 띠면서, 줄리는 몸을 떨고 숨을 헐떡거렸다. 차오르는 슬픔을 가누지 못하고 가슴을 부여잡고 서럽게 울기 시작했다.

줄리와 달리 나는 호기롭게 스스로 이곳을 선택했다. 나는 언제든 이곳을 버리고 다른 부서로 가겠다고 선택할 수 있었다. 하지만 내가 슬픔의 낙진을 다른 사람들에게 떠넘기고 도망가더라도, 론은 여전히 죽어 갈 테고 줄리의 가슴은 여전히 미어질 터였다. 그래서 나는 이런 순간에 찾아가 기댈 수 있는 의사가 되기로 마음을 굳혔다. 어떤 위로나 조언보다 그냥 함께 있는 것이 의사가 제공할 수 있는 최선의 치료라고 생각했다.

두 사람은 46년 동안 부부로 살아왔다. 내가 살아온 세월보다 더 길었다. 줄리는 병실에 사진을 잔뜩 갖다 놓고 추억의 공간을 조성했다. 그들이 함께해 온 수십 년 세월이 사진 속에 고스란히 담겨 있었다. 론이 70년대 분위기를 물씬 풍기며 성당 앞에서 활짝 웃고 있었다. 그의 눈길은 옆에서 수줍게 미소 짓는 신부에게로 향했다. 여전히 10대인 줄리가 갓난아기를 품에 안고 있는 사진도 보였다. 아기의 손이 아버지의 커다란 엄지손가락을 꼭 쥐고 있었다. 창가엔 남편과 아내와 네 아이들의 인물 사진이 자리를 다투고 있었다. 다음으로, 론이 은퇴한 뒤 크루즈 여행을 떠난 사진도 몇 장 보였다. 칵테일, 햇볕에 그을린 피부, 술기운에 과감해진 애정 표현까지 그들의 행복했던 세월이 고스란히 녹아 있었다. 벽에는 손자들이 병문안을 와서 남긴 애정의 증표가 붙어 있었다. A4 용지에 그려진 고양이와 유니콘 그림, 뭘 그렸는지 알아보기 힘든 동물 그림, 형광펜으로 그린 하트와 별, "얼른 나으세요, 할아버지. 사랑해요!"라고 삐뚤삐뚤하게 쓴 사랑의 편지도 보였다.

줄리는 방금 론의 병상에서 상실감을 더 이상 이기지 못하고 바닥에 쓰러진 채 흐느꼈던 것이다. 옛날 같으면 의사는 이런 경우에 진정제를 놔 주었다. 하지만 비탄에 잠긴 사람을 둔감하게 하는 벤조디아제핀 주사제는 사실 의사의 불편함을 더는 목적이 더 컸다. 나는 기존의 약물로는 도와줄 게 없는 상황에서 뭔가 실질적으로 도움이 될 만한 방법을 궁리했다. 그러다 불쑥 내 능력 밖의 제안을 하고 말았다.

"줄리, 론에게 작별을 고하고 싶으세요? 내 말은, 그러니까 남편 옆에 눕고 싶으세요?"

흐느낌이 뚝 그쳤다. 줄리는 나를 빤히 쳐다보면서 말을 더듬거렸다. "그… 그래도 될까요? 그… 그게 가능한 건가요?"

그래도 되는지는 나도 잘 몰랐다. 론은 쿠션이 보강된 침대를 거의 다 차지하고 있었다. 혹시라도 그를 불편하게 할까 봐 걱정되긴 했지만, 일단 간호사들과 힘을 합쳐 무기력해진 그의 몸을 옆으로 살짝 옮겼다. 시간과 요령이 필요한 일이었다. 한참 만에 줄리가 누울 만한 공간이 마련되었다. 줄리는 조심스럽게 남편의 품으로 파고들어 손을 잡고 이마를 쓰다듬었다. 그리고 사랑한다는 말을 주문처럼 속삭이면서 뺨에 와 닿는 가냘픈 그의 숨결을 느꼈다. 나는 입술을 깨물며 눈물을 삼켰다. 사랑하는 부부의 너무도 소중한 마지막 순간을 위해 우리는 조명을 낮추고 조용히 병실을 나왔다.

30분쯤 지나서 나는 론의 병실을 다시 찾았다. 학창 시절 첫사랑의 품에 안긴 론은 마지막 숨을 내뱉고 있었다. 삶과 죽음의 경계가 너무나 흐릿해서 론이 그 경계를 넘었는지 알아차리기가 쉽지 않았다. 하지만 곧 론이 더 이상 우리와 함께 있지 않음이 확실해졌다. 나는 그게 명확하게 보였지만, 줄리는 아직 실감하지 못했다. 잠시 후, 줄리가 나를 향해 손을 들었다. 떨리는 손끝이 그 어떤 말보다 더 웅변적으로 묻고 있었다.

"네, 론은 떠났어요." 내가 부드럽지만 분명하게 대답했다. "정말 안타까워요."

그날 내가 취한 행동이 옳거나 적절한지는 모르겠다. 그걸 의술이라고 말할 수 있는지도 모르겠다. 통곡하면서 몸을 일으키는 줄리를 간호사가 얼른 부축해 주었다. 우리는 따끈한 차를 건네고, 안아 주고, 기댈 어깨도 제공했다. 어떤 위로도 줄리의 상실감을 덜어 준 것 같지 않았다. 그런데 몇 주 뒤, 줄리가 선물 바구니를 들고 우리를 찾아왔다. 줄리는 비탄에 잠겨 눈앞이 캄캄할 때 호스피스 의료진이 보여 준 호의와 배려가 얼마나 큰 힘과 위로가 됐는지 모른다고 했다.

호스피스에 즐거움이 가득한 까닭

— 론이 세상을 떠나고 3년이 흘렀다. 내가 지금 근무하는 NHS 호스피스는 그때나 지금이나 굉장히 멋진 곳이다. 병원의 부속 건물인 호스피스 병동은 천장에 낸 채광창으로 햇살이 따사롭게 비쳐 들고, 병실마다 있는 큼직한 여닫이창을 통해 환자들이 바깥 정원을 내다볼 수 있다. 환자들은 자쿠지, 마사지실, 미술 치료실과 음악 치료실을 언제든지 이용할 수 있다. 아이스크림과 직접 만든 스무디도 마음껏 즐길 수 있다. 거품욕을 제대로 즐기고 싶어 하는 환자에게는 간호사들이 고급 입욕제를 푼 욕조로 안내한다. 우리는 이곳에서 결혼식도 열고, 야간 데이트도 주선한다. 반려동물을 몰래 반입해도 뭐라 하지 않는다. 매일 두 차례씩 자원봉사자들이 음료 카트를 밀고 병실마다 방문해서 질 좋은 포도주와 각종 음료를 제공한다. 이런 서비스가 없다면, 환자들이 아프기 전에 누렸던 평범한 일상을 어떻게 맛볼 수 있겠는가?

맥주를 마시며 새들에게 먹이를 주는 게 뭐 그리 대단한 일인가 싶겠지만, 내가 의사 생활 7년 만에 이곳으로 처음 왔을 때는 엄두도 못 낼 만큼 파격적인 활동이었다. 병원이라는 공간에 깃든 염려와 여민에도 불구하고, 대학 병원보다 더 삭막한 건축물은 찾아보기 어렵다. 네온 등이 번득이는 각 구역과 기나긴 복도로 이뤄진 병원 건물에서는 오로지 위생과 효율성만 중요하다. 손이 닿는 곳은 전부 소독제로 닦여 있고, 조명은 눈에 거슬릴 만큼 강하고 기능적이다. 병원은 결국 병약자를 위한 대규모 수용 시설에 지나지 않는 것 같다. 실제로, 포드 자동차의 대규모 공장을 여럿 건축한 미국의 유명 건축가 앨버트 칸은 1925년 미시간 대학 병원을 설계할 때 공장 조립 라인의 논리를 적용했다. 효율성과 생산성, 멸균과 청결만을 따졌다. 존엄과 온기가 절실하게 필요한 곳에 공항 탑승구처럼 삭막한 환경을 조성했으니, 사람들이 집에서 눈을 감고 싶어 하는 게 전혀 놀랍지 않다.

어원학적으로 볼 때, 의학은 보이는 모습과 다르다. '의사doctor'는 라틴어 도세르docere에서 온 말로 '가르치다'라는 뜻이다. 반면 '환자patient'는 라틴어 파티엔스patiens에서 온 말로 '참는 사람'이라는 뜻이다. NHS 병원 안팎에서 환자에게 요구하는 인내와 극기는 실로 엄청나다. 가령 응급실에서는 진료 순서가 올 때까지 몇 시간씩 대기해야 하고, 암 치료를 시작하려면 몇 주, 심지어 몇 달을 기다려야 한다. 환자에게 고통을 덜어 주겠다고 해 놓고 오히려 고통을 가중시킨다. 의사가 다가올 때까지 환자는 수술복 차림에 손목 밴드를 차고 초조하게 기다릴 뿐이다. 미력하나마 운명을 스스로 개척하고 결정하도록 타고난 종種으로서, 이러한 현실은 확실히 참아 내기 어렵다.

'호스피스hospice'와 '병원hospital'은 환대hospitality와 마찬가지로 호스페스hospes라는 라틴어에서 비롯되었는데, 호스페스는 '집주인'과 '손님', '낯선 사람'을 모두 뜻하는 말이다. 나는 호스피스가 원래 뜻대로 주인과 손님과 낯선 이들을 제대로 대접하는 곳이길 바란다. 가정과 병원의 장점을 모아 집처럼 편안한 분위기에서 의료 혜택을 누리는 곳이길 바란다. 손님을 반갑게 맞아들여 음식과 쉼터와 안전을 제공하는 호스피스가 논문에 붙은 각주처럼 방대한 병원의 부속 시설처럼 느껴질 수도 있다. 하지만 호스피스에선 벽에 걸린 그림과 복도에 놓인 화분, 공간의 색감과 질감, 병실에서 내다보이는 풍경까지 세심하게 신경 쓰고 관리한다.

　미학을 중요하게 여기는 호스피스 병동으로 옮길 때, 나는 마치 반란군에 가입하는 기분을 느꼈다. 호스피스는 업무 내용뿐만 아니라 공간 배치에서도 기존의 의료 패러다임을 무너뜨렸다. 출근 첫날부터 온갖 기대와 가능성으로 가슴이 두근거렸다. 병원에선 왜 아내가 죽어 가는 남편 옆에 누워 따스한 온기를 전할 수 없는 걸까? 남은 시간이 별로 없을 때, 우리는 왜 환자가 배우자와 사랑을 나눌 방법을 먼저 찾아보지 않는 걸까? 그들이 어찌할 줄 몰라 소중한 시간을 허비하는 모습을 왜 그냥 지켜보기만 할까? 사랑하는 아빠를 떠나보내기 전에 함께 영화를 보려고 피자를 사 들고 오는 10대에게 왜 문을 활짝 열어 주지 못할까? 반려동물이 사람보다 더 큰 위로를 줄 수도 있는데, 왜 개나 고양이를 건강에 유해하다고만 할까? 통념에서 가장 벗어난 질문을 한 가지만 덧붙이자면, 완화 의료와 관련 없는 일반 병원 환경에선 왜 이 모든 의문을 아예 제기하지도 않는 걸까? 요컨대, 왜 유아 병동에 입원한 어린아이나 죽음의 문턱에 선 중환자일 때만 진정한 환자 중심의 병원 환경을 누리는 것일가? 고통과 불안에 떠는 모든 환자가 이러한 위로를 받아야 마땅하지 않은가?
　완화 의료 팀으로 옮긴 직후, 나는 환경이 환자의 고통을 덜어 주는

데 얼마나 즉각적으로 효과를 발휘하는지 직접 눈으로 확인했다. 호스피스 정원 쪽에서 프랑스어 억양의 맑고 감미로운 목소리가 들려왔다.

"실례지만 잠시 이곳에 머물러도 될까요?"

목소리의 주인공이 물었다. 곧이어 웅성거리는 소리가 들렸다. 구급대원들끼리 부탁을 놓고 어떻게 할지 논의하는 것 같았다. 다음 순간, 놀랍게도 흥겨운 웃음소리가 들렸다. 이동 카트에서 빛이 뿜겨져 나오듯 진정한 기쁨의 소리가 사방으로 울려 퍼졌다.

프랑스어 억양의 주인공 아델은 도심의 암 전문 병원에서 3개월 동안 머물렀다. 그 기간 내내 신선한 공기를 한 번도 느껴 보지 못했다. 상태가 너무 나빠 밖으로 나올 형편이 안 됐을 수도 있지만, 그러한 감금 생활은 아델의 병세보단 의사들의 상상력 부족 때문이었을 것이다. 교수, 과학자, 첨단 장비로 무장한 임상 팀 등 의료진의 모든 에너지가 오로지 치료에만, 생명을 구하는 데만 집중되면, 환자에게 바깥 공기를 쐬게 하는 등의 세심한 사항은 전혀 고려되지 않거나 뒷전으로 밀려난다.

이른 새벽, 서른도 안 된 젊은 여성이 호스피스에서 죽음을 맞기 위해 앰뷸런스에 실려 왔다. 나는 곧 그녀의 손을 잡을 것이다. 이 최초의 스킨십은 어떤 말보다 더 따뜻하고 반갑게 그녀를 맞아 줄 것이다. 한여름의 푸르스름한 햇살이 새벽이슬을 머금은 천지를 깨웠다. 이 상태가 영원히 지속될 것 같은 희망이 꿈틀거렸다.

아델은 앞으로 잘해야 몇 주밖에 못 살 것이다. 환자는 흔히 두려운 마음으로 호스피스 문을 열고 들어온다. 그런데 쏟아지는 새벽 햇살에 한껏 들뜬 아델은 두렵기는커녕 기뻐서 어쩔 줄 몰랐다. 킥킥거리는 웃음소리와 함께 알아듣기 어려운 프랑스어가 들려왔다. 구급대원들도 나처럼 환하게 웃고 있었다. 아델의 미모나 매력 때문인지, 아니면 이동 카트를 건물 쪽이 아닌 정원 쪽으로 곧장 밀고 가라는 파리지엔의 꺾을 수 없는 고집 때문인지, 그들은 아델의 요구를 선뜻 들어주었다. 그곳에서 아델은 눈을 감고 하늘을 향해 얼굴을 비스듬히 들었다. 입가에 어린 미소가 햇살을 받아 환히 빛났다.

나는 의사로서 본분을 수행하지 않고 호스피스 입구에서 서성거렸다. 머릿속에 얼핏 떠오른 단어는 업무 태만이었지만, 지금은 의사가 필요한 순간이 아니었다. 지난 몇 달 동안 질병 때문에 점점 시들어 가던 아델은 지금 이곳에서 꽃나무와 벌과 푸른 하늘에 의해 다시 소생하고 있었다. 죽어 가면서 활짝 피어나고 있었다.

우리는 곧 종양에 대해 논의해야 할 것이다. 그녀의 두 번째 감금 생활에 대해서도, 암세포가 전이된 간과 창자와 비장에 대해서도 논의해야 할 것이다. 아델의 암은 너무 무자비해서 복벽을 뚫고 여기저기로 침투했다. 아델은 유전적으론 인간이지만 해부학적으론 이미 괴생물체였다. 그로 인해 야기될 고통과 수치심에 대해서, 또 이 와중에 몸매 같은 사소한 문제로 지나치게 고민하는 것이 옳은지 여부에 대해서도 논의할 것이다. 나는 팔을 들어 올리는 것도 힘겨운 그녀가 아침마다 곱게 화장을 하겠다고 고집을 피우는 상황과 마주할 것이다. 그래도 아델은 점차 나에게 마음을 열고 죽음이 정확히 어떻게 자신의 목숨을 앗아 갈지, 또 평정심을 어떻게 유지할지에 대해서 논의할 것이다. 나는 그녀가 엄마와 여동생에게 보낼 편지와 세 살짜리 조카들에게 보낼 생일 카드를 작성하도록 도와줄 것이다. 그녀가 아끼고 사랑하는 꽃과 하늘을 실컷 볼 수 있도록 그녀의 병실 문과 창은 절대로 닫히지 않을 것이다. 이곳에 머무는 동안 잠깐씩이나마 그녀의 미소는 햇살보다 더 빛날 것이다.

이 모든 일이 앞으로 벌어질 것이다. 지금, 나는 여전히 호스피스 입구에서 서성이며 환자들이 참으로 감사하게 음미하는 일상을 건성으로 넘긴 나 자신을 반성했다. 시간이 손가락 사이로 빠져나가는 물처럼 덧없이 흘러가는 와중에도 아델은 생기가 넘쳤다. 이 상황에서 어떻게 저럴 수 있을까? 나는 겸손한 마음으로 아델을 향해 햇빛 속으로 한 걸음 내디뎠다.

암담한 순간에도 기쁨은 존재하는 법

— 호스피스보다 두려움과 금기로 둘러싸인 건물은 없다. 환자들은 흔히 호스피스 병동을 삶의 이야기가 뚝 끊기는 벼랑으로 여긴다. 호스피스 문지방을 넘어오면 곤두박질치며 죽는 것 말고는 아무것도 경험하지 못한다고 상상한다. 이곳에 들어온 순간, 삶과 희망이 모두 무너져 내린다.

최근에 새로 들어온 한 말기 심부전 환자는 영화 〈스타워즈〉의 열렬한 팬이었다. 그는 병동에 들어오자마자 짐짓 농담조로 말했다.

"나는 늘 이곳을 죽음의 별Death Star이라고 생각했습니다."

나는 그가 농담처럼 들리게 하려고 무척 애쓴다는 걸 간파했다. 그래서 살짝 미소를 지으며 농담으로 받아쳤다. "그렇다면 나는 다스 베이더보다 레이아 공주 역을 맡고 싶네요."

그가 씩 웃었다. 치료적 관계를 구축하기 위한 희망이 싹트긴 했지만, 그는 이곳에 온 순간 자신의 운명이 결정 났다고, 사형 선고가 내려졌다고 생각했기에 여전히 두려운 기색이었다.

나도 처음 이곳에 발을 들일 땐 두려웠다. 실은 상당 기간 두려움에 떨었다. 수련의 초반 시절, 야간 당직을 서는 날엔 호스피스 환자들까지 돌봐야 했다. 야간 당직자는 병원 전체를 책임져야 했기 때문이다. 비교적 여유로운 날에도 기다란 복도를 오가느라 밤새 몇 킬로미터를 걸었다. 게다가 호스피스 병동은 병원 본관과 상당히 떨어져 있었다. 본관 건물 밖으로 나가 외진 주차장과 버려진 관목 숲을 홀로 허둥지둥 뛰어갔다. 어둠 속에서 비극적인 일을 당하더라도 아침까진 아무도 날 찾지 못할 걸 알기에 그곳에 오갈 때마다 온몸을 떨었다.

간신히 호스피스 병동에 도착했을 때 도처에 깔린 죽음의 그림자 때문에 또 불안했다. 의사가 병을 치료하고 상황을 개선할 수 없다면 이 모든 노력이 무슨 소용인가? 죽어 가는 환자를 위로하기 위해 무슨 말을 할 수 있을까? 죽음에 관한 이야기를 꺼내야 할까, 아니면 피해야 할까? 죽음의 문턱에 이른 환자의 쇠약한 몸이 나한테 너무 벅차지 않을까? 완화 의료 의사들은 날이면 날마다 온갖 비참한 모습에 둘러싸여 있으면서도 어떻게 저렇게 환히 웃을 수 있을까? 떨리는 마음으로 호스피스에 들어설 때마다 안팎으로 음산한 이곳에서 나를 빼내 줄 CPR

호출이 울리길 간절히 바랐다.

물론 내가 밤에 마주친 호스피스 환자들은 죽음의 별에 떨어진 외계 종족이 아니었다. 그들도 우리와 똑같은 환자요, 사람이었다. 때로는 두려움에 떨고, 때로는 고통에 몸부림치고, 또 때로는 잠 못 이루는 밤에 의사와 얘기할 기회가 생겼다고 기뻐했다. 나는 결국 호스피스에 대해 잘 알지도 못하면서 마음속에 도사리고 있던 막연한 두려움 때문에 떨었던 것이다. 죽음을 둘러싼 끔찍한 상상을 죽어 가는 환자들에게 함부로 투영했던 것이다.

내 두려움은 한동안 이어졌다. 완화 의료를 전문으로 하겠다고 마음먹은 후에도 그 결정이 옳은지를 두고 고민했다. 하지만 호스피스로 출근한 초반부터 나는 질병이 아닌 사람을 중심에 두는 대안적 의료 패러다임을 익히며 완전히 새로운 의사로 거듭났다.

"여러분, 저한테 색다른 계획이 있습니다. 엔토녹스 어때요? 농담 아니에요. 출산할 때 도움이 된다면 이번에도 효과가 있을 거예요." (엔토녹스Entonox: 웃음 가스라고도 하며, 아산화질소와 산소를 50:50으로 혼합해 흡입하면 안전하고 효과적으로 통증을 제어할 수 있다. -역자 주)

나는 회의실을 둘러보며 사람들의 반응을 살폈다. 사제는 놀란 얼굴을 했고, 사회 복지사는 눈썹을 치켜 올렸다. 분만을 촉진하는 수단으로 웃음 가스를 쓰고는 있지만 죽어 가는 환자에게도 쓴다고? 이게 정말 바람직한 방법일까? 회의에 참석한 다른 의사들도 판단이 서지 않는 눈치였다.

뜬금없는 제안을 한 니나는 우리의 놀란 표정을 바라보며 웃었다. 니나는 호스피스에서 가장 경험 많은 간호사로, 축 처져 있던 환자들도 그녀의 손만 거치면 기운을 차렸다. 니나가 병실에 들어서면, 신기하게도 세상이 더 평온하고 안전한 장소로 변하는 것 같았다.

"아무래도 니나가 뭘 좀 알아낸 것 같네요." 호스피스에서 중추 기능을 담당하는 수간호사 로리가 니나의 의견에 동조했다.

매주 열리는 다학제 팀 회의에서는 의사, 간호사, 물리 치료사, 작업 치료사, 사제, 사회 복지사 등 각 분야 전문가들이 환자의 니즈를 채워 주고자 심도 깊은 논의를 진행했다. 이런 회의는 흔히 의료 전문가들, 특히 의사들이 팀워크에 대해 입에 발린 말을 하고 별 성과 없이 끝나지만, 여기서는 진짜 회의다운 회의가 진행되었다. 오늘은 다발성 골절을 일으킨 공격적 암 때문에 무척 힘들어하는 80대 환자를 돕고자 참석자 모두 한마음으로 고심했다.

플로렌스는 상태가 너무 나빠서 골절 수술을 견딜 기운이 없었다. 그래서 골절된 뼈끼리 부딪히며 유발되는 통증을 고스란히 견뎌야 했다. 움직이면 통증이 엄습할까 봐 플로렌스는 침대에 뻣뻣하게 누워만 있었다. 하지만 양피지에 말린 해골처럼 삐쩍 마른 탓에 간호사들이 몇 시간마다 찾아가 자세를 바꿔 줘야 했다. 그들이 아무리 조심스럽게 움직이더라도, 모르핀을 아무리 많이 주사하더라도, 플로렌스의 극심한 공포심을 가라앉혀 줄 수는 없었다.

니나는 환자의 아픔을 덜어 줄 참신한 방법을 곧잘 고안해 냈다. 엔토녹스는 고통을 억제할 뿐만 아니라 그 고통에 더 이상 신경 쓰지 않게 만들어 출산을 돕는다. 요정의 마법 가루나 예거밤 폭탄주처럼 효과가 빠르고 강력해서 근심 걱정을 금세 잊게 해 준다. 플로렌스의 예견된 공포심을 잠재울 방법이 있다면, 바로 엔토녹스일 것이다.

"오늘 밤에 시도해 보려고요." 니나가 선언했다. "플로렌스는 음악을 좋아해요. 그래서 조촐하게 엔토녹스 파티를 열어 볼까 합니다."

나는 웃음이 절로 나왔다. 파티를 열지 못할 이유가 없었다. 호스피스로 옮긴 후 처음 참석한 다학제 팀 회의였는데, 의료계의 서부 개척 시대를 보는 것 같았다. 해가 진 뒤에 웃음 가스와 모르핀으로 파티를 연다고? 통증 관리에 대한 교과서적 접근과는 확실히 거리가 있었다. 하지만 니나의 논리는 흠잡을 데가 없었다. 신경 생물학적 연구에 따르면, 통증에 대한 우리의 인식은 그 통증이 발생한 상황에 크게 의존하며 부상 정도와는 크게 상관이 없었다. 일례로, 전쟁터의 군인들은 뼈가 부러지는 중상에도 찌릿한 아픔만 느꼈다고 보고한다. 통증에만 온 신경을 집중하면 실제보다 더 아프게 느끼듯이, 신경을 분산하는 것은 환자의 통증을 완화하는 데 대단히 효과적일 수 있다. 실제로 심각한 화상을 입은 환자가 치료받는 동안 가상 현실 게임에 참여하면 통증을 거의 느끼지 않았다.

니나는 도시 전체를 밝힐 만큼 환한 미소를 지녔다. 가상 현실은 니나에 비하면 아무것도 아니었다. 나는 니나가 이 문제를 잘 해결하리라 믿고 퇴근했다. 다음 날 아침, 결과가 궁금해서 서둘러 니나를 찾아갔다.

"니나, 어제 어떻게 됐어요? 플로렌스에게 효과가 있었어요?"

"효과가 있었냐고요? 끝내줬죠! 우린 글로리아 게이너의 음악을 틀어 놓고 목이 터져라 불렀어요. 엔토녹스는 정말 기적의 가스예요. 플로렌스는 우리가 몸을 움직이는 줄도 모르더라고요. 효과 만점이었어요."

"오, 정말 다행이에요. 니나, 당신은 진짜 대단해요. 내가 죽을 때 옆을 지켜 줄 사람을 딱 한 사람만 꼽으라면, 난 주저 없이 당신을 꼽을 거예요."

니나는 내 말에 깔깔 웃더니, 여느 때처럼 콧노래를 흥얼거리며 환자를 만나러 갔다. 정말이지 혼자서 열 사람 몫을 거뜬히 해내는 사람이었다. 나중에 내가 병실로 직접 찾아가자, 플로렌스는 눈을 반짝이며 간밤의 일을 설명했다. 일시적이긴 하나 암으로 인한 통증과 공포심이 사라진 듯 보였다.

"디스코 음악에 취하다 보니 걱정하는 걸 깜빡했지 뭐야." 플로렌스가 멋쩍게 웃으며 말했다. "게다가 전보다 아프지도 않았어. 아마 다음에도 그렇게 아프지 않겠지."

플로렌스는 말을 마치고 나서 킥킥 웃었다. 세월을 한참 거슬러 올라가 그녀의 소녀 적 모습이 나온 듯했다. 그 순간, 니나가 회복시킨 것이 어쩌면 병원에서 지내는 데 가장 중요한 자질일지 모른다는 생각이 들었다. 니나는 환자에게 희망을 되찾아 주었다.

무엇이 소중한 시간을 허비하게 만드나

— 　　호스피스에서는 이런 식의 흐뭇한 활동이 수시로 벌어진다.

직원들이 블랙베리와 바나나를 으깨서 신선한 스무디를 만드는 모습을 보면, 환자를 생각하는 마음이 얼마나 큰지 느껴진다. 마사지사가 환자의 손바닥을 꾹꾹 누르거나 살살 주무르며 스트레스를 풀어 줄 때, 그의 손끝은 환자에게 '당신은 소중한 사람이에요, 당신은 이 세상 누구보다 소중한 사람이에요'라는 의미를 전한다.

하지만 고령 환자가 사랑하는 사람들에게 짐만 될 뿐 살아도 사는 게 아니라고 고백할 때면 마음이 무척 무겁다. 그들은 얼마 남지 않은 나날을 회의감에 젖어 무의미하게 허비한다. 하지만 그들이 토로하는 말은 결코 사실이 아니다. 오히려 그 반대다. 우리는 세상에 태어나 첫 숨을 들이마시는 순간부터 죽어 간다. 시간은 가차 없이 흘러간다. 우리가 살아가는 나날은 모두 헛되거나, 아니면 마지막 숨을 거둘 때까지 매 순간이 소중하다. 완화 의료 운동의 창시자인 데임 시슬리 손더스가 이런 말을 했다.

"당신은 당신이기 때문에 중요하며, 생이 끝나는 그 순간까지 중요합니다. 우리는 당신이 평온하게 생을 마치도록, 그리고 그때까지 의미 있는 삶을 살도록 최선을 다해 돕겠습니다."

플로렌스의 경우, 미래의 고통에 대한 두려움이 현재를 끔찍하게 짓눌렀다. 그런 두려움은 부분적으로 고통이 상징하는 것, 즉 죽음에서 비롯되었다고 본다. 심각한 통증만으로도 충분히 괴로운데, 그때마다 죽음의 경적이 울린다고 상상해 보라. 몸에서 자신의 소멸을 알리는 확성기가 쩌렁쩌렁 울린다고 상상해 보라. 마음속에서 고통과 죽음이 동의어라고 느낀다면, 고통에 대한 예견이 얼마나 끔찍하겠는가.

우리가 평소에 되뇌는 이야기는 파괴적 효력이 있다. 다른 어느 분야 보다 완화 의료에서 더 그럴 수 있다. 평생 한 번 겪는 죽음은 소멸하는 그 순간까지 절대로 직접 경험해 볼 수 없다. 익숙하지 않은 공간에선 두려움이 최악으로 치닫는다. 우리가 죽음이라고 부르는 상황은 결국 인간의 유한성이라는 물리적 사실과 인간의 무한한 상상력이 결합한 것에 지나지 않는다. 우리는 우리의 종말이 참을 수 없을 만큼 고통스 럽거나 초라하거나 외롭거나 불쾌할 거라고 상상한다. 그런데 말이 씨 가 된다고, 이러한 서술 자체가 그러한 결말을 짓도록 돕기 때문에 우 리의 암울한 상상을 과학 기술로 뒤집을 수가 없다. 플로렌스가 경험 한 것처럼, 삶이 끝나 갈 때 최악을 상상하면 그렇게 될 가능성이 커질 수 있다.

사실과 두려움과 상상과 생리가 복잡하게 뒤얽힌 현장에서 완화 의 료 의사는 과학과 주술을 동시에 활용해야 한다. 확고한 증거에 기반 을 둔 의학은 최신 약물과 뛰어난 진단 기술, 다양한 치료 옵션의 장단 점을 최대한 객관적으로 평가하기 때문에 두말할 필요도 없이 중요하 다. 하지만 그것만으로는 한계가 있다. 환자가 갖가지 증상뿐만 아니 라 자신의 소멸을 둘러싼 존재론적 고뇌에 직면했을 때, 의사는 상담 자와 교사, 부모와 성직자 역할까지 두루 수행해야 한다.

실체 없는 두려움은 내려놓고, 구체적인 희망을 만들어 가며

—   많은 사람이 두려워하는 것과 달리, 환자들은 대개 죽음을 맞

으려고 호스피스에 들어오지 않는다. 호스피스 업무 중 극히 일부분만 입원 환자의 병상 주변에서 이뤄진다. 대다수 업무는 데이 센터_{day center}와 커뮤니티 활동으로 채워진다. 흔히 질병의 초기 단계여서 호스피스에 오갈 수 있을 만큼 건강한 환자들은 수개월에서 수년 동안 데이 센터에서 다양한 활동에 참가한다. 또 호스피스 간호사들과 의사들은 환자가 머무르는 가정과 요양 시설, 병원의 다른 구역을 방문하여 환자와 그 가족, 비전문 의료 팀에게 갖가지 도움과 전문 기술을 제공한다. 극심한 통증과 구토, 호흡 곤란과 불안감 등 복합 증상으로 호스피스에 입원하더라도 중간에 상태가 좋아져서 퇴원하는 환자도 꽤 많다.

우리의 데이 센터는 활기가 넘친다. 미술 치료와 음악 치료 외에, 환자들은 시를 쓰고 수채화를 그리고 피아노를 치고 노래를 부른다. 그 과정에서 환자들끼리 친밀한 관계를 맺어 서로 격려하고 지원한다. 함께 식사하면서 즐겁게 웃고 떠든다. 한번은 부활절 일요일에 출근했더니 사무실에 초콜릿 바구니가 가득했다. 전날 데이 센터 환자들이 호스피스 직원들을 위해 정성껏 준비했다고 한다. 말기 진단은 사형 선고가 아니라 앞으로 수년간 펼쳐질 인생 과정의 새로운 시작이라는 생각이 다시금 들었다. 우리는 그 과정을 어쩔 수 없는 상실감과 슬픔뿐만 아니라 사랑과 희망, 나눔과 친절 같은 선한 자질로 채워 갈 수 있다. 다시 말해서, 숨이 붙어 있는 한 우리가 인간으로서 하던 일을 계속할 수 있다.

"죽음이 다가온다는 게 전혀 실감나지 않아." 한 환자가 내게 말했다. "난 아직 삶으로 충만하거든."

60대의 테레사는 여전히 밝고 총명했다. 자가 면역 질환 가운데 하나인 전신 경화증 진단을 받았지만 수년째 면역 억제제로 잘 버텨 냈다. 그런데 최근에 약물이 효과를 발휘하지 못하면서 신장과 폐가 제 기능을 하지 못했다. 테레사는 올해가 자신의 마지막 해가 될 거라 짐작했다. 그렇긴 해도 호스피스 직원이 전화로 데이 센터에 다니지 않겠냐고 물었을 때 무척 놀랐다. 한번 들어가면 다시는 나오지 못할 거라는 생각이 퍼뜩 스쳤기 때문이다.

"물론 점점 다가온다는 건 알아. 하지만 아직은 때가 아닌 것 같아. 가끔 이런 생각이 들긴 해. 난 도대체 어떤 상태일까? 여전히 살아가는 걸까, 아니면 이미 죽음의 길로 들어선 걸까?"

이도 저도 아닌 상태에서 몸이 점점 쇠약해지자, 테레사는 시험 삼아 데이 센터에 가 보기로 마음먹었다. 그리고 도착하자마자 음악 치료사의 권유로 펜을 집어 들었다.

"마지막으로 시를 쓰고 족히 50년은 흘렀을 거야. 학창 시절 영어 시간에 억지로 시를 쓴 뒤론 한 번도 안 써 봤거든."

그런데 펜을 집어 들자 시구가 샘물처럼 솟아났다. 테레사는 살아 숨 쉬는 모든 순간에서 영감을 받았다. 주방 밖의 잔디밭에서 울새가 벌레를 잡아먹는 모습을 볼 때도, 공놀이하던 손자와 함께 햇볕을 받으며 앉아 있다가도 시상이 떠올랐다. 자신의 삶이 시첩으로 고스란히 옮겨지는 것 같았다.

"내가 시간을 멈추려고 의식적으로 노력한다고 생각하진 않아. 그저 이 모든 게 너무 좋을 뿐이야." 테레사가 애잔하게 웃으며 말했다. "전에는 그냥 흘려보냈을 법한 순간을 마음에 담았더니, 그게 내 안에서 차고 넘치는 것 같아. 모든 것들이 내게 글을 쓰도록 자극한다니까."

테레사는 운명론적 절망에 굴복한 게 아니라 오히려 단축된 기대 수명에서 힘을 얻는 것 같았다. 죽음이 촉매제가 됐느냐고 묻자 테레사는 이렇게 대답했다.

"난 그냥 살아 있다는 순수한 즐거움에 감사하며 맘껏 누린다고 생각해. 우린 세상이 얼마나 멋진 곳인지 잊고 살잖아, 그렇지 않아?"

그날 늦게, 나는 시간의 무상함과 생명이 있는 것들의 아름다움과 우리의 죽을 운명에 대해 곰곰 생각했다. 그리고 죽음의 별에서 내게 살아가는 방법을 보여 준 사람들을 상대로 일할 수 있어서 참으로 감사했다.

9 내일 죽더라도
오늘은 브리지 게임을!

나는 계속 나아갈 수 없어,
그래도 계속 나아갈 거야.

– 사뮈엘 베케트, 《이름 붙일 수 없는 자》

"환자분 도착하면 바로 알려 주세요."

사이먼에 대한 이야기를 전해 듣자마자 니나에게 말했다. 사이먼은
죽음이 임박한 상태에서 앰뷸런스에 실려 병원으로 오고 있었다. 갑상
선암을 앓고 있는 그는 숨을 제대로 쉬지 못해 집에서도 이미 산소 치
료가 필요한 상태였는데, 오늘 아침부터 호흡이 급격히 나빠져 질식할
가능성이 있다고 했다.

사이먼은 불과 몇 달 전에 은퇴한 60대 전직 경찰이었다. 마침내 한적한 곳에서 신선한 공기를 마시며 여유롭게 지낼 수 있게 되었다. 그런데 얼마 지나지 않아 목에 뭔가가 만져졌다. 통증이 없어서 최근에 걸렸던 코감기 때문이겠거니 하며 대수롭지 않게 넘겼다. 그런데 감기와 달리 혹은 가라앉지 않았다. 아니, 불안하게도 점점 더 커졌다. 사이먼은 매일 아침 10킬로미터씩 달리며 체력을 유지했기 때문에 건강에는 자신이 있었다. 그래서 걱정보다는 호기심에 지역 보건의를 찾아갔다. 그러나 예상과 달리 소견서가 신속하게 발급되었고, 암 경로에 대한 진단 검사가 2주 만에 진행되었다. 그만큼 지역 보건의의 우려가 컸던 것이다. 전원에서 한가하게 지내려던 사이먼의 계획은 완전히 틀어졌다. 정밀 초음파 검사는 곧 조직 검사로 이어졌다. 조직 검사는 곧 수술이 불가능한 단계라는 전문의의 청천벽력 같은 선고로 이어졌다. 사이먼은 의자에 못 박힌 듯 앉아 있었다. '암'이라는 단어 외엔 한마디도 알아듣지 못했다.

막다른 골목에 다다랐다고 느낄 때

— 사이먼의 얼굴을 보러 가는 길에 그의 목소리가 들려왔다. 종양 때문에 심하게 눌린 기도를 통해 어떻게든 공기를 빨아들이려는 소리였다. 천명喘鳴. 공기가 좁아진 기도를 지날 때 나는 거친 숨소리였다. 한번 들으면 절대 잊히지 않는다. 천명 소리를 내는 환자는 갈 곳이 없다. 기도 폐쇄가 더 심해지면 숨이 막혀 죽을 것이다.

병실에 들어서자 사이먼이 꼿꼿이 앉아 있었다. 눈은 사방으로 돌아가고 셔츠는 풀어 헤쳐진 상태였으며, 자기 목숨이 걸린 것처럼 침대를 꽉 붙들고 있었다. 사이먼은 몸속 깊은 곳에서, 척수 끝에서 차 올라오는 두려움에 떨고 있었다. 옆에서 30대 여성이 부스스한 얼굴로 그를 달랬다.

"괜찮아요, 아빠. 보세요, 보세요. 의사가 왔어요. 이젠 다 괜찮을 거예요."

사이먼은 숨을 크게 들이마시며 나를 쳐다봤다. 이마엔 굵은 땀방울이 맺혀 있었다. 이렇게 힘겹게 호흡을 계속할 수는 없었다. 그런데 다시 살펴보니, 그의 산소 포화도가 아주 위험한 수준은 아니어서, 마스크가 아닌 코에 꽂은 작은 튜브로도 충분한 산소를 공급받을 수 있었다. 즉 겁에 질리긴 했지만, 아직 호흡 부전 상태는 아니었다.

응급실에 실려 올 정도라면, 의료진은 사이먼이 도착하자마자 심폐소생술을 실시하려고 수술복으로 갈아입히고 캐뉼러를 삽입하고 모니터에 연결했을 것이다. 하지만 나는 도박을 해 보기로 했다. 어차피 곧 죽을 상태라면, 어떤 조치로도 막을 수 없을 것이다. 하지만 내 판단대로 공포심 때문에 기도 폐쇄가 악화되었다면, 도와줄 방법이 있었다.

나는 사이먼의 딸인 소피에게서 그가 며칠 전 갑상선 방사선 치료를 받았다는 사실을 알아냈다. 종양 전문의가 종양이 줄어들면 손자의 여섯 번째 생일까진 버틸 수 있지 않겠냐고 권했기 때문이다. 거창한 희망은 아니었지만, 사이먼에겐 의미가 있었다. 내가 말했다.

"사이먼, 지금보다 좀 더 쉽게 호흡할 수 있도록 우리가 도와줄 수 있어요. 일단 당신의 상태부터 신속하게 파악하고 몇 가지 처치를 시행하고 싶습니다. 그 뒤에 차분하게 이야기하고 싶은데, 괜찮겠어요?"

사이먼이 말없이 고개를 끄덕였다. 공기를 폐로 끌어들이고자 목과 가슴의 힘줄이 안간힘을 쓰고 있었다. 나는 신속하게 움직였다. 사이먼의 목 부종을 가라앉혀 주길 바라며 다량의 스테로이드를 주사했다. 다음으로, 공포심을 덜어 줄 요량으로 약효가 빠른 진정제를 소량 주사했다.

"자, 그럼 이제 앞으로 벌어질 거라고 생각되는 일을 설명해도 될까요?" 나는 진정제가 효력을 발휘할 시간을 벌기 위해 천천히 말했다.

"해 보쇼." 사이먼이 또렷한 목소리로 말했다. 소리 내어 말할 수 있게 되자 나온 첫마디였다. 나는 믿음과 신뢰를 얻을 수 있기를 기대하며 차분하게 이야기를 시작했다.

"현 상황에서 두 가지 문제가 있어요. 첫째, 종양이 기관氣管을 누르고 있어요. 둘째, 방사선 치료로 목의 조직이 손상되어 부어올랐어요. 흔히 예견할 수 있는 문제라서 적절히 대응할 수 있어요. 방사선 치료 후엔 며칠간 호흡하기 힘들지만, 일주일 정도 지나면 좋아져요. 스테로이드가 붓기를 가라앉히는 데 도움이 될 거예요."

사이먼의 눈은 나를 주시한 채 전혀 움직이지 않았다. 숨이 막혀 헐떡이던 증상도 점점 줄어들었다.

"지금은 좀 어때요? 주사가 도움이 좀 됐나요?"

"글쎄, 아까만큼 나쁘진 않군." 사이먼이 반신반의한 목소리로 대답했다. 내 눈길 끝에서 소피가 아버지의 시야에서 살짝 벗어나 우는 모습이 들어왔다.

"사이먼, 지금 뭘 좀 시도해 보고 싶은데요. 산소를 약간 줄여도 될 것 같아요. 지금 100퍼센트 포화도를 유지하고 있는데, 그렇게 많이 필요할 것 같지 않거든요."

사이먼은 꺼림칙해하면서도 그렇게 하도록 허용했다. 그리고 몇 년 전 아내와 사별한 뒤부터 혼자 지낸다는 이야기를 털어놨다.

"여러 일이 한꺼번에 터져서 내가 도통 경황이 없소. 소피마저 없었다면 난 버티지 못했을 거요. 소피는 티미를 돌봐야 하는데 나까지 이러니, 원."

"바보 같은 소리 말아요, 아빠." 소피가 거의 화난 목소리로 끼어들었다. "아빠를 돌보는 건 하나도 힘들지 않아요. 우린 아빠랑 함께 지내서 정말 좋아요. 특히 티미는…."

사이먼은 딸과 눈을 마주치지 못했다. 땀으로 축축한 가슴은 근육으로 불룩했고, 평생 활발한 활동으로 다져진 몸통은 아직 암의 영향을 받지 않았다. 팔뚝엔 위로 올라가는 형태의 호랑이가 그려져 있고, 어깨에는 'Love'라는 글씨가 새겨져 있었다. 딸 앞에서 이렇게 연약한 모습을 보이는 게 얼마나 괴로울지 짐작하기 어려웠다.

나는 이미 10분 전에 산소 수치를 최대한 낮춰 놓았다.

"사이먼, 정말 조짐이 좋은데요. 방금 말하면서 한 번도 쉬지 않았잖아요. 10분 전에 산소를 낮출 만큼 낮췄는데도 멀쩡하잖아요. 이참에 아예 떼는 건 어떨까요?"

"허, 참 간교한 사람이로군." 사이먼이 웃을 듯 말 듯 하면서 말했다.

내가 씩 웃으며 대답했다. "네, 그야말로 사악하죠. 우리 의사들은."

거리감이 살짝 좁혀진 틈을 타서 나는 앞날에 대한 이야기를 조심스럽게 꺼냈다. 그런데 사이먼이 돌연 내 말을 막았다.

"이봐. 난 멍청이가 아니야. 나한테 무슨 앞날이 있다고? 아, 그래, 당신들 속셈이 뭔지 알았어."

"아빠." 소피가 울면서 애원했다. "이분은 아빠를 도우려는 거잖아요. 선생님에게 소리치지 말아요."

의료 현장에서는 외과의가 처음으로 메스를 들 때처럼 말을 신중하게 해야 할 때가 있다. 적절한 말은 의사와 환자 간에 신뢰를 다져 주지만, 잘못 던져진 말은 안 그래도 약한 신뢰를 무너뜨릴 수 있다. 암 선고를 받은 지 한 달도 안 된 이 건장한 사내는 자신의 미래와 힘과 용기를 송두리째 빼앗겼다. 설상가상으로, 오늘은 자신이 곧 죽고 말 거라는 생각에 평정심을 잃고 벌벌 떠는 모습을 딸에게 보이고 말았다.

지금부터 내뱉는 말이 굉장히 중요했다. 기도가 막힌 상태에서 호흡하는 것보다 더 두려운 일은 별로 없다. 평생의 논리와 사랑, 신념과 이성 등 사람이 지닌 모든 정신적 힘은 공기에 대한 필사적 갈망 앞에서 힘없이 무너진다. 이때는 산소만, 오로지 산소만 중요하다. 다른 건 안중에도 없다. 사이먼은 생사의 갈림길에서 사투를 벌였다. 인간의 모든 본능 중에서 가장 강력하고 절박한 본능이었다. 대화를 이어 가려면 그에게 통제권을 쥐어 줄 필요가 있었다.

"사이먼, 당신은 모든 사항을 터놓고 얘기하는 걸 좋아하는 사람인가요, 아니면 앞날을 추측하지 않고 그저 하루하루 대응하는 걸 선호하는 사람인가요?"

"난 곧 죽을 걸 알고 있소. 지금 상황에서 당신이 나한테 해 줄 말이 뭐가 있소?"

"네, 사람들은 흔히 이곳에 도착하면 다시는 못 나갈 거라고 추정하죠. 하지만 우리 환자들 중 절반 정도는 이곳에서 눈을 감지 않아요. 우리가 증상을 완화해 주면 다시 집으로 돌아가요. 이곳으로 오는 편도 승차권만 있는 게 아니에요."

사이먼이 눈을 깜빡거렸다. 한동안 아무도 입을 열지 않았다. 그의 목에서 나는 거친 숨소리만 대기를 흔들었다. 한참 만에 입을 연 사람은 소피였다.

"난 그런 줄 몰랐어요, 아빠. 아빠는요?"

침묵.

내 직감으로, 사이먼은 호스피스에서 나가지 못할 거라는 두려움뿐만 아니라 금방 죽을 거라는 확신도 품었던 것 같다. 그에게 다가가려면 이 점을 정면으로 부딪쳐야 했다.

"그동안 일하면서 매번 느꼈던 건데, 환자들은 속으로만 끙끙 앓을 뿐 좀체 물어보지 않는 게 있어요. 자신이 죽을 때 실제로 어떤 모습일까, 라는 거예요. 혹시 이 문제에 대해서 얘기하고 싶지 않으세요?"

소피의 얼굴이 순식간에 일그러졌다. 어떤 의사도 건드리면 안 되는 문제를 내가 건드린 듯한 얼굴이었다. 그런데 사이먼의 얼굴은 의외로 평온했다. 오히려 안도하는 것 같았다.

"계속하쇼." 사이먼은 속내를 드러내지 않고 무뚝뚝하게 말했다.

"네, 혹시라도 너무 나간다 싶으면 언제든 얘기하세요."

나는 소피를 힐끔 쳐다봤다. 사이먼은 딸이 같이 들어도 좋다는 듯 고개를 끄덕였다.

"그러니까… 암이나 여타 불치병을 앓는 사람들은 삶의 종착점을 향해 갈 때 거의 매번 같은 패턴을 보입니다. 질병 자체는 다르더라도 마지막은 놀라울 만큼 유사해요. 많은 환자들이 제일 먼저 기력이 떨어진다고 말해요. 평소 손쉽게 해내던 일이 육체적으로나 정신적으로 힘에 부치기 시작하죠. 당신도 이 점을 이미 의식했을 거라고 보는데, 맞나요?"

사이먼의 눈빛이 애처롭게 빛났다.

"말해 뭐하겠소. 얼마 전까지 마라톤을 했던 사람인데 이젠 계단만 올라가도 힘에 부친다니까."

"기력은 점점 더 떨어질 거예요. 조금 더 지나면 낮잠을 한두 번 자야 할 거예요. 그러다 깨어 있는 시간보다 자는 시간이 점점 더 길어질 거고요. 막 고통스럽거나 힘들진 않아요. 다만 좌절감이 밀려들죠. 그래서 환자들은 미리 계획을 세워서 체력을 아꼈다가 정말 중요한 일을 하는 데 쓰기도 해요."

"나한텐 티미를 만나는 게 제일 중요하오." 사이먼이 끼어들었다. "미리 잠을 자 둘 수 있게 티미가 언제 오는지 알아 둬야겠군."

"난 그런 줄 몰랐어요, 아빠." 소피가 말했다.

"그래, 난 티미한테 최선을 다하고 싶단다. 그 애와 보내는 시간을 단 1초도 잃고 싶지 않구나."

소피가 내 쪽으로 몸을 돌렸다.

"티미는 아빠랑 같이 안 살아요. 티미가 두 살 때 우리 곁을 떠났거든요. 크리스마스와 생일에만 얼굴을 비치죠. 티미에겐 할아버지가 아빠나 다름없어요."

"그렇군요."

내 짐작보다 더 복잡하고 묵직한 상실의 아픔이 예견되는 것 같았다. 사이먼은 산소를 더 요구하지 않고도 30분째 차분하게 호흡하고 있었다. 나는 그 점에 힘을 얻어 다시 이야기를 계속했다.

"대개는 막판에 무슨 드라마틱한 변화가 있지는 않아요. 졸린 증상이 계속 이어지죠. 어떤 환자는 거의 하루 종일 잠만 자기도 해요. 배가 고프지도 않고 입맛도 없고요. 갈증도 거의 안 느껴요. 그러다 어느 순간부터 자는 게 아니라 의식이 점점 없어지게 돼요. 본인은 알아차리지도 못해요. 뇌도 점점 반응하지 않게 되죠. 때로는 이런 과정이 육체가 정신을 보호하는 방법이 아닌가 싶기도 해요. 두려워하지 않도록 아무것도 의식하지 못하게 하는 거죠."

나는 사이먼의 반응을 살피려고 잠시 멈췄다. 하지만 그의 표정에선 아무런 반응도 읽을 수 없었다. 그가 경찰이었을 때 어느 분야에서 활동했든 속내를 숨기는 데 탁월했을 거라는 생각이 들었다.

"계속해도 될까요?" 내가 물었다.

사이먼이 그야말로 형식적으로 고개를 끄덕였다.

"당신이 오늘 겪은 일은 내가 방금 설명한 내용과 전혀 다르다고 생각할 수도 있어요. 숨이 막혀 죽을 것 같았잖아요. 그게 얼마나 끔찍할지 나로선 상상하기도 힘들지만, 한 가지는 확실히 약속할 수 있어요. 다시는 그런 일을 겪지 않도록 해 드릴게요. 호흡 문제를 완전히 고칠 순 없다 하더라도 어떻게든 완화할 수는 있어요. 그리고 효과가 굉장히 빠른 약물로 극도의 공포감을 없애 줄 수도 있고요. 조금 전에 복용한 미다졸람은 약효가 워낙 좋아서 불안감으로 벽을 기던 사람도 금세 여유를 찾을 수 있어요. 그렇다고 용량을 많이 투여하지도 않아요. 방금도 극소량만 투여했어요. 앞으론 아까 같은 공포심은 느끼지 않을 거예요. 당신에게 무슨 일이 생기면 우리가 바로 달려올 거예요."

사이먼과 소피 둘 다 소리 없이 눈물을 흘렸다. 바깥은 이미 어두워져 있었다. 우리는 사이먼의 병상 바로 위에 있는 조절식 전등에 의지한 채 앉아 있었다. 아버지와 딸과 의사가 어둠 속에서 죽음의 그림자를 가만히 응시하고 있었다. 처음으로 그 형태와 방식과 시기를 각자의 방식으로 가늠하고 있었다. 방금 전까지 발끈했던 사이먼의 적대감은 온데간데없었다.

"시간이 얼마나 남았다고 생각하오?" 사이먼이 내게 직접적으로 물었다.

"당신이 오늘 당장 죽을 거라고 판단할 근거는 하나도 없어요, 사이먼. 기도가 막혀서 죽을 거라고 판단할 근거도 물론 없고요. 앞서 설명한 대로, 시간이 지나면 점점 더 졸릴 거예요. 방사선 치료로 상태가 잠시 나빠지긴 했지만, 점점 호전될 거라 봐요. 스테로이드가 몸 구석구석 퍼지면서 며칠 내로 부기가 가라앉을 거예요. 그 뒤엔 일이 잘 풀려서 방사선 치료의 효과로 종양이 줄어들었는지 확인할 거예요. 그렇긴 해도 시간이 많지는 않을 거라고 봐요. 몇 달까지는 안 되고 몇 주 정도. 어쩌면 아주 짧은 몇 주일 수도 있어요. 하지만 한동안 집에 돌아가서 머물 수도 있어요. 당신이 그러길 원한다면 말이에요. 이곳에 머무는 게 더 안전하다고 생각하면 그렇게 해도 아무 문제 없고요. 우린 그저 당신 뜻대로 따를게요. 일단 며칠 지내면서 생각해 봐요. 서두를 건 없어요. 일이 어떻게 흘러가는지 보자고요."

사이먼은 한동안 말이 없었다. 무거운 침묵이었지만 팽팽한 긴장감이 흐르진 않았다. 한참 만에 사이먼이 고개를 들어 나를 보면서 슬며시 웃었다.

"알았소, 그렇게 하도록 하겠소. 어쩌면 내가 우리 꼬맹이 생일날까지 버틸 수 있을지도 모르지. 고맙소, 레이첼. 진심이오."

나는 불쑥 올라오는 감정에 잠시 평정심을 잃을 뻔했지만, 꾹 눌렀다. 그 앞에선 차마 내색하지 못하고 집에 가서야 내 마음을 돌아봤다. 죽어 가는 남자가 자신의 최후를 목격했다. 최악의 형태인 숨 막혀 죽는 모습을 전부 다 보고 말았다. 그런데 최후의 심판이 닥친 순간에, 마지막 불꽃이 꺼지는 순간에, 기를 쓰고 바라본 것은 자신이 사랑하는 사람들이었다. 죽음 앞에서 벌벌 떨면서도 어떻게 그런 힘을 발휘할 수 있을까.

그날 밤 나는 혼자서 눈물을 흘렸다. 상실의 아픔 때문이 아니었다. 바로 인간의 본성 때문이었다. 두려움에 떨면서도 불굴의 의지를 발휘하는 우리 인간이 나를 늘 감동시켰다. 사람들은 흔히 호스피스 업무가 무척 힘들고 우울하지 않느냐고 묻는다. 나는 그와 정반대라고 대답한다. 호스피스에는 용기와 연민과 사랑하는 마음 등 인간 본성의 선한 자질이 가장 정제된 형태로 존재한다. 나는 최악의 상황에 직면했을 때 최고의 모습을 선보이는 사람들을 수시로 목격한다. 내 주변엔 자신의 최고 경지에 다다른 사람들로 가득하다. 〈햄릿〉의 주인공 햄릿은 냉소에 찬 목소리로 외쳤는지 모르지만, 나는 경외하는 마음으로 속삭인다.

"인간은 참으로 위대한 작품이야."

삶은 마지막까지 예상대로 흘러가지 않는다

―   우리는 아주 어렸을 때부터 죽음을 겁내고 피하도록 배운다. 애완용 기니피그가 죽어서 아이들이 엉엉 울면, 부모는 어떻게든 달래려고 온갖 거짓말로 둘러댄다.

"괜찮아, 애들아. 녀석은 하늘로 올라갔어. 그래, 거기서도 비트를 먹으면서 잘 살 거야. 비트는 녀석이 제일 좋아하는 거잖니?"

그런데 우리 집에선 가엾은 생쥐를 둘러싼 비극적 사건에 듣기 좋은 거짓말 따윈 없었다. 우리는 녀석의 이름을 애니메이션 주인공과 똑같은 '스피디 곤잘레스'라고 지었다. 생쥐 한 마리와 개구쟁이 아이들 세 명 사이에서 벌어지는 시끌벅적한 난동 중에도 죽음에 대한 직설적인 표현이 오갔다. 우선, 스피디의 레이스는 참혹할 정도로 빨리 끝났다. 서로 갖고 놀겠다고 다투던 중 언니가 실수로 스피디를 바닥에 떨어뜨렸기 때문이다. 다음으로, 아빠가 힐끔 보더니 응급 처치를 위해 녀석의 부러진 몸뚱이를 질질 끌고 갔다.

"뭐 하려는 건데요?" 내가 속삭였다.

"허리가 부러졌단다, 레이첼. 녀석은 지금 클로로포름이 필요해."

아빠가 위층 욕실에서 설치류 안락사를 은밀하게 수행하는 동안, 우리는 밖에 나가 사과나무 아래에다 스피디가 들어갈 만한 크기의 구멍을 팠다. 엄마는 주방에서 빈 성냥갑을 찾아내 솜을 깔았다. 아늑함 측면에서 보자면 완벽한 관이었다. 그런데 스피디를 매장할 준비가 다 끝났을 무렵, 생화학 법칙이 우리의 발목을 잡았다. 사후 경직으로 녀석의 몸이 돌처럼 단단해진 것이다. 아무리 욱여넣으려 해도 관이 너무 작았다. 우리가 겁에 질려 쳐다보는 와중에 아빠가 뻣뻣한 생쥐를 도화지에 둘둘 말면서 낮은 목소리로 투덜거렸다.

"이 망할 놈의 것을 도저히 집어넣을 수가 없군."

"아빠!" 우리는 아빠의 불경한 말에 분개했다.

"마크!" 엄마 역시 못마땅하게 소리쳤다.

"생쥐 한 마리 죽었다고 이 무슨 난리야." 아빠도 응수했다.

우리는 잠자리에 들 때까지 정원에서 장례 놀이를 했다. 스피디의 무덤 둘레에 사과꽃을 뿌리고, 나뭇가지로 십자가상을 만든 다음 사인펜으로 하트를 그려 넣고 무덤 가운데 꽂았다. 〈타잔〉 영화의 한 장면처럼 재미있었다. 우리는 애완 생쥐가 다음엔 햄스터로 격상되길 은근히 바라면서 추도사까지 낭독하며 떠들썩한 장례식을 치렀다.

모두 괜찮을 거라고 거짓으로 달래고 싶은 유혹은 놀이방에서뿐만 아니라 병동에서도 뿌리치기 어렵다. 어떤 의사가 말로 환자의 두려움을 없애 주고 싶지 않겠는가. 모호한 약속과 마법 같은 생각으로 환자의 비통함을 뒤로 미뤄 주고 싶지 않겠는가. 나 역시 완화 의료의 손길이 닿으면 죽을 때 아무도 괴로워하지 않는다고 주장하고 싶다. 하지만 그런 주장은 거짓말을 퍼뜨리는 것이다. 불치병으로 고생하는 동안 인간다운 기능과 형태와 독립성과 자제력을 잃는 과정은 참으로 괴로우며, 의사들이 어떻게 손써 줄 수 없다. 하지만 지금까지 수많은 환자를 돌봤던 경험을 바탕으로 한 가지는 자신 있게 주장할 수 있다. 호스피스에선, 죽는 방식을 둘러싼 사람들의 두려움이 실제로 들어맞은 경우는 거의 없다.

사이먼의 예만 봐도 그렇다. 질식사만큼 두려운 형태의 죽음은 드물다. 우리는 기도 폐색의 위험이 있는 사람을 호스피스로 데려오려고 여분의 침대를 펼쳐 놓고 온갖 준비를 한다. 일단 이곳에 오면, 사이먼처럼 절박한 증상이 있더라도 갖가지 약물로 거의 모든 상황에 대처할 수 있다.

사이먼이 도착하고 다음 날 아침, 나는 회진 중에 그를 보러 갔다. 그런데 병실에 들어서기도 전에 그의 상태가 좋아졌음을 알았다. 천명, 즉 한번 들으면 결코 잊히지 않는 거친 숨소리가 전혀 들리지 않았다. 병실에 들어서자 사이먼은 아침 식사로 시리얼을 먹고 있었다.

"아, 안녕하세요?" 내가 웃으며 다가가자 사이먼이 수저를 내려놨다. "이런 모습을 보리라곤 기대하지 못했는데, 오늘은 기분이 어때요?"

"솔직히 말하면, 새 사람으로 거듭난 기분이오. 스테로이드가 제 몫을 해내고 있나 보오."

정말로 그랬다. 목의 부기가 가라앉으면서 사이먼의 기도가 원래대로 돌아왔다.

"어제 당신이 했던 말을 곰곰 생각해 봤소." 사이먼이 내게 말했다. "좀 괜찮아지면 잠시 집에서 지내고 싶소. 하지만 나중에 상황이 나빠지면 다시 오겠소. 여기 있으면 안심이 되니까. 여기서 보살핌을 잘 받을 걸 알고 있소."

그 뒤로 며칠 동안 사이먼은 숨 쉬는 어려움에서 벗어난 덕에 가끔 호스피스 정원에 나와 햇살을 즐겼다. 하루는 그의 병실에 들어갔더니 더벅머리 악당 하나가 그의 품에 안겨 초콜릿을 쩝쩝대고 있었다. 악당의 엄마인 소피는 한쪽에 조용히 앉아 있었다.

"할아버진 이제 나랑 예전처럼 놀아 줄 수 없어." 티미가 나와 인사를 나눈 뒤에 말했다. "왜냐하면 너무 아프거든."

"그렇구나. 하지만 할아버진 여전히 너를 따뜻하게 안아 줄 수 있잖아, 그렇지?"

티미는 할아버지를 마주 보려고 몸을 꼼지락거렸다. 반은 킬킬거리면서, 반은 멋쩍게 웃으면서 할아버지의 품으로 파고들었다.

"그야 물론이지." 무릎에 앉아 꿈틀거리는 손자에게 사이먼이 말했다. "네가 방심하면 간지럼도 최고로 잘 태우지."

사실대로 말하자면, 사이먼은 집에서 지내고 싶다는 소망을 이루지 못했다. 스테로이드는 호흡을 개선하는 데 놀라운 효과가 있었지만, 일주일 정도 지나자 사이먼이 지치기 시작했다. 그의 암은 진행 속도가 유난히 빨라서 그를 순식간에 제압해 버렸다.

"아버지가 티미의 생일까지 버틸 수 있을까요?" 소피가 복도에서 내게 물었다.

"솔직히 그럴 것 같지 않아요."

나는 솔직하게 대답했다. 티미의 여섯 번째 생일은 일주일 후였는데, 사이먼의 상태는 하루가 다르게 악화되었다.

"좋은 생각이 있어요. 올해만 티미의 생일을 좀 앞당기면 어떨까요?"

며칠 뒤, 사이먼의 병실 문밖에 '티미의 생일 파티'라고 쓴 종이와 풍선이 걸렸다. 그걸 본 티미는 좋아서 비명을 지르며 할아버지 품으로 뛰어들었다. 선물 포장을 마구 뜯는 바람에 종이가 사방으로 날렸다. 가족과 친구들은 병상 주변에서 와인을 마시며 이야기를 나눴다. 광선검, 곰 인형, 버즈 라이트이어 캐릭터를 본뜬 생일 케이크, 생일 축하 노래, 왁자한 웃음소리의 중심에는 초췌한 남자가 있었다. 고통을 참느라 어금니는 앙다물었지만 눈빛은 그 어느 때보다 환하게 빛났다.

다음 날 아침, 사이먼은 의식이 없었다. 그렇게 이틀을 보내고 딸이 지켜보는 가운데 숨을 거뒀다. 결국 공포심도, 숨을 쉬기 위한 헐떡임도 없이 차가운 모래를 남기고 물러나는 썰물처럼 조용히 떠나갔다.

내일 죽더라도 오늘은 브리지 게임을!

— 　　환자들은 으레 열린 마음으로 호스피스에 도착하지 않는다. 사이먼의 경우처럼, 대체로 자기에게 벌어질 일에 대한 각본을 미리 짜서 들어온다. 그들의 각본은 십중팔구 고통과 괴로움에 시달리고 타

인에게 전적으로 의존해야 한다는 식으로 구성된다. 어떤 환자는 호스피스 병상이 차갑고 축축한 무덤인 양 움찔 물러난다. 가족과 친구들도 괴로워하긴 마찬가지이다. 그들은 우리가 모르핀을 사용해서 사랑하는 사람의 죽음을 재촉할까 봐 걱정한다. 특히 휴대용 의약품 투입 펌프를 꺼내면 안락사 도구로 오해해서 화들짝 놀란다. 둘 다 사실이 아니다. 그런 행위는 범죄이다. 그런데 이러한 의심을 터놓고 말하지 않으니, 우리가 먼저 해명하기도 곤란하다.

그래서 나는 새로운 환자가 들어오면 이 모든 것을 전제로 깔고서 만난다. 이러한 서술이 전부 적용될 수도 있고, 전혀 적용되지 않을 수도 있다. 나는 환자들이 고민을 터놓고 말해 주길 바라며, 그들이 걱정을 토로할 때까지 인내하고 배려하고 주의하고 기다린다. 우리가 직면한 가장 큰 도전은 복잡한 증상을 관리하는 게 아니라 자신의 각본을 다시 쓸 수 있다는 믿음을 환자에게 심어 주는 것이다.

어떤 경우에는 그 각본이 놀라울 정도로 치밀하다. 도로시는 월요일에 호스피스로 이송되자마자 대뜸 이렇게 말했다.

"나한테 시간을 허비할 필요 없어. 난 어차피 목요일에 죽을 거니까."

"무엇 때문에 그렇게 생각하세요?" 내가 진짜로 궁금해서 물었다.

도로시는 교사가 학급에서 가장 덜떨어진 아이를 쳐다보듯 나를 한참이나 쳐다봤다. 그러더니 확신에 찬 목소리로 설명했다.

"에드워드 선생님이, 아 당신도 에드워드 선생님이 어떤 분인지 알지? 외과 병동에서 최고로 알아주는 전문의잖아. 그분이 당신한테 연락했을 텐데. 아무튼 그분 말씀은, 내 장腸이 제 기능을 멈췄기 때문에 내가 엿새 뒤에 죽을 거랬어. 그 얘길 금요일에 했으니까, 앞으로 사흘 남았군."

나는 도로시 이야기의 자초지종을 알고 있었다. 도로시는 급성 장폐색으로 응급실에 들어왔는데, 발병 원인이 분명하지 않았다. 하지만 아흔여섯이라는 나이를 고려하면 어차피 손쓰기 어려운 상태였다. 결국 호스피스 전송이 결정되었다. 하지만 환자 기록부 어디에도 목요일 사망에 대한 전망은 나와 있지 않았다.

"솔직히 말하면, 난 전혀 죽을 것 같지 않아." 도로시가 또박또박 말했다. "오히려 아주 팔팔해. 그러니까 나한테 신경 쓰지 말고 좀 나가 주겠어? 의사랑 노닥거리는 것보다 조용히 신문을 읽고 싶거든."

지금까지 일해 오면서 이보다 더 지독하게 묵살당한 적은 없었다. 감히 반박할 엄두가 나지 않았다.

"금방 물러나겠습니다." 나 역시 또박또박 말했다. "다만 이 점은 확실히 짚고 넘어갈게요. 때로는 다음에 벌어질 일이 불 보듯 훤한 것 같아도 사람 일은 모르는 겁니다. 제가 오늘 내린 의학적 평가를 토대로 볼 때, 저는 어르신이 목요일에 사망할 거라고 확신하지 않습니다. 혹시라도 시간이 더 있다면, 특별히 하고 싶은 일이 있는지 궁금하네요."

이번에도 예의 그 꿰뚫어 보는 듯한 시선이 날아왔다. 아까보다 더 짜증스러운 눈길이었다.

"목요일에 죽지 않는다면, 틀림없이 동네 친구들하고 브리지 게임을 하고 있겠지. 지난 20년 동안 목요일마다 그래 왔으니까. 하지만 장담하건대, 난 그 전에 죽을 거야."

"그럼 이렇게 하면 어떨까요?" 내가 타협을 제안했다. "죽음이 가로막지 않는다면 브리지 게임을 하러 가는 거예요. 그곳으로 모셔다드릴 방법을 미리 좀 알아 놓을까요?"

"젊은 선생이 꼭 그렇게 해야 마음이 편하다면 말리진 않을게."

그 말을 끝으로 도로시는 〈타임스〉 신문을 집어 들었다.

"고맙습니다." 나는 스포츠 면을 쳐다보며 미소를 지었다. "제가 할 수 있는 일을 찾아볼게요."

라틴어 동사 펠리에어palliare는 '외투를 입히다, 덮어 감추다'라는 뜻으로, 완화 의료palliative medicine의 1차 목적이 죽음의 증상을 숨기는 데 있음을 암시한다. 그런데 이 말은 죽음이 가까이 올 때 모르핀에 취해 고통을 느끼지 않는 것 말고는 더 기대할 게 없다는 식으로 들린다. 하지만 우리는 그보다 더 많은 일을 할 수 있다. 완화 의료를 떠받치는 원칙을 하나만 꼽자면, 살아감과 죽어 감은 이항 대립처럼 서로 반대되거나 모순되는 짝꿍이 아니라는 점이다. 도로시가 참으로 멋지게 증명했듯이 죽어 가는 사람도 여전히 생기 넘치고 팔팔하다.

호스피스에서 일하는 내게 기분 좋은 날은, 두말할 필요도 없이 누군가가 편안하고 품위 있게 눈을 감도록 도왔다고 느낀 날이다. 하지만 우리가 훨씬 더 선호하는 날은, 죽어 가는 환자가 사람답게 살도록 도와준 날이다. 그런 예는 무수히 많다. 환자는 친구들을 불러 함께 식사할 수도 있고, 아이들과 함께 영화를 보거나, 값비싼 입욕제를 풀고 목욕을 하거나, 집에서 키우던 반려견을 잠시 데려와 쓰다듬을 수도 있다. 호스피스 부속 예배당에서 꽃으로 장식된 휠체어를 타고 "믿습니다!"라고 당당하게 말하거나 정원에 나가서 오색방울새가 나무에 앉아 있는 모습을 지켜볼 수도 있다. 화려한 조명이나 팡파르, 드럼 소리나 환호성 따위는 필요 없다. 모든 환자가 말기 진단을 받은 병동에서도 삶은 참으로 멋지게 펼쳐진다.

나는 모의를 꾸밀 때마다 제니와 의논한다. 제니는 작업 치료의 근본 목적, 즉 환자가 하고 싶은 활동을 최대한 독립적으로 수행하도록 완벽하고 은밀하게 그를 돕는다. 제니 덕분에 환자들이 색다른 경험을 맛보고 기뻐하는 모습을 수없이 지켜봤다. 작은 체구지만 누구보다 패기 넘치는 제니는 생명을 구한다기보다 마술을 부린다고 하는 편이 더 적당할 것 같다. 나는 제니가 도로시를 상대로도 멋진 마술을 부릴 거라 확신했다.

"목요일에 상황이 어떻게 흘러갈 것 같아?" 화요일에 제니에게 물었다. "죽음? 아니면 브리지 게임?"

제니는 도로시가 자신의 말을 어떻게 묵살했는지 상세히 설명하기도 전에 웃음부터 터뜨렸다. 제니와 나는 모의를 꾸밀 때 암호명을 즐겨 붙인다. 둘 다 브리지에 대해선 전혀 모르지만, 카드놀이 중 하나라는 막연한 생각에 이번 모의는 '로열 플러시 작전'이라고 명명했다. 나중에야 로열 플러시가 포커에서 같은 그림의 에이스와 킹, 퀸, 잭, 10 카드 다섯 장이 연속된 승리의 패라는 사실을 알았다. 뭐가 됐든 도로시의 당당함에 딱 들어맞는 이름이었다. 제니는 특유의 집중력과 열정을 발휘해 수요일까지 만반의 준비를 했다. 도로시를 동네 브리지 클럽까지 데려다줄 휠체어 택시를 예약하고, 비상사태에 대비해 도로시의 브리지 파트너들에게 우리의 연락처를 남겼다. 그리고 도로시의 조카에게 그날 오후까지 도로시가 즐겨 착용하는 진주와 카디건 세트를 갖다 달라고 부탁했다. 물론 도로시가 주문한 올리브그린 색상으로 가져오라고 신신당부했다.

목요일 아침, 간호사들이 서둘러 도로시를 씻기고 입히고 꾸미느라 병실에 아무도 들어오지 못하게 했다. 단장을 마치고 나온 아흔여섯 살 노인은 어찌나 위엄이 넘치는지, 그 옛날 로마 제국에 저항한 영국 이케니족의 부디카Boudica 여왕 같았다. 삐쩍 마른 몸에 미리 모르핀 주사를 맞고 마차 대신 휠체어를 탔어도 악어 핸드백을 무릎에 올리고 꼿꼿하게 앉아 있었다. 고급스러운 초록색 트위드 스커트와 캐시미어 카디건을 갖춰 입고 단아한 구두까지 신으니 흠잡을 데가 없었다. 목요일 단 하루의 외출을 위한 소동과 관심에 상기된 도로시는 우리 병동의 여왕이었다. 물론 본인도 그 점을 잘 알았다.

나와 잠시 눈이 마주치자 도로시는 알아차리기 어려울 정도로 살짝 고개를 끄덕였다. 딱히 고맙다거나, 내가 옳았다는 점을 인정한다는 의미는 아니었다. 그런 일은 10년에 한 번 있을까 말까 한 일일 듯했다. 그보다는 오히려 이곳에선 정말로 빼앗긴 미래의 한순간을 되찾고 죽어 가면서도 삶을 살아갈 기회를 얻을 수 있음을 확실히 알았다는 의미 같았다.

다음 날 아침, 브리지 클럽에 다녀온 이야기를 들으려고 병실에 찾아갔더니 도로시는 자신의 초라한 상태를 한탄했다.

"예전의 총기가 다 사라졌어." 도로시가 탄식했다.

내가 눈썹을 치켜뜨며 반박했다.

"솔직히 말해서, 테이블에 둘러앉은 사람들 중에 죽어 간다는 핑계를 댈 만한 사람은 어르신밖에 없었잖아요. 그런 사람이 누가 또 있었나요?"

짓궂은 미소와 함께 눈이 반짝 빛나더니, 도로시가 마침내 내게서 지진아 꼬리표를 떼 주었다.

"클라크 선생, 어제는 정말 끝내줬어."

도로시는 며칠 뒤에 사망했다. 결국 에드워드 선생의 예측은 겨우 48시간 빗나갔지만, 그 시간 동안 그의 환자는 참으로 멋진 삶을 살았다. 시간과 세상의 무게 앞에서 우리 삶이 너무나 짧다는 인간 존재의 허무함에도 불구하고, 살아 숨 쉬는 모든 순간이 너무나 소중하다. 당신의 남은 인생에도, 심지어 마지막 순간에도, 아니 어쩌면 특히 마지막 순간에, 당신이 찾아야 할 불꽃 같은 아름다움과 의미가 늘 존재한다.

살아 있는 한 함부로 끝이라고 단정 짓지 말 것

—   내가 호스피스에서 일을 막 시작했을 무렵, 헬렌 던모어라는 시인이 불치병 말기 단계에 가까워지고 있었다. 던모어는 암 투병 과정에서 얻은 체험을 《파도 속에서Inside the Wave》라는 마지막 시집에 담아냈다. 책 표지 뒷면에 실린 작가 노트에는 이렇게 적혀 있다.

'살아 있다는 말은 파도 속에 있다는 뜻이며, 그 파도가 부서져 사라

질 때까지 내내 휩쓸려 다닌다는 뜻이다.'

던모어는 자신이 죽고 난 후에도 계속해서 또 다른 파도가 넘실거리다 부서진다는 사실을 의식하면서, 넘실거리는 파도의 물마루가 부서지기 직전까지 글을 썼다. 그리고 상황이 아무리 나빠도 주변 세상에서 빛나는 아름다움을 찾아냈다. 일례로, 수술대에 누워 있는 동안 수술실 문밖에 설치된 작은 폭포를 주목했다. 수술실 직원은 무심코 지나쳐도 던모어는 뜻밖의 장소에서 자신이 가장 좋아하는 요소인 물을 발견하자 실내 폭포가 주는 갑작스러운 즐거움과 기쁨을 찬미했다.

던모어는 64세를 일기로 사망했지만, 7개월 뒤에 '2017 코스타 북 어워즈Costa Book Awards'에 추서되었다. 수상식 다음 날, 던모어의 딸인 테스 찬리는 BBC 라디오의 한 프로그램에 나와서 죽음에 대한 두려움을 이겨 내도록 엄마가 어떻게 도와주었는지 이야기했다. 나는 그 내용을 꼼짝 않고 들었다.

"나는 아주 어리고 또 순진했기 때문에 죽음을 굉장히 두려운 대상으로 여겼어요. 그런데 엄마를 보면서 꼭 그럴 필요가 없다는 걸 알게 됐어요. 엄마는 활동 반경이 줄어들고 집에서 멀리 나갈 수도 없었지만, 그래도 늘 세상 만물의 아름다움을 바라봤어요. 그 점이 참 감동적이라고 생각해요. 엄마는 눈을 감을 때까지 하루하루를 최대한 즐겁게 살았어요."

나는 숨을 깊이 들이쉬었다. 우리가 호스피스에서 하는 일을 던모어의 딸이 대신 설명하는 것 같았다. 그 일은 바로, 중병으로 많은 걸 놓치긴 하지만 그래도 주변 세상의 아름다움을 즐기고 위안을 받는 것, 즉 죽어 가는 동안에도 여전히 살아가는 상태를 유지하는 것이다. 던모어의 마지막 시집에 실린 '내 인생은 줄기가 잘렸다My Life's Stem Was Cut'라는 시는 완화 의료의 정수를 고스란히 보여 준다. 인생의 덧없음을 고통스럽게 의식하지만, 죽어 가는 동안에도 꽃을 피우겠다는 의지가 잘 드러나 있다. 시는 대단히 단순하게 끝을 맺는다.

나는 안다. 내가 죽어 간다는 것을,
하지만 잘린 줄기에서
내가 할 수 있는 한 오래도록
꽃을 피워 보는 건 어떨까?

정말로 그러면 어떨까? 말기 진단을 직접 받아 보기 전까진 누구도 자신 있게 답할 수 없다. 그래도 나는 가장 가까이에서 지켜본 입장이라, 죽음의 장소와 동의어로 여겨지는 호스피스가 온갖 달콤씁쓸한 상황에서도 놀라울 만큼 활기로 넘친다고 당당히 말할 수 있다.

10

지혜로운 포기와
좋은 선택에 대하여

그러니 이제 쓸데없는 소리는 집어치우세.
어차피 종말이 다가오고 있으니.

– 밥 딜런의 노래 'All Along The Watchtower'

아이를 잃어버릴 뻔한 적이 있었다. 그때 핀은 네 살이었다. 마트에 가기엔 무척 추운 토요일 아침이었지만, 우유와 시리얼이 다 떨어진 데다 맞벌이로 바쁜 탓에 냉장고도 텅 비어 있었다. 핀과 나는 비상식량을 구하러 서릿발 날리는 집 밖으로 나왔다. 패딩 코트에 모자와 장갑, 장화로 중무장한 핀은 여느 때처럼 공룡 이야기를 신나게 떠들었다. 우리는 스피노사우루스와 안킬로사우루스가 싸우면 누가 이길지에 대해 열심히 토론했다. 내가 스피노사우루스 등에 솟은 돌기로 색다른 공격법을 고안해 내자 핀이 낄낄 웃었다. 핀이 공룡처럼 연기를 뿜어낼 정도로 공기가 차가웠지만 녀석의 손은 부드럽고 따뜻했다.

마트에 들어섰을 때 나는 핀의 손을 꽉 잡았다. 잔뜩 찌푸린 사람들이 자동차 경주라도 하듯 거칠게 카트를 밀면서 통로를 지나갔다. 카트마다 두루마리 화장지 꾸러미와 울부짖는 아기가 타고 있었다. 잔뜩 들뜬 핀은 자신이 제일 좋아하는 통로 쪽으로 나를 잡아당겼다. 아이들이 "이거 하나만!"을 간청할 때마다 부모의 가슴이 철렁할 만큼 값비싼 플라스틱 장난감이 가득한 곳이었다. 나는 녀석의 손을 잡아끌면서 쇼핑객의 물결 사이를 헤집고 나아갔다. 스쳐 지나는 쇼핑객들의 찌푸린 표정에서 '내가 고작 여기 오려고 일주일 내내 죽어라 일했던가?'라는 탄식을 읽을 수 있었다.

나는 계산대에 이른 다음에야 안도의 한숨을 내쉬었다. 군중 속에서 핀의 손을 붙잡고 있기란, 날쌘 여우원숭이와 씨름하는 거나 마찬가지였다. 핀의 시선이 아이들 미끼 상품인 사탕에 쏠려 있는 사이, 나는 바구니의 내용물을 잽싸게 계산대에 올려놨다. 그런데 고개를 들었을 땐 녀석은 이미 사라지고 없었다.

"핀?" 나는 뒤에 늘어선 사람들을 돌아보며 물었다. "우리 애가 어느 쪽으로 가는지 봤나요?" 멍한 표정으로 쳐다보는 사람들 사이를 헤집으면서 좌우를 살폈다. 핀은 보이지 않았다. 그래서 서둘러 어린이 장난감 코너 쪽으로 향했다. 녀석을 보면 야단을 좀 쳐야겠다고 생각하면서. 하지만 예상과 달리 그곳에 핀은 없었다. 그제야 목에 주먹만 한

돌덩이가 걸린 것처럼 숨이 막히고 가슴이 쿵쾅쿵쾅 뛰기 시작했다. 얘가 어디 갔지? 왜 여기 없는 거지?

"핀?" 목소리가 가늘게 떨렸다. "핀?" 나는 뒷걸음질로 왔던 길을 다시 돌아 나오며 바글거리는 다리와 카트 사이로 파란 털모자를 미친 듯이 찾았다. 걷던 걸음은 어느새 뛰고 있었고 목청도 함께 높아졌다. "핀! 핀!"

아무 생각도 할 수 없었고 숨도 쉴 수 없었다. 아이를 잃을지도 모른다는 두려움 때문에 마트가 떠나가도록 녀석의 이름을 불렀다. 너무 절박해서 체면이고 뭐고 따질 여유가 없었다. 이젠 마트 안에 있는 사람들이 죄다 핀의 이름을 알게 되었다. 파란 코트를 입은 네 살짜리 사내아이라는 사실도 알게 되었다. 동료 엄마들이 긴장된 얼굴로 통로를 살폈다. 그러다 누군가가 외쳤다.

"저기요! 아이가 저기 있어요!" 누군가가 생선 코너 쪽을 가리키며 소리쳤다. "저기요, 저기! 보안 요원이랑 함께 있네요." 나는 내 아들을 향해 비틀비틀 뛰어갔다. 녀석은 얼음 위에서 아가리를 벌리고 누워 있는 연어를 쳐다보느라 반쯤 실성한 엄마는 안중에도 없었다. "핀!" 나는 비난에 가까운 목소리로 녀석의 이름을 부르면서 거칠게 끌어안았다. 어색하게 뒤로 물러나는 경비원에게 고맙다는 인사만 간신히 하고 녀석의 머리에 내 얼굴을 비벼 댔다. 너무 호들갑을 떨었는지 핀이 놀라 울기 시작했다.

"괜찮아, 이젠 괜찮아. 미안해, 핀. 널 잃어버릴까 봐 얼마나 걱정했는지 몰라."

우리는 다시 계산대 쪽으로 천천히 걸어갔다. 누군가가 우리 물건을 바구니에 도로 담아서 세제용품 더미 앞에 던져 놓았다. 우리는 이목을 끌지 않으려고 조용히 맨 뒷줄로 갔다. 아이를 잃을 뻔했다는 죄책감과 소동을 일으킨 데 대한 미안함 때문에, 나는 그날만 특별히 핀에게 원하는 사탕을 고르라고 했다. 핀이 만족스럽게 사탕을 빠는 사이, 나는 벌렁거리는 가슴이 가라앉길 기다렸다.

지푸라기라도 잡고 싶은 간절한 마음에 대하여

— 　　사랑하는 사람을 잃지 않으려는 열망은 그야말로 절실하고 격렬하다. 두려운 마음으로 마트를 샅샅이 뒤질 때, 내 절박감은 순식간에 5000만 년을 거슬러 올라가 뇌에서 가장 깊고 오래되고 원시적인 부분을 자극했다. 생존과 본능과 충동을 조절하는 대뇌변연계가 자식을 위해 죽기 살기로 싸울 태세를 갖췄다. 우리 안에 있는 동물적 본능이 발동한 것이다.

외관상 평온해 보이는 인테리어에도 불구하고, 호스피스에는 슬픔의 그림자가 도사리고 있다가 느닷없이 출몰한다. 때로는 감정이 격해진 동생이 형을 벽에 밀어붙인다. 우리는 야성의 분출을 억제시키려고 어쩔 수 없이 경비원을 호출한다. 누군가는 날카로운 비명을 내지르고, 누군가는 피가 날 정도로 콘크리트 벽에 주먹을 날린다. 또 누군가는 상실의 아픔에 몸부림치며 쓰러진다. 폭풍 전야 같은 긴장감이 흐를 때면 나 역시 그런 감정에 휩쓸리기도 한다. 한 번의 파도에, 또 한 사람에게 이토록 강력한 힘이 있다면, 세상엔 나로서는 상상하기 어려울 만큼 어마어마한 힘이 존재할 것이다.

이와 다르게 삶의 끈을 놓지 않으려는 환자 본인의 절박함이 병동을 뒤흔드는 경우는 의외로 별로 없다. 환자는 호스피스 문을 들어설 무렵 이미 자신이 곧 죽을 거라는 사실을 어느 정도 받아들이기 때문이다. 종양 전문의, 혈액학 전문의, 내과의, 외과의 등 여러 동료들이 환자가 치유에 대한 미련을 버리도록 힘겨운 이야기를 이미 전했기 때문이다. 하지만 항상 그런 건 아니다. 때로는 그 역할이 우리에게 떨어지기도 한다.

조를 처음 만났을 때, 겉으론 너무 멀쩡해 보여서 깜짝 놀랐다. 의무 기록지를 읽고 초음파 검사 기록을 살펴본 뒤에야, 나는 조가 건강해 보이는 겉모습과 달리 속으로 무너지고 있음을 알았다. 조는 겨우 서른여섯 살이었다. 주재원인 부모님을 따라 케냐에서 어린 시절을 보낸 덕분에 광활한 하늘과 끝없이 펼쳐진 사바나, 자유롭게 뛰노는 영양과 사자 무리 등 야생에 대한 추억이 많았다. 하지만 그를 너무 일찍 무너뜨릴 씨앗도 그때 뿌려졌다. 아프리카의 강렬하면서도 치명적인 햇빛이 그의 피부 세포에 침투해 DNA를 공격했다. 그의 유전자 코드에 작은 균열이 생겼다. 이로 인해 돌연변이가 하나둘 늘어나면서 세포가 치명적 무기로 바뀌었다. 세포 하나가 점점 증식하면서 끈질기고 탐욕스럽게 영역을 넓혀 나갔다.

처음엔 작은 뾰루지 하나가 등에 돋았는데 살짝 가렵고 진물이 났다. 시간이 지나면서 뾰루지는 흡인지에 떨어진 잉크처럼 늑골 전체로 번져 나갔다. 마침내 아내인 엔지가 얼른 의사에게 가 보라고 채근했다. 그 뒤론 사건이 일사천리로 진행되었다. 조는 수술대에 올라 강렬한 네온 조명을 받으며 날카로운 메스에 몸을 내맡겼다. 조직 검사 결과는 외과의가 우려했던 최악의 상황을 확인해 주었다. 그 즉시 병원에 적색경보가 울렸고, NHS는 나락으로 떨어지려는 남자를 구하고자 단 1초도 낭비하지 않았다.

조는 이미 오래전에 아프리카의 뜨거운 태양을 벗어났다. 영국의 음울한 하늘 아래 정착해서 두 딸을 둔 가장이 되었는데, 이제 와서 가장 공격적인 형태의 피부암인 악성 흑색종 진단을 받았다. 종양을 제거하는 수술이 신속하고 포괄적으로 이뤄졌지만, 결과적으론 아무 소용도 없었다. 흑색종이 흔히 그렇듯이, 혈액 속에 몰래 숨어 있던 악성 세포가 감지되지 않은 채 지독한 인내의 시간을 보내며 호시탐탐 기회를 노렸던 것이다. 수술을 받고 나서 3년의 시간이 흘렀다. 이젠 흑색종에서 벗어났을 거라는 희망에 부풀 무렵, 지금껏 기회를 엿보던 악성 세포가 너무나 갑작스럽고 끔찍하게 그 존재를 알렸다. 어느 날 저녁, 조는 두 딸과 함께 아내가 준비한 스파게티를 먹고 있었다. 그런데 멀쩡하게 앉아 있다가 순식간에 타일 바닥으로 쿵 떨어졌다. 팔다리가 덜덜 떨리고 눈이 획획 돌아가고 침이 질질 흘렀다.

조의 흑색종은 피부에서 뇌로 급속히 번졌다. 발작은 항간질제로 금세 통제됐지만, 종양은 바위 밑에 들러붙은 게처럼 약물이나 방사선 치료, 심지어 최신 감마나이프Gamma knife 수술로도 없앨 수 없었다. 조가 호스피스에 들어와서 나와 두 번째로 만났을 땐 멀쩡하던 겉모습마저 완전히 초췌해져 있었다. 간병인으로 일하는 엔지가 생활비와 의료비를 대느라 녹초가 되도록 일하는 사이, 조는 집에서 힘겹게 두 딸을 돌봤다. 친구들과 친척들이 여러 방면으로 도와주었지만 조의 기력은 급속도로 떨어졌다. 부부는 이제 거의 한계점에 이르렀다.

"난 여기 있고 싶지 않습니다. 가능한 한 빨리 집으로 돌아가야 합니다." 조가 병실에 들어서자마자 선언했다. "얼른 체중을 불리고 기력을 회복해야 두 딸과도 놀아 주고 면역 요법도 다시 받을 수 있어요."

엔지는 소매 끝에 늘어진 실을 만지작거리면서 바닥만 내려다봤다. 내가 알기론, 종양 전문의들은 조가 더 이상 치료를 감당하기 어렵다고 이미 결론을 내렸다. 발작이 재발하고 종양이 퍼질 대로 퍼졌기 때문에 그의 몸은 너무 약해진 상태였다. 그런데 의료진은 조를 호스피스로 이송시키면서 이러한 사실을 자세히 알리지 않았던 것이다. 나는 조가 신뢰해 마지않는 종양 전문의 팀이 그에게 사실대로 설명해 주길 내내 기다렸다.

"치료를 다시 시작하려면 얼마나 기다려야 하죠?" 조가 어린아이처럼 자꾸 보챘다. "면역 요법이 잘 진행되면 감마나이프 수술도 더 받을 겁니다. 아무튼 당장 치료를 시작해야 해요. 낭비할 시간이 없다고요."

체구가 남편의 절반밖에 안 되는 젊은 아내가 소리 없이 울기 시작했다. 엔지는 조의 말을 곧이듣는 것 같지 않았다. 그녀는 눈물을 삼키며 내게 말했다.

"애들한테 얼른 가 봐야 해요. 종양 전문의가 올 때까지 여기서 하염없이 기다릴 수 없어요."

두 쌍의 눈이 나를 뚫어져라 쳐다봤다. 한 쌍은 희망으로, 다른 한 쌍은 눈물로 가득 차 있었다. 나는 삶과 죽음의 무게에 짓눌린 이곳만 아니라면 어디든 도망가고 싶은 심정이었다. 지금 이 순간 조의 머릿속은 무슨 생각으로 차 있을까? 둘째 딸의 입학식, 졸업식에서 최우수상을 받는 큰딸의 모습, 두 딸이 서로 먼저 남자 친구를 사귀겠다고 경쟁하는 모습, 해변에서 보내는 여름휴가, 한겨울의 눈싸움… 보석처럼 반짝거릴 이 모든 순간이 세상을 떠난 아버지 없이 펼쳐질 것이다.

나는 힘겨운 대화를 다른 의사에게 떠넘기고 싶은 유혹을 느꼈다. 그게 환자의 이익에 더 부합한다고 우기면서 온갖 타당한 이유를 떠올렸다. 하지만 결국 마음을 독하게 먹고 그가 여전히 갈망하는 삶에서, 집요하게 매달리는 미래에서, 그를 떼어 내기로 결심했다.

나는 숨을 깊이 들이마신 후 자리에 앉았다. 바깥 세계는 그림자 너머로 사라졌다. 네 개의 눈이 운명의 갈림길에서 나를 초조하게 쳐다봤다.

지금부터 내가 선택하는 말은 너무나 중요했다. 한번 뱉고 나면 주워 담을 수 없었다. 환자가 여전히 믿고 의지할 희망은 남겨 두되, 헛된 미래에 대한 집착은 포기할 수 있도록 해야 했다. 환자와 그의 창창한 미래 사이를 갈라놓기란 참으로 어려웠다. 그래도 누군가는 해야 하고, 또 할 수 있는 일이었다. 우리가 현재에 집중할 수만 있다면 남은 인생도 여전히 충만하고 아름답기 때문이다.

나는 감정을 자제하고 최대한 차분하게 이야기를 시작했다. "조, 종양 전문의들은 지난 몇 주 동안 당신이 무척 약해졌다고…"

"맞아요." 조가 내 말을 잘랐다. "그래서 여기로 왔잖아요. 여기서 얼른 체력을 회복해야 면역 요법을 다시 시작할 수 있죠."

하지만 이 말을 하는 순간에도 조는 기운이 달려서 안간힘을 쓰고 있었다. 나는 흔들리는 마음을 다잡으며 조가 헛된 희망을 품지 않도록 지설적으로 말했다.

"미안해요, 조. 의료진이 우리에게 전한 말은 그게 아니었어요. 면역 요법은 몸에 무리를 줄 수 있어요. 우리는 당신이 면역 요법을 감당할 만큼 강하다고 생각하지 않아요."

"선생님은 그걸 해결할 수 있잖아요. 날 더 강하게 해 줄 수 있잖아요. 그래서 내가 여기로 온 것 아닙니까? 좋은 음식도 먹이고 물리 치료도 해 달라고요. 난 좋아질 겁니다. 엔지, 선생님한테 뭐라고 말 좀 해. 얼른."

엔지를 돌아보니, 손으로 얼굴을 가린 채 흐느끼고 있었다. 의료진이 내린 결정을 엔지가 번복할 수도, 책임질 수도 없음을 두 사람에게 알릴 필요가 있었다.

"조." 나는 이야기를 계속했다. "엔지도 당신이 살기를 원해요. 당신만큼이나 간절히. 하지만 당신이 이젠 어떤 치료도 감당할 수 없을 만큼 약해졌음을 알아야 할 때가 왔어요. 기력이 다 떨어져서 효과가 없을 거예요."

"그걸 어떻게 알죠?" 조가 반박했다. "그렇게 단정적으로 말하지 말아요. 내가 노력할 겁니다. 제발 나한테서 기회를 빼앗지 말라고요."

나는 마음을 다잡고 말을 이었다.

"조, 우리가 지금 치료를 더 시도하면 당신은 더 나빠질 거예요. 남은 시간을 단축할 수도 있어요. 우린 당신의 암을 치료할 수도, 암의 진행 속도를 늦출 수도 없어요. 하지만 당신이 남은 시간을 가족과 최대한 즐겁게 보내도록 도와줄 수는 있어요."

참으로 길고도 암울한 침묵이 이어졌다. 이런 대화를 나눌 때는 '죽는다'는 말을 반드시 해야 한다고들 하지만, 조의 경우엔 그 말이 무익한 몽둥이질 같았다. 엔지도 나처럼 말없이 기다렸다. 시간이 멈춘 것 같았다. 혹시나 조가 잠들었나 싶어 살폈더니, 감긴 눈 뒤로 깊은 생각에 잠겨 있었다. 현 상황을 헤아리고 어쩌면 받아들이려 애쓰는지도 몰랐다. 마침내 조가 저승에서 돌아온 사람처럼 힘겨운 목소리로 들릴 듯 말 듯하게 말했다.

"내가 여기를 살아서 나갈 가능성이 조금이라도 있습니까?"

나는 그의 눈을 똑바로 마주 봤다.

"조, 당신이 집에서 시간을 보내고 싶다면, 당연히 그렇게 해 줄 수 있어요. 우린 앞으로 남은 시간을 당신 뜻대로, 당신이 원하는 대로 살도록 도우려고 있는 거예요. 당신의 암을 멈춰 줄 순 없지만, 집으로 돌아가는 걸 포함해서 당신을 지원하기 위해 뭐든 할 거예요."

물론 나는 조가 이런 뜻으로 묻지 않았다는 걸 알았다. 조는 뚝 잘리지 않은 온전한 미래를 원했다. 하지만 시간이 너무 짧았다. 소중히 간직할 순간이 얼마 남지 않았다. 조는 그 시간을 연장하려고 헛된 치료에 매달리며 자신을 괴롭혔다. 나는 그의 희망을 전부 무너뜨리고 싶진 않았다. 내 임무는 조를 비탄에 빠뜨리지 않으면서도 현실을 받아들일 만큼 미몽에서 깨어나게 하는 것이었다.

"난 죽을 겁니다." 조가 한참 만에 다시 입을 열었다.

"그래요, 조." 내가 달래듯 부드럽게 말했다. "하지만 가족과 함께 보낼 시간이 아직 있어요. 참으로 소중한 시간이죠. 우린 당신이 그 시간을 최대한 활용하도록 돕고 싶어요. 남은 시간 동안 당신에게 정말로 중요한 게 뭐죠?"

희망을 재설정하면, 가령 딸의 생일이나 크리스마스를 함께 보내겠다는 실현 가능한 목표를 설정하면 큰 위안을 얻을 수 있다. 조의 목표는 아주 간단했다. 아내와 두 딸과 최대한 많은 시간을 보내는 것이었다. 조는 너무 지쳐서 대화를 더 이어 가지 못했다. 엔지와 함께 밖으로 나왔는데, 뜻밖에도 엔지가 내게 고맙다고 했다.

"어려운 이야기를 해 줘서 고마워요. 꼭 나눴어야 할 얘기였어요. 그이는 치료에만 매달리느라 다른 건 안중에도 없었어요. 남은 시간이라도 즐겁게 보내면 좋으련만." 엔지가 잠시 뜸을 들이더니 말을 이었다. "내일 우리 딸들을 만나 줄 수 있나요? 애들이 선생님한테 물어볼 게 좀 있거든요."

나는 생각만으로도 아찔했다. 선택지가 있다면 안 된다고 말하고 싶었다. 하지만 다음 날 아침, 나는 결국 조용한 사무실에서 로티와 사라를 만났다. 엄마와 네 살 난 로티가 옆에서 조용히 지켜보는 사이, 주로 사라가 대화를 이끌었다.

"선생님은 왜 우리 아빠한테 치료를 더 안 해 주는 거죠?" 열 살 아이의 입에서 나오는 말투라기엔 너무 엄숙했다. 하지만 나는 곧 갈래머리를 한 이 아이가 우리 병원의 여느 의사들보다 두개頭蓋 내 전이성 흑색종에 대해 더 많이 알고 있다는 사실을 깨달았다. 질문이 총알처럼 계속 날아들었다.

"면역 요법은 화학 요법만큼 힘들지 않은데, 왜 우리 아빠한테 그걸 더 못 받게 하는 거죠?"

"감마나이프 수술이 지난번엔 아빠한테 효과가 있었는데, 이번엔 왜 효과가 없는 거죠?"

지금껏 나눴던 어떤 대화보다 열 살 아이와의 이 대화가 가장 힘들었다. 질문 공세가 잠시 멈춰진 때는 사라가 북받치는 눈물을 참지 못한 순간뿐이었다. 하지만 흐느낌도 잠시뿐, 사라는 금세 눈물을 닦고 고개를 한두 번 흔든 뒤 심문을 계속했다. 질문은 모두 달랐지만 내용은 한 가지였다.

"나한테 뭐든 희망을 품을 만한 걸 줄 수 없나요?"

하지만 사라의 아버지는 곧 죽을 것이다. 그걸 막기 위해 할 수 있는 일이 없었다. 나는 사라가 움켜쥔 지푸라기를 하나씩 하나씩 빼냈다. 그러다 중간에 로티가 들고 있던 스마트폰에서 페파 피그Peppa Pig(영국에서 제작된 애니메이션 동화-역자 주)의 주인공이 꿀꿀거리며 웃는 소리가 났다. 그제야 비탄에 잠긴 소녀에게 아빠와 남은 시간을 소중히 보낼 방법에 대해 훈계하는 나 자신을 발견했다. 아빠를 자주 안아 주라든지, 어두운 병실 분위기를 밝히도록 그림을 그리라든지, 아빠를 웃게 하는 방법을 고안하라든지 갖가지 조언을 쏟아 냈다. 하지만 내가 지금 아이를 돕는 건지, 아니면 상처를 더 쑤시는 건지 알 길이 없었다.

이런 상황에서 어떻게 해야 하는지 아무도 내게 알려 주지 않았다.

의사의 말만 따르던 그 남자의 마지막 선택

—   완화 의료를 행하는 의사로서, 우리의 역할은 삶을 연장하는
게 아니다. 불가피한 일을 막으려고 싸우는 것도 아니다. 병이 통제를
벗어났음을 받아들이면, 즉 불치병의 최종성에 맞서지 않고 그 안에서
노력한다면, 우리가 할 수 있는 일들에 집중할 수 있다. 우리의 도움으
로 환자는 눈을 감는 그날까지 삶의 질을 높이고 의미를 찾고 자잘한
즐거움을 누릴 수 있다. 조 역시 세상을 떠나기 전까지 어린 딸들과 소
중한 시간을 보낼 수 있었다.

이러한 원칙은 어떻게든 죽음과 질병에 맞서 이기려는 기존의 의학
적 모델에 부합하지 않는다. 물론 의학의 역사는 그런 싸움의 과정에
서 얻은 승리의 산물이다. 최초의 백신과 항생제, 화학 요법, 시험관 아
기, 뇌신경외과 수술, 티타늄 고관절, 인공 망막, 인공 심장, 안면 이식
등 그 목록은 끝없이 이어진다. 의학계의 이정표를 나열하는 이 순간,
경이로움과 경외감에 흐뭇한 미소가 절로 떠오른다. 의사들과 과학자
들의 끈질긴 노력과 기발한 재주 덕분에 오늘날 우리는 인류 역사에서
그 어느 때보다 더 오래, 더 잘 살게 되었다.

그렇지만 죽음은 결코 물리칠 수 없으며, 얼마간이라도 유예하려면
대가를 치러야 한다. 의학은 우리 삶을 연장할 힘을 지녔지만, 의도치
않게 고통마저 연장시킬 수 있다. 누군가가 간절히 바라는 생명 연장

치료가 다른 이에게는 의사들이 애초에 시도하지 않았더라면 좋았을 몹쓸 경험으로 전락하고 만다. 나는 환자들이 삶의 마지막에 다다라서 화학 요법과 수술 때문에 끔찍한 부작용에 시달리던 시간을 되돌릴 수 있기를 간절히 바라는 모습을 자주 목격했다.

"아무도 죽어 가는 말에게 채찍질을 하진 않을 겁니다." 예전에 한 환자가 내게 말했다. "그런데 그 말이 인간이고 또 하필 암에 걸려 있을 때는 예외라는 겁니다."

심폐 소생술과 인공호흡, 위관胃管을 통한 장기적 영양 공급이 가능한 시대라, 우리는 삶을 끈질기게 이어 갈 수 있다. 하지만 그러기 위해서 어떤 대가를 치르고 있나? 오늘날, 의사들은 죽음에 대한 과도한 개입에 득보다 실이 더 많은 게 아니냐고 의문을 제기한다. 따라서 우리는 이제 환자가 간신히 연명이라도 하게끔 어떻게 살려 낼 것인가를 따질 게 아니라, 이 환자를 군이 살려야 하는가를 따져야 한다.

우리는 불가피한 죽음을 두고서 지저분하고 복잡하고 윤리적으로 곤란한 딜레마에 빠져 있다. 수명 연장이라는 약속은 못 지키면서 부작용만 잔뜩 안기는 과잉 진료의 시대에, 의사와 환자와 가족이 이젠 노력을 멈추고 그만 놓아줄 때가 됐다고 어떻게 알아차릴 수 있을까? 도대체 언제 그만할 때가 됐다고 말할 수 있을까?

수련의 시절에 돌봤던 한 환자는 "암, 암, 암, 오로지 암만 생각하면서 내 인생의 넉 달을 허비했다"고 호소했다. 흔히 환자를 서서히 은밀하게 위축시키는 여러 악성 종양의 궤적과 달리, 헨리 심슨은 단 몇 시간

만에 암세포에 제압당했다.

"아침에 일어날 때만 해도 멀쩡했어요. 그런데 저녁때가 되자 뭔가 심각하게 잘못됐다는 걸 알았습니다. 그 길로 죽는구나 싶었죠."

이때부터 상황이 아찔한 속도로 전개되었다. 통증과 섬망으로 병원에 실려 와서 바로 정밀 검사를 받았다. 검사 결과, 신장에서 방광까지 연결해 주는 요관尿管을 종양이 둘러싸고 있었다. 쉰두 살인 헨리는 대단히 공격적이고 침습적인 대장암 진단을 받았다. 약해진 신장이 생명을 위협할 정도였기 때문에, 헨리는 막힌 신장에서 소변을 빼내 줄 작은 플라스틱 튜브인 스텐트를 삽입하는 수술에 서둘러 동의했다. 수술 직후, 헨리의 종양 전문의들은 암이 퍼진 대장과 그 주변을 제거하는 근치 수술을 제안했다.

"선택의 여지가 없는 것 같았어요." 헨리가 당시를 떠올리며 말했다. "수술 동의서에 서명했지만, 그 뒤로 무슨 일이 벌어질지 전혀 몰랐어요. 알았더라면 수술에 절대로 동의하지 않았을 겁니다."

헨리는 수술을 견뎌 내긴 했지만 스토마, 즉 인공 항문을 달아야 했다. 대변이 복부 밖으로 연결된 주머니로 배출되었다. 병원에서 몇 주지내는 동안 살이 점점 붙으면서 화학 요법에 필요한 체력을 거의 회복했다. 그런데 느닷없이 신장이 또다시 나빠졌다. 암 덩어리가 그의 신장 관을 다시 막은 것이다. 이번에도 튜브를 삽입했다. 양쪽 신장에 튜브를 하나씩 부착해 소변을 각기 다른 주머니로 배출했다. 결국 복부에 구멍이 세 개나 뚫렸고 배설물 주머니가 세 개나 달렸다.

나와 처음 마주했을 무렵, 헨리는 온몸이 상처투성이였고 감염에 무척 취약했으며 그런 상태에 진절머리를 쳤다. 그렇긴 해도 나는 헨리가 무엇을 원하는지 전혀 예상하지 못했다.

"다 빼 주세요." 헨리가 내게 요구했다. "난 내가 무엇에 서명하는지 몰랐습니다. 이 망할 것들을 얼른 다 빼 달라고요."

"튜브를 빼내면 신장이 제 기능을 못 할 거예요." 나는 에둘러 말하지 않았다. "그러면 얼마 못 가서 죽게 될 거예요. 상황을 되돌리는 게 불가능할 수 있어요. 그 점을 제대로 알고 하는 얘기인가요?"

헨리가 격분해서 대답했다. "이봐요, 난 처음 진단받을 때부터 이미 죽은 목숨이었어요. 아무도 내게 뒷일을 생각해 볼 기회를 주지 않았다고요. 내가 이 지경이 될 줄은 꿈에도 몰랐어요. 병원에서 보낸 4개월은 그야말로 지옥이었습니다."

표면적으로야 온갖 수술의 위험과 혜택에 대해서 설명했겠지만, 헨리는 한 번도 그것을 제대로 이해하지 못했다. 의사들은 정작 중요한 질문을 빼먹었다. 목숨을 부지하기 위해 얼마만큼 감내할 수 있는가? 어떤 식으로 살아남는 것까지 수용할 수 있는가? 헨리는 지난 몇 달 동안 환자에게 무엇이 최선인지 안다고 착각한 의료진의 강압으로 고통스럽고 모멸적인 수술을 받으며 무의미한 시련을 겪었다고 느꼈다.

그 뒤로 며칠 동안 여러 의료 팀이 찾아와 설득했지만 헨리는 흔들리지 않았다. 그는 스스로 이러한 결단을 내릴 역량을 갖추고 있었다. 결국 그가 거듭 요청한 대로 신장에 연결된 튜브들을 빼내기로 했다. 그 임무가 병동 주치의인 나에게 떨어졌다.

그날 아침, 나는 두려운 마음으로 병원에 도착했다. 혹시나 하는 기대를 품었지만 헨리는 단호했다. "그럼 바로 시작합시다." 봉합한 부위를 한 땀 잘라 내고 튜브를 살짝 비틀어 잡아당기자 첫 번째 튜브가 빠졌다. 잠시 후, 두 번째 튜브와 세 번째 튜브도 빠졌다.

우리는 암 진단 이후 어쩌면 처음으로 그에게 통제권을 행사하도록 허락함으로써 그의 뜻을 존중해 주었다. 하지만 나는 꺼림칙한 마음으로 내가 한 일을 곱씹어야 했다. 내 뇌리에는 의사로서 환자를 치료하고 병을 고치고 생명을 구해야 한다는 사명감이 뿌리 깊게 박혀 있었다. 그러한 충동에 반해서 행동하자 의사로서 도리를 다하지 못한 것 같았다. 튜브가 빠지자, 헨리의 상태는 서서히 나빠지다가 어느 순간 급격히 악화되었다. 신장에서 나온 독소가 혈류를 오염시키면서 의식이 점점 혼미해졌다. 그리고 일주일쯤 지나서 그가 의도했던 대로 숨을 거두었다. 나는 옳은 일을 행하는 게 얼마나 괴로울 수 있는지 전혀 모르는 상태에서 이 일을 맞닥뜨려야 했다.

빌어먹을, 죽을 때만큼은 내 뜻대로 죽고 싶다

― 현대 의학의 온갖 업적과 영웅담에도 불구하고, 헨리의 사례는 의학직 중재가 오히려 죽음의 경험을 질질 끌면서 훼손할 수 있는 가능성을 보여 준다. 이렇듯 집요한 과잉 진료를 두고 '필사적 종양학 desperation oncology'이라는 이름까지 생겨났다. 부작용은 차치하고 성공 가능성이 지극히 낮은데도 치료를 감행하려는 유혹을 일컫는 말이다.

의사들이 환자를 더 오래, 더 잘 살게 하려고 노력하는 와중에 오히려 죽느니만 못한 고통을 연장한다면, 의학은 분명히 제 길을 잃었다고 할 수 있다. 하지만 살려는 욕구가 불타오를 때 지푸라기라도 잡는 것이 그렇게 불합리한 행동일까? 헨리의 경우, 지나고 나서 보니 그의 시련은 헛된 일이 되고 말았지만, 당시엔 그냥 두면 그를 뻔히 죽게 할 암을 제거하는 것이 유일한 희망이자 목표였다.

이 균형을 바로잡는 데 가장 큰 장애물은 바로 침묵이다. 침묵 때문에 웰다잉에서 멀어지거나 자신이 선택한 방식대로 죽지 못하는 것이다. 삶을 연장하는 치료의 위험성과 혜택, 그런 치료를 시도할 때마다 치러야 할 잠재적 대가에 대해서 터놓고 솔직하게 논의하지 않기 때문에, 환자는 자신의 의도와 전혀 다른 형태로 고통스러운 삶을 이어 가게 된다.

영국 인구의 82퍼센트가 말년에 받길 원하는 치료에 대해 확고한 의견을 품고 있지만, 법적 구속력이 있는 사전 연명 의료 의향서를 작성한 사람은 겨우 4퍼센트에 불과하다. 자신의 죽음을 미리 대비한다니, 사람에 따라서는 겁나고 불안해서 엄두가 나지 않을 수 있다. 의사들 중에도 꺼리는 사람이 있는데 일반인은 오죽하겠는가. 그렇지만 사전 연명 의료 의향서는 더 이상 소통할 수 없을 때를 대비해서 자기 의사를 미리 알리고 존중받을 수 있는 수단이다. 이러한 논의를 미룬다면, 훗날 죽음의 방식을 결정해야 하는 상황에서 의사를 제대로 반영할 기회를 놓치게 된다. 당신은 늘 집에서 사랑하는 사람들이 지켜보는 가운데 눈을 감고 싶지만, 그러한 속내를 미리 밝혀 두지 않으면 중환자실에서 인공호흡기에 의지해 혼수상태로 마지막 나날을 보내게 될 수 있다. 온갖 가능성에 대한 대화 자체가 이뤄지지 않는다면, 환자가 자신의 이야기를 끝맺고 싶은 방식을 어떻게 이해할 수 있고, 어떻게 알릴 수 있겠는가?

우리는 간혹 섹스와 죽음의 문제를 놓고, 현 시대와 빅토리아 시대를 비교하곤 한다. 빅토리아 시대엔 죽음은 활발하게 논의되었지만, 섹스는 엄격한 금기 사항이었다. 반면 우리 시대엔 섹스는 늘 화제의 중심이지만, 죽음은 입에 잘 올리지도 못한다. 이 세상 모든 사람에게 벌어질 일이라고 단언할 수 있는 유일한 사건을 두고서, 우리는 누군가가 '저 세상으로 갔다'거나 누군가를 '잃었다'는 식으로 완곡하게 표현해야 한다고 생각한다. 죽음을 둘러싼 문제가 아무리 골치 아프더라도 우리는, 특히 의사들은 두려워하지 말고 죽음을 똑바로 쳐다보고, 우리가 어차피 죽을 운명임을 거듭 인정해야 한다.

호스피스 환자들 중에는 그동안 임박한 죽음에 대해 늘 에둘러 이야기하다, 이곳에서 속 시원하게 터놓을 기회가 생기면 크게 안도하는 사람이 많다. 그렇다 하더라도 죽음의 문제를 터놓고 얘기하는 것은 쉽지 않다. 우선 의사가 환자에게 솔직하게 말하고 행동하라고 압박하면 실패하기 십상이다. 의사가 자기 뜻에 따르라고 강경하게 요구할수록 환자는 더 강경하게 저항한다. '거짓 부갑상선 기능 저하증' 같은 어려운 말을 써 가며 잘난 척하는 사람에게 이래라저래라 지시받는 것보다 더 짜증 나는 일은 없을 테니까.

나도 이야기하거나 생각하기 싫은 주제들이 있다. 지구 온난화, 올해의 소득세 신고, 우리 집 다락의 상태, 극우 포퓰리즘의 증가, 받은 편지함에 쌓인 이메일 숫자, 노환에 시달릴 내 미래, 아이들이 안아 달라고 침대로 기어 올라오는 걸 멈추는 날, 폐경, 연금, 고슴도치 개체 수의 감소 등등. 나는 이러한 주제를 거부하지 않지만 그렇다고 심사숙고하지도 않는다. 해마다 그랬듯이, 올해도 어떻게든 소득세 신고를 때맞춰 할 것이다. 그리고 언젠가는, 아마도 내년쯤엔 다락도 깨끗이 정리할 것이다. 이러한 주제와 마찬가지로, 자신의 죽을 운명을 인식하면서도 죽음의 문제를 미리 고민하지는 않겠다고 선택할 수 있다. 그렇게 선택했다고 해서 죽음을 금기 사항으로 여긴다는 뜻은 아니다. 어쩌면 죽음은 소득세 신고나 연금과 똑같은 문제일 수 있다. 선제적으로 대처해야 한다는 걸 다 알면서도 그와 관련된 행정적 절차가 귀찮을 뿐이다.

더 나아가 죽음을 부정한다고 해서 꼭 나쁘다고만 할 수도 없다. 실제로, 부정은 환자가 자기 운명에 심리적으로 대처하기 위해 필요한 요소일 수 있다. 예전에 백 살하고도 두 살을 더 먹은 환자를 돌봤던 적이 있다. 보니치 교수는 그 연세에도 어찌나 총명했던지 다들 긴장을 늦추지 못했다. 숫자에 통달한 경제학자 출신이지만, 어찌된 영문인지 그녀는 자신의 운명을 계산하는 데는 상당히 서툴렀다. 심부전으로 호스피스에 막 도착했을 땐 나 혼자서 번쩍 안아 침대에 눕힐 수 있을 정도로 왜소했다. 그런데 내가 예후에 대한 이야기를 꺼낼 때마다 그녀는 단호하게 거부했다. 그런 이야기 대신에 케인즈와 프리드먼 같은 경제학자들의 정책을 논하려 들었다. 아침 회진 시간은 옥스브리지(옥스퍼드와 케임브리지 대학을 함께 부르는 명칭-역자 주) 개인 지도 시간으로 바뀌었다. 그러던 어느 날, 내가 수업을 잘 받고 병실을 나서려는데 보니치 교수가 불쑥 말했다.

"클라크 선생, 잠깐만."

나는 돌아서서 그녀가 무슨 말을 하려나 기다렸다.

"한 가지 물어보고 싶은 게 있어요."

'그래, 드디어 때가 됐군.' 나는 의기양양하게 생각했다. '드디어 그 이야기를 나눌 수 있겠어.'

"당신 생각에는…" 보니치 교수는 선뜻 말을 잇지 못했다. "당신 생각에는 그게… 그러니까…"

나는 꾹 참고 기다렸다.

"그러니까 내가 앞으로 굉장히 오래 살기는 어려울 거라고 보나요?"

나는 버럭 소리치고 싶었다. '보니치 교수님, 연세가 이미 102세입니다. 당연히 오래 살기 어렵죠! 한 세기를 넘기고 두 번째 세기를 살고 있으면서 얼마나 더 바라세요?' 하지만 그녀는 내게 너무도 간결한 답변만 허용했다. 내가 죽음의 'ㅈ' 자도 꺼내기 전에 내 말을 잘랐다.

"네, 그건 어…"

"고마워요. 알았으니까 이젠 나가 봐요."

병실에서 쫓겨나긴 했지만 슬며시 웃지 않을 수 없었다. 다음 날, 회진 시간은 다시 경제학 수업으로 돌아갔다. 며칠 뒤에 그녀가 잠결에 평온하게 숨을 거뒀을 때, 나는 극단적 부정 자체가 삶을 연장하는 수단일 수도 있다는 생각이 어렴풋이 들었다. 보니치 교수는 자신의 유한성을 인정하지 않기 때문에 그렇게 장수했는지도 모른다.

사람들에게 죽음에 대해서 반드시 터놓고 말해야 한다거나, '죽음 death'과 '죽어 감dying' 같은 직설적 표현을 쓰고 'D로 시작하는 단어를 금기어로 삼지 말자'고 주장하는 것보다, 나는 죽을 운명에 대해서 각자 원하는 방식대로 대처하자는 원칙을 지지하고 싶다. 죽음에 대해 논의하는 '올바른' 방식 따위는 없다. 그저 개인의 취향 문제라는 편이 더 적절하다. 의사는 솔직한 대화의 모범을 정할 수 있고 또 정해야 하지만, 우리의 목표가 모든 사람이 인간답게 삶을 마감하는 것이라면 말은 그저 문제의 일부일 뿐이다. 그런 말보다는 말기 질환을 앓는 환자들이 가정과 호스피스와 병원 등 어디에서나 똑같이 편안하고 품위 있게 눈을 감을 수 있도록 의사와 간호사, 간병인과 치료사를 충분히 확보하는 문제가 훨씬 시급하다.

어떤 태도를 선택할 것인가

— 완화 의료를 전문으로 삼은 지 몇 달이 지나, 문득 내가 죽음과 관련된 문제를 쉽게 처리한다는 생각이 들었다. 쉬운 일이라는 뜻이 결코 아니다. 다만 어떤 상황이 닥치든 어떻게 도와야 할지, 혹은 팀에서 누가 이 문제를 도울 수 있는지 바로 알아차렸다. 호스피스는 결국 슬픔이라는 들불에 다 타 버린 황무지가 아니었다.

"일이 힘들진 않니?" 어느 날 아버지가 자식을 염려하는 한결같은 마음에서 내게 물었다.

"전혀 힘들지 않아요, 아버지. 오히려 즐거워요. 아침마다 얼른 가서 일하고 싶다니까요."

열정적 대답에 나 자신은 놀랐지만, 아버지는 전혀 놀라지 않았다. 현역에서 물러날 즈음 아버지는 마음과 달리 몸이 따라 주지 않아서 몹시 속상해했다. 예나 지금이나 환자와 만나는 순간을 가장 즐거워했고, 우리를 인간으로 묶어 주는 고통과 두려움, 희망과 꿈을 나누고 싶어 했다. 이젠 운 좋게 내가 그러한 특권을 누리며 살게 되었다.

한때는 죽음에 자꾸 노출되다 보면 나도 모르게 삶의 의욕이 떨어지지 않을까 걱정했는데, 실상은 정반대였다. 세상을 일찍 하직하는 사람을 볼 때마다 내가 아직 살아 있다는 안도감을 느꼈다. 지나온 세월을 돌이켜 볼 때 나는 참으로 운이 좋았다. 서서히 늘어지는 살과 하나둘 잡히는 주름을 감사한 마음으로 받아들였다. 친구가 잃어버린 젊음을 한탄하면 맞장구를 쳐 주긴 했지만 좌절할 일은 아니라고 말했다. 흰머리와 돋보기 안경을 장수의 선물로 간주했다. 외모에 시간을 낭비하는 건 어리석은 짓이라고 생각했다. 노화는 권리도 아니고 도전도 아니었다. 피해야 할 것도 아니었다. 노화는 특권이었다.

내가 태어난 1972년에 미국의 소설가 헨리 밀러는 90대로 들어서면서 노화를 주제로 비범한 에세이를 발표했다. 나는 그의 여러 작품들 가운데 특히 〈여든이 되면서On Turning Eighty〉를 감명 깊게 읽었다. 이 에세이에는 의학의 자만심에 대한 그의 비관적 견해가 잘 드러나 있다.

의학이 그동안 눈부시게 진보하긴 했지만, 불치병은 여전히 인간이 떠받드는 신들의 수만큼 많다. 아무리 박멸하려 해도 세균과 미생물은 늘 살아남는 것 같다. 웬만한 치료가 다 실패하면, 외과의가 나서서 우리를 갈가리 찢고 마지막 남은 한 푼까지 싹 걷어 간다. 그런 게 바로 당신을 위한 진보이다.

오늘날, 의사와 윤리학자, 언론과 대중이 의학의 의도치 않은 해악을 놓고 논쟁한다는 점에서 밀러는 대단히 선견지명이 있었던 것 같다. 하지만 내가 그 에세이에서 가장 감명 깊게 읽은 부분은 불치병, 즉 죽어야 할 운명에 대한 그의 성찰이었다. 밀러에 따르면, 젊음의 진정한 척도는 시간이 아니라 태도라고 주장한다.

여든 살 나이에 불구나 병자가 아니라면, 건강을 유지하고 여전히 산책을 즐기며 식사를 맛있게 한다면, 약을 먹지 않고도 잠을 잘 잔다면, 꽃과 새, 산과 바다에 여전히 마음이 동한다면, 당신은 참으로 운 좋은 사람이니 아침저녁으로 무릎을 꿇고 신에게 감사해야 한다. 나이는 더 어린데도 정신적으로 너무 지쳐서 하루하루 기계처럼 살아간다면, 상사에게 가서 이렇게 말하는 게 좋을 것이다. 물론 작은 소리로.
"빌어먹을! 난 당신의 졸개가 아니야!"
거듭해서 사랑에 빠질 수 있다면, 당신을 세상에 내놓은 죄를 저지른 부모를 용서할 수 있다면, 크게 성공하지 못해도 하루하루 만족하며 산다면, 과거의 일을 잊어버릴 뿐만 아니라 용서할 수 있다면, 점점 더 심술궂고 독하고 냉소적으로 되지 않을 수 있다면, 확실히 당신은 인생을 참 멋지게 살고 있다.

내 경우엔, 죽음을 앞둔 상황에서도 밀러처럼 경외감을 고스란히 간직한 환자들을 돌보는 것보다 더 가슴 벅찬 일은 없다. 내 주변엔 인생을 그 어느 때보다 뜨겁게 사랑하는 환자들이 많다. 그리고 마땅히 슬픔에 잠겨야 할 상황에서 정반대로 반응하는 환자들도 아주 많다. 인생은 어떻게든 흘러가게 마련이다. 피터라는 환자는 죽기 직전에 비통함과 아픔을 애절하게 토로했다.

"나는 내 아내를 사랑하오. 나는 내 딸을 사랑하오. 나는 이 세상 모든 걸 사랑하오."

그 말에 담긴 애절함은 가만히 듣고 있기 어려웠다. 그렇게 말하는 동안에도 그의 입가엔 미소가 어려 있었다. 나중에, 너무 약해져서 병실을 나갈 수 없게 됐을 때도 피터는 눈을 들어 창밖의 나무를 바라보곤 했다. 기운이 좀 나면 수채화 물감으로 나무와 새를 그렸다. 머리맡 탁자에 세워진 수채화는 그가 결코 벗어나지 못할 병실 안에서도 삶의 끈을 계속 붙잡게 해 주었다. 그는 삶의 마지막까지 뜨겁게 살고 사랑하고 창조했다. 여기보다 더 큰 감동을 선사하는 곳이 어디 있으랴.

호스피스 생활에 젖어들면서 나는 함께 일하는 팀과 정이 들었고, 우리가 공유하는 정신을 높이 샀다. 그 정신은 바로 죽어 감은 살아감의 일부이며, 불치병에 걸린 사람도 병원의 다른 환자들 못지않게 보살핌과 관심을 받을 자격이 있다는 것이다. 완화 의료에 몰두하며 지내던 어느 날, 전화벨이 울렸다. 아버지였다.

"얘기 좀 할 수 있냐, 레이첼?"

아버지의 긴장된 목소리를 듣는 순간, 나쁜 소식일 거라는 느낌이 왔다. 딸 에비를 데리러 학교에 가는 길이었다. 차가 막혀서 까딱하면 늦을 판이었는데, 불길한 예감에 핸들을 잡은 손이 떨렸다. 가늘게 잠긴 아버지 목소리가 스피커폰에서 흘러 나왔다.

"안 좋은 소식이란다."

나는 이미 알았다. '암'이라는 말을 듣기도 전에 숨이 막혔다. 지난 몇 달 동안 아버지는 복부에 찌르르한 느낌이 있다거나 살짝 쑤신다는 말을 하곤 했다. 그런데 매번 경련성 복통이나 게실염 같은 흔하고 사소한 질환 같다면서 대수롭지 않게 말했다. 그제야 나는 아버지가 내게서 끌어내려던 게 뭔지 알아차렸다. 아버지는 의사로서 더 사악한 뭔가가 도사리고 있다는 의심을 떨치지 못했고, 그러한 불안감을 의사인 딸이 감지해 주길 고대했던 것이다. 의사로서 우리 둘 다 너무나 잘 알고 또 그 덕분에 때로는 환자의 생명을 구하기도 하는, 특별하고도 강력한 의심을 내가 그만 놓치고 말았다. 게다가 환자가 바로 내 아버지인 상황에서 그 신호를 놓치고 말았다. 나는 불길한 느낌을 애써 무시하면서 별일 아니라는 아버지의 말을 액면 그대로 받아들였다. 아버지는 내게 어떻게 신호를 보내야 하는지 정확히 알았다. 그러나 나는 아버지가 짜 낸 이야기에 맞장구치면서 그냥 넘겨 버렸다. 우리 둘 다 믿고 싶은 대로 믿었던 것이다. '맙소사.' 나는 속으로 비명을 질렀다. '우리 둘이서 뭘 공모했던 거지?'

두려움에 몸이 오싹했지만, 핸들을 꽉 잡으면서 최대한 가벼운 목소리로 말했다.

"말씀하세요, 아버지. 무슨 일인데요?"

"대장암 진단을 받았단다." 아버지는 어떻게든 침착함을 유지하려고 잠시 말을 끊었다. "오늘 내시경으로 봤는데 종양이 꽤 크더구나. 다음 주에 CT를 찍어서 몇 기인지 알아볼 거란다."

우리 둘 다 상투적인 말은 안 하느니만 못하다는 걸 알았다. 정밀 검사 결과가 나올 때까지 초조하게 기다리는 수밖에 없었다. 지금으로선 최악의 경우가 아니길 바랄 뿐이었다. 뭐가 됐든 큰 수술을 받을 테고, 화학 요법과 모멸감까지 줄줄이 기다리고 있었다. 종양 조직이 얼마나 끔찍할지 아직까지 규정되지 않았지만, 물과 포름알데히드가 담긴 접시에 놓여 있다가 곧 후세를 위해 밀납 처리될 것이다. 그리고 어느 것 하나 놓치지 않는 의사들이 현미경으로 암세포의 기형을 꼼꼼하게 살필 것이다. 이제 모든 건 떼어 낸 조직이 얼마나 괴상한지에 달려 있다. 암의 단계는 인체를 향한 공격성 및 속도와 상관관계가 있다. 신체의 먼 부위까지 퍼진 4기 암이라 하더라도 때로는 치료할 수 있다. (5기는 없다. 4기 다음엔 죽음뿐이니까.) 아이러니하게도, 이 세포들은 병리학자의 보관실에 10년 동안 보존되면서 천수를 누리는 반면, 아버지의 예후와 여명은 지극히 불안한 상태에 놓여 있었다.

"아버지는 일흔네 살 된 다른 분들보다 훨씬 더 건강해요. 30킬로미터를 너끈히 걷고 산에도 자주 오르잖아요. 이런 게 얼마나 중요한데요. 아버지는 아주 건강해요."

실제로 그랬지만, 지금부턴 그런 게 별로 상관이 없었다.

"나도 안다, 레이첼. 하지만 문제는 단계가 아니겠니. 정밀 검사에서 전이 여부도 확인해야 하고." 아버지가 대답했다. 나는 딸의 학교 주차장에 차를 세우고 핸들 위로 몸을 잔뜩 웅크렸다.

"아, 죄송해요, 아버지. 지금 에비를 데리러 가 봐야 해요." 우리는 나중에 또 통화하기로 했다. 내가 한마디 덧붙였다. "사랑해요, 아버지."

"그래, 나도 사랑한단다, 애야. 너무 걱정하지 마라." 아버지의 목소리가 살짝 갈라졌다.

인생은 어떤 상황에서도 멈추지 않는다. 나는 전화기를 거칠게 내던지고 손등으로 눈물을 닦았다. 차에서 내리자 수백 명의 아이들이 왁자하게 떠들면서 운동장을 가로질러 나오고 있었다.

"레이첼, 무슨 일 있어?"

내 친구이자 다른 아이의 엄마가 이맛살을 찌푸리며 물었다. 나는 울음이 터질 것처럼 얼굴이 일그러졌다.

"그게…, 아버지가 암에 걸렸어."

다른 엄마들이 자기 아이들과 함께 에비를 번쩍 안아 올렸다. 내가 한쪽 구석에서 마음을 추스를 때까지 그들은 건포도와 초콜릿으로 에비의 주의를 끌었다. 그 뒤로도 그들은 한없는 친절과 배려로 나를 감동시켰다. 곧 나는 이를 악물고 눈물을 닦았다. 괴성과 함께 쿵쾅거리는 발소리가 들렸기 때문이다. 내 딸, 작고 사랑스러운 내 딸이 맹수처럼 내 품으로 뛰어들며 재잘거렸다. 딸을 껴안고 볼에 입을 맞추는데 눈물이 주르르 흘러 아이의 옷을 적셨다. 그 순간, 아이에게서 기적 같은 생명력이 느껴졌다.

별것 아닌 삶에 모든 것을 바치는
어리석고 아름다운 사람들에게

11

애통이 두려움과 같은 느낌이라고
아무도 내게 말해 주지 않았다.

– C. S. 루이스, 《헤아려 본 슬픔》

모든 게 바뀌었다. 들뜬 마음으로 들어왔던 호스피스가, 삶의 끝자락
에 놓인 이들에게 위로와 위안을 제공하는 팀의 일원이라는 데 자부심
을 느꼈던 호스피스가, 이젠 마음의 안식처에서 지뢰밭으로 돌변했다.
잠시라도 한눈을 팔거나 정신을 딴 데 두면 순식간에 펑펑 폭탄이 터
졌다.

아니나 다를까, 정밀 검사 결과, 전이가 드러났다. 게다가 가장 굶주

271

리고 치명적인 단계로 드러난 아버지의 암은 이미 간까지 점령한 상태였다. 아버지는 얼마라도 시간을 벌기 위해 수술과 화학 요법 치료를 받을 것이다. 하지만 결론은 이미 정해진 거나 마찬가지였다.

환자들을 돌보다 보면 아버지의 미래가 자꾸 떠올랐다. 황달, 통증, 종잇장처럼 얇은 살가죽 등 온갖 증상이 아버지에게도 곧 나타날 것이다. 생과 사의 경계에 선 환자들을 볼 때면 마음이 더 심란해졌다. 의식은 없지만 여전히 따뜻하고, 아무 소리도 못 내지만 여전히 숨을 쉬는 환자들, 심장이 희미한 박동을 이어 가지만 사랑하는 이들에겐 이미 떠난 거나 다름없는 환자들. 내 아버지가 이들처럼 삶과 죽음의 갈림길에서 헤맬 거라고 상상하기만 해도 견디기 어려웠다.

때로는 미신이 과학을 능가한다. 밤늦도록 잠을 설치다가 문득 내가 자꾸 이런 생각을 하면 실제로 그런 일이 벌어져서 아버지가 내 환자들과 같은 운명에 처하게 될지도 모른다는 생각이 퍼뜩 스쳤다. 사적인 감정과 전문적인 이성이 지저분하게 충돌하면서 양쪽 모두에 타격을 입혔다. 나는 혼잣말로 웅얼댔다.

"정신 차려. 네 환자들은 이런 취급을 받을 이유가 없어."

나는 밤마다 잠 대신에 논리와 씨름했다.

'봐, 이건 대단한 뉴스가 아니야. 비극이랄 것도 없어. 일흔네 살 된 노인이 암 진단을 받았을 뿐이야. 우리 중에서 둘에 하나는 그런 운명에 처할 거야. 지극히 평범한 일이라고.'

앞으로 살아갈 나날이 얼마 남지 않았지만, 아버지는 70년 넘는 세월 동안 다채로운 삶을 살았다. 언제 떠나도 비운을 논할 수 없었다. 하지만 무한한 잠재력을 지닌 새 생명은 얘기가 달랐다. 꽃도 피워 보지 못하고 죽은 어린아이, 병원 밖 세상을 구경도 못 한 채 신생아 집중 치료실에서 사망한 아기에게는 비운이라는 말도 모자랄 정도다. 그런데 환자가 내 아버지다 보니, 그런 논리가 아무런 소용이 없었다. 이번에 깨달은 바, 애통은 사랑과 마찬가지로 이성을 마비시켰다. 죽음과 관련해서 누가 동정받을 만한가에 대한 계산은 엉터리였다. 사랑은 각종 통계를 비웃었다.

그런 줄도 모르고, 나는 예전에 진정한 비극이네 아니네 하면서 함부로 슬픔을 판단하고 순위까지 매겼다. 어린아이는 분명히 어느 누구보다 순위가 높았다. 아이를 잃는 슬픔을 능가할 게 뭐가 있겠는가. 다음으로, 의사가 되자마자 나는 삶의 다른 극단에서 느끼는 상실의 아픔을 알게 되었다. 60년 넘는 세월 동안 해로한 부부는 어느 한쪽이 없는 삶을 기억하지 못했고, 혼자 남느니 따라 죽겠다고 할 만큼 서로 의지했다. 아무리 냉정한 수학이라도 그들의 애통함을 두고 앞의 예보다 가치가 떨어진다고 계산할 수 있겠는가?

그러한 판단은 계속 이어졌다. 마흔 살이 됐을 때 나는 친구들 앞에서 이젠 의사의 동정을 받지 않아도 될 나이에 공식적으로 이르렀다고 선언했다.

"농담 아냐." 나는 웃으면서도 내 말을 물리진 않았다. "나이 앞자리 숫자가 3에서 4로 바뀌면, 동정받을 자격이 없어. 그 정도면 남부럽지 않을 만큼 살았다고 봐야 하는 거야."

호스피스에서 늦게까지 일하던 어느 금요일 저녁, 나는 화가 나서 속이 부글부글 끓었다. 나란히 붙은 두 병실에서 두 여성이 사경을 헤매고 있었다. 한쪽은 나이가 무척 젊었다. 그녀의 남편과 부모가 눈물을 삼키며 조용히 임종을 지키고 있었다. 어린 두 아이는 엄마를 둘러싼 죽음의 그림자에서 멀찍이 벗어나 집에서 이모와 놀고 있었다. 다른 쪽은 나이가 90대 후반이었다. 이 병실엔 스무 명에 달하는 식구가 시끌벅적하게 모여 있었다. 그들은 천수를 누린 여족장을 둘러싸고 기도회라도 하는지 내내 시끄럽게 떠들었다. 아까는 참다못해 다른 환자들과 가족들을 위해 목소리를 낮춰 달라고 부탁하려다 간신히 참았다.

그런데 밤늦은 시간, 난데없는 통곡 소리가 복도를 가득 메웠다. 시간이 지나도 곡소리는 가라앉지 않았다. 오히려 일부 조문객은 병실에서 뛰쳐나와 복도 바닥에 엎드린 채 목이 터져라 울었다. 너무 시끄러워 귀가 먹먹할 지경이었다. 나는 옆 병실에서 조용히 자리를 지키는 젊은 환자의 가족에게 너무 미안했다. 세상이 다 끝난 양 울부짖는 사람들에게 가서 큰 소리로 따지고 싶었다.

'그래요, 당신네 가족이 눈을 감았군요! 2년만 더 살았더라면 100살을 채웠을 텐데, 참 아쉽네요. 하지만 그만하면 천수를 누렸다고 봐도 되지 않겠어요? 젠장! 그 정도 했으면 다른 사람들 생각도 좀 해야 하지 않겠어요?'

직접 겪어 보지도 않고 얼마나 쉽게 판단했던가! 나의 즉흥적 반감은 순전히 무지에서 비롯되었다. 아버지가 암 진단을 받고 몇 주가 흘렀다. 죽음 앞에서 꿋꿋하게 버티는 법을 세상 누구보다 잘 안다고 자부했던 사람은 온데간데없고, 절망의 구렁텅이에서 허우적거리는 사람만 남았다.

'맙소사, 레이첼! 넌 완화 의료 전문가야. 지금 이 꼴이 뭐니?'

직업상 슬픔에 수없이 노출된 데다가 사람들이 생사의 갈림길에서 길을 잃지 않도록 돕는 일을 해 왔는데도, 나는 암이 내 아버지를 죽일 거라는 충격 앞에서 완전히 무방비 상태였다. 낮에는 최대한 덤덤한 마음으로 일을 수행했지만, 아니 수행하는 척했지만, 밤에는 지푸라기를 움켜잡으며 애를 태웠다. '시험약'이라는 말을 중얼거리며 인터넷에서 특효약으로 떠도는 엉터리 물건을 찾아 헤맸다. 의사로서 키워 온 과학적 판단력은 모두 사라지고 희망 사항만 남았다.

'기적을 안겨 줄 새로운 면역 치료법들. 단클론 항체. 새로운 CTLA-4 억제제. 이 상황을 역전시키고 아버지의 삶을 되돌릴 수 있는 시험약이 어딘가에 있을 거야. 내게서 아버지를 빼앗아 가지 않을 시험약이 분명히 있을 거라고.'

아버지를 잃지 않으려는 간절한 열망 때문에 때로는 그간의 경험과 이성이 마구 흔들렸다. 아버지를 살릴 수만 있다면 무슨 짓이든 불사할 각오였다.

나는 동료들에게 내 상황을 설명했다. 며칠 뒤, 여전히 불안하긴 했지만 평정심은 어느 정도 회복했다. '환자들을 위해 네가 할 수 있는 일을 계속해야 해.' 나는 속으로 다짐하고 또 다짐했다. '그들을 살릴 수는 없지만 조금이라도 도울 수는 있잖아. 그러니까 계속 노력해야 해.'

한 가지는 확실했다. 그간의 의료 훈련은 다른 사람들이 느끼는 애통한 마음의 강도를 헤아릴 통찰력을 갖춰 주지 못했다. 아울러 사랑하는 사람을 우리 곁에 좀 더 머물게 하려는 절박한 마음의 강도를 헤아리릴 통찰력도 갖춰 주지 못했다.

삶도 사랑도 슬픔도, 결국 한순간일 뿐이지만

─　　　눈이라도 내릴 듯 하늘이 흐릿했다. 붉은 솔개 한 마리가 희푸른 하늘을 가르며 유유히 날았다. 차에서 내리자 발밑에서 얇은 얼음장 깨지는 소리가 났다. 아버지가 고개를 들고 솔개의 곡예비행을 유심히 쳐다봤다.

"데이브가 뭐라 하지 않던?" 아버지가 시선을 여전히 솔개에게 둔 채 내게 물었다. 날개와 꼬리를 교묘히 기울이는 비행사의 곡예를 즐기려고 아버지도 고개를 한쪽으로 젖혔다.

"뭐라 하긴요." 내가 웃으며 대답했다.

우리는 잠시 서서 하늘을 쳐다보며 솔개의 멋진 비행을 감상했다.

"빌어먹을, 왜 이렇게 추운 거야." 오빠가 우리의 시선을 다시 지상으로 끌어내렸다.

"자, 어서 가자." 아버지가 말했다. "여기서 나만큼 추위에 대해 불평할 사람 있냐?"

화학 요법은 손발의 신경을 공격해서 추위에 대단히 취약하게 만든다. 아버지는 지금 창으로 손끝을 찔리는 듯한 통증을 느낄 터였다.

"아, 그럼 얼른 털모자를 쓰시든지." 내가 책망하듯 말했다.

아버지는 뭐라고 투덜대면서 먼저 걸음을 옮겼다. 우리가 향하는 곳은 바로크 양식과 빅토리아 시대 고딕 양식을 섞은 다음, 추가로 튜더 양식까지 가미한, 그야말로 해괴한 건물이었다.

"하나님 맙소사! 망할 놈의 건축물이로구나."

나도 모르게 피식 웃음이 나왔다. 욕설로 말하자면, 아버지는 손자 앞에서도 거리낌 없이 욕을 내뱉었다. 핀이 네 살 때 할아버지 집에서 주말을 보내고 온 뒤 여동생의 기저귀에서 나는 지독한 냄새를 맡더니 소리쳤다.

"하나님 맙소사! 에비! 너 지금 도대체 뭔 망할 짓을 한 거니?"

오늘, 아버지와 오빠와 함께 버킹엄셔에 있는 블레츨리 공원을 찾아 왔다. 이 요상하게 생긴 건물은 2차 세계 대전 당시 정부의 암호 해독 가를 만 명 가까이 수용했던 곳이다. 아버지는 암이 더 번지기 전에 이 곳을 꼭 와 보고 싶다고 했다. 막상 와 보니 옛날로 돌아간 듯했다. 영 국 정보부는 공원의 널찍한 땅에 조립식 목제 막사를 잔뜩 짓고서 닥 치는 대로 인재를 채용했다. 암호 전문가, 언어학자, 수학자, 천문학자 를 가리지 않았고, 나중에 상황이 더 긴박해지자 여성들도 고용했다. 블레츨리는 꼴사납고 시끄러운 기계로 유명했다. 자체 제작한 암호 해 독 기계들은 끈과 테이프로 간신히 고정되었다. 어떤 기계는 '히스 로 빈슨'이라는 별명까지 붙었다. 영국의 풍자 만화가이 히스 로빈슨이 단순한 일을 지나치게 복잡한 장치로 수행하는 만화를 즐겨 그렸기 때 문에 붙은 별명이다. 어쨌든 천재 수학자 앨런 튜링이 이끈 괴짜 수재 들의 잡동사니 기계가 독일의 암호 기계 에니그마를 해독하여 전쟁을 2년 정도 단축할 수 있었다. 아버지는 전쟁사를 무척 좋아해서 이곳을 늘 방문하고 싶어 했다. 화학 요법 여섯 사이클 가운데 절반을 마친 지금, 더 이상 그 일을 미룰 수 없었다.

우리는 줄지어 늘어선 1층짜리 목조 막사를 차례로 돌았다. 하얀 입김을 후후 불어 가면서 느릿느릿 걸었다. 아버지는 특유의 열정으로 하나하나 음미하듯 구경했다. 암에 걸린 사람이라고 전혀 느껴지지 않았다. 베이클라이트(예전에 전기용품 등에 쓰던 플라스틱의 일종) 소재로 된 전화기, 유니폼, 에나멜 머그잔, 투박하게 생긴 최초의 컴퓨터 등 전시품은 하나같이 신기했다. 우리는 특히 괴짜 수재들로 이뤄진 암호 해독 팀의 소설 같은 이야기에 매료되었다.

에니그마 암호 기계는 다섯 자리 그룹으로 된 대단히 기발한 코드 체계였다. 독일은 문자 암호 기계 중 최고라고 자부하며 절대 해독되지 못할 거라 여겼다. 그런데 블레츨리에서 밝혀낸 바, 에니그마의 치명적 단점은 코드에 있지 않고 그 운영자에게 있었다. 인간은 기계가 아닌지라, 마음속의 문제가 슬금슬금 끼어들었다. 독일의 암호 사무원 중 일부가 규칙을 어기고 호출 부호에 아내나 애인의 이름을 사용하거나, 메시지 시작과 끝에 특정 문구를 반복해서 사용했다. 그러한 틈새가 암호 해독가들에겐 한줄기 빛이나 다름없었다. 느리지만 확실하게 에니그마의 정교한 체계가 하나씩 풀리기 시작했다.

나는 잠시 아버지의 체내 세포에 내장된 코드를 생각해 봤다. A, C, G, T. 아데노신, 사이토신, 구아닌, 티민 등 DNA를 구성하는 네 가지 뉴클레오티드이다. 이것들이 아버지 생애의 온갖 미묘한 변화에 영향을 끼쳤다. 70년 넘는 세월 동안 37조 개에 달하는 세포가 자신들의 내부 코드를 완벽하게 복제하는 과정에서 어떠한 오류나 결함도 모두 수정하거나 파괴했다. 이 점은 블레츨리의 과학자들보다 훨씬 더 대단하다. 그런데 아버지의 소화관 깊은 곳에 있던 세포 하나가 자신의 잘못된 코드에도 죽기를 거부하고 인체의 견제와 균형에 반항하면서 자기와 똑같은 알을 낳기 시작했다. 불멸을 꿈꾼 세포 하나가 아들과 딸을 마구 생산해 냈다. 대를 이은 자손들이 지금도 무자비하게 영토를 넓히며 대공습을 감행하고 있었다. 그들의 공격은 지금 내 옆에서 걸어가는 숙주가 죽을 때까지 이어질 것이다.

나는 스티븐 케틀이 실물 크기로 제작한 앨런 튜링의 조각상을 한동안 바라봤다. 근대 컴퓨터 기술과 인공 지능의 아버지이자, 세계 대전의 진로를 바꿨을 수도 있는 남자가 자신의 암호 해독기 앞에 서글픈 얼굴로 앉아 있었다. 그는 동성애 혐오증이라는 전혀 다른 종류의 악성 종양에 의해 살해당했다. 튜링은 경찰에 '중대한 외설', 즉 동성애를 고백했다가 화학적 거세에 동의한 뒤에야 교도소 신세를 면할 수 있었다. 그에게 주어진 권한이었던 기밀 정보 취급 허가가 취소되고 정보 업무가 말소되었다. 튜링은 2년 뒤 자택에서 청산가리 중독으로 사망했다. 옆에는 반쯤 먹은 사과가 놓여 있었다.

조각상은 웨일스 슬레이트 광산에서 캐낸 50만 개의 슬레이트로 제작되었는데, 각 슬레이트는 5억 년이나 된 것이었다. 우주 공간이나 수학만큼 방대해서 감히 범접하기 어려운 느낌이 들었다. 블랙홀이니 지질학적 시간이니, 나로서는 다 이해할 수 없는 것들이었다. 세포와 암호, 종양학과 지질학의 수백만이나 수조 같은 엄청난 규모에 맞서자니, 한 인간의 삶이 공기처럼 공허하게 느껴졌다. 아른거리는 숫자 사이로 눈물이 고이려 해서 나는 입술을 깨물었다.

"뭔 생각을 그리 하냐?" 아버지가 내 어깨를 툭 치며 말했다. "자, 가자. 아직 16번 막사를 못 봤구나."

아버지의 뒤를 힘없이 따라가는 오빠가 마치 시멘트 공장으로 소풍 나온 꼬마 같았다. 나는 웃으며 두 사람을 따라갔다. 어차피 가 봐야 다른 막사와 별반 다르지 않을 걸 알면서도 걸음을 재촉했다. 어렸을 때도 휴일엔 늘 아버지한테 끌려다녔다. 습지를 탐험하고 산을 오르고 눈보라를 맞고 산비탈에 쌓인 돌무더기를 관찰했다. 안 가겠다고 반항하거나 징징대 봤자 소용이 없었다. 진짜로 완강하게 거부하면, 가령 "난 이제 한 발자국도 안 가! 아빠가 뭐라 하든 절대로 안 간다고! 아빠 미워!"라고 소리치며 버둥거리면, 아버지가 주머니 속에 숨겨 두었던 켄달 민트 케이크를 꺼내 뇌물로 제공했다. 그러면 우리는 흠뻑 젖은 카굴(하이킹 도중 비가 오면 입는 외투 -역자 주)을 다시 뒤집어쓰고 산 정상까지 꾸역꾸역 올라갔다가 내려왔다.

"오빠, 옛날에 호수 지방으로 끌려다니던 때 같지 않아?" 내가 오빠에게 물었다.

"그래, 딱 그때 같다." 오빠가 탄식했다. "그때도 세 시간 동안 오두막들을 탐색하고 다녔지. 도대체 저런 기운이 어디서 나온다니? 이게 정상이니?"

나는 다른 환자들과 비교하면서 말했다. "흠, 전이성 암으로 화학 요법을 받는 사람에게 정상적인 상황이라고 할 순 없지, 아무럼. 하지만 아버지라면 뭐 지극히 정상적인 일이지.”

아버지는 결국 블레츨리 공원을 더 볼 게 없을 정도로 돌아다녔다. 우리는 4번 막사로 들어갔다. 해군 정보부의 암호 해독 막사였는데, 지금은 다행히도 카페가 들어서 있었다. 우리는 자리에 앉아서 샌드위치를 먹으며 앨런 튜링에 대한 이야기를 나눴다. 자식들과 웃고 떠드는 아버지의 얼굴이 환하게 빛났다. 그런데 심장 주변부까지 세포 독성 약물을 곧장 정맥 주사하기 위해 후줄근한 플리스 스웨터의 소매 밑으로 ‘말초 삽입형 중심 정맥 카테터’가 은밀하게 장착되어 있다는 사실을 알아차릴 사람은 아무도 없었다.

그의 아픔이 내 것과 같음을 느끼는 순간

— 다시 일터로 돌아왔을 땐 모든 게 새로워 보였다. 특히 환자 가족에게 불확실성이 얼마나 큰 부담인지 확실히 알게 되었다. 그들은 흔히 두 가지 질문으로 괴로워했다. 사랑하는 사람이 얼마나 더 버틸 수 있을까? 그때가 되면 어떤 일이 벌어질까? 예전에도 이런 질문에 최대한 답변하려 애를 썼지만, 이제는 그러는 게 당연한 의무처럼 느껴졌다. 적당히 얼버무리면서 잘 모른다고 답할 수도 있지만, 그러면 왠지 책임을 회피하는 것 같았다. 우리는 대체로 질문의 답을 알고 있거나 적어도 예측할 수 있었다. 물론 오판의 가능성이 늘 존재하지만, 적어도 다년간의 경험을 바탕으로 예후를 예측할 수 있다. 환자나 가족들은 경험도 없고 정보도 부족하므로 불확실한 상태에서 전전긍긍

할 수밖에 없다. 주의 사항과 함께 앞으로 일어날 일들을 신중하게 알려 준다면, 환자와 그 가족들이 그것을 전혀 모르는 것보다 낫다고 생각했다.

우리가 죽을 때 실제로 어떤 일이 벌어질까? 역사적으로, 이 전환의 순간을 놓고 여러 세대 의사들이 머리를 싸매고 고심했다. 일례로, 1907년 미국의 던컨 맥두걸 박사는 죽은 뒤에 영혼이 떠나간다고 가정하고서 체중 감소를 기록했다. 영혼의 존재를 증명하기 위한 최초의 과학적 연구였다. 맥두걸은 영혼이 무게를 지녔다는 가설을 세우고 환자 여섯 명이 죽는 순간에 질량 변화를 측정했다. 여섯 환자 중한 명에게서 4분의 3온스, 즉 21.3그램이 감소했다. 그 뒤로, 이 연구는 '21그램 실험'이라는 이름으로 널리 알려졌다.

말할 필요도 없이, 맥두걸의 방법은 눈살을 찌푸리게 한다. 임종 환자의 침대를 저울에 올려놓는 윤리적 문제를 차치하고라도, 단 하나의 과학적 샘플로는 아무것도 증명할 수 없다. 체중 감소가 없는 다섯 환자들을 슬며시 빼 버린 것도 문제였다. 맥두걸은 후속 실험도 감행했다. 건강한 개 열다섯 마리를 과학이라는 이름으로 독살한 뒤 체중을 쟀다. 개들에게서 체중 변화가 전혀 없자 동물에게는 영혼이 없다고 단정 지었다. 이러한 한계에도 불구하고 〈뉴욕 타임스〉는 '영혼에 무게가 있다'라는 제목으로 기사를 내보냈다. 그 뒤로 영혼의 무게가 21그램이라는 생각이 대중문화에 견고하게 뿌리내렸다.

임종 순간에 영혼이 탈출한다는 끈질긴 주장의 증거가 미시간 주 헨리 포드 박물관에 고이 모셔져 있다. 그곳엔 파라핀으로 밀봉된 시험관이 있는데, 그 안에 전구를 발명한 토머스 에디슨의 마지막 숨결, 즉 탈출하는 영혼이 담겨 있다고 한다. 당시에 헨리 포드는 에디슨의 조명 회사에 입사해 수석 엔지니어로까지 승진했다. 포드 역시 열성적인 발명가라 여가 시간에 자동차 모델을 디자인하곤 했다. 그때 디자인한 모델이 훗날 자동차의 대중화를 이끈 '포드 모델 T'로 탄생했다. 에디슨과 포드는 끈끈한 우정을 나누었다. 전설 같은 이야기에 따르면, 1931년 에디슨이 불치병에 걸렸을 때 포드는 에디슨의 아들 찰스에게 아버지의 임종을 지키면서 아버지 입에 시험관을 대고 있다가 마지막 숨결을 받아 달라고 부탁했다.

찰스는 훗날 아버지에 대한 글을 쓰면서 그때의 일을 전했다. '아버지는 주로 전기 분야에서 뛰어난 업적을 이뤘다고 기억되지만, 사실 화학을 더 좋아했다. 임종 시에 아버지 옆에 시험관들이 가깝게 놓여 있었던 것은 그 점을 상징한다고 볼 수 있다. 아버지가 숨을 거둔 직후, 나는 주치의인 허버트 S. 하우 박사에게 시험관들을 파라핀으로 밀봉해 달라고 부탁했다. 그는 실제로 그렇게 했다. 나중에 나는 그중 하나를 포드 씨에게 건넸다.'

그런데 이 시험관이 수년 동안 사라졌다가 1978년에 '에디슨의 마지막 숨결?'이라는 딱지를 붙인 채 다시 나타났다. 그 뒤로, 이 시험관은 박물관에 계속 전시되고 있다. 딱히 유리 속에 갇힌 영혼이 아니더라도 우정의 영속적 힘을 상징하는 증거로 여겨진다.

현대 의학의 고상한 관점에서 볼 때, 영혼이 이탈하는 순간에 죽음이 일어난다고 보는 관념은 기이하고 우스꽝스러울 수 있다. 우리 의사들은 그런 영묘한 공상을 취급하지 않는다. 우리는 살과 피라는 구체적 증거에 뿌리를 둔 정의를 고집하며, 죽음은 허구의 존재有在가 아니라 부재不在로 묘사된다. 지난 몇 년 동안 나는 수십 건의 죽음을 확인하면서 그 자리에 더 이상 없는 것을 환자의 의무 기록지에 신중하게 기록했다. 그 기록은 인간의 소멸을 뜻하는 음산한 시구 같다.

- 3분 이상 호흡이나 심음이 들리지 않는다.
- 3분 이상 맥박이 잡히지 않는다.
- 동공이 고정되고 확대되었으며 빛에 반응하지 않는다.
- 촉진할 수 있는 심박 조율기가 없다.
- 고통스러운 자극에 전혀 반응하지 않는다.

환자는 사망했다.

한 사람의 죽음 앞에서 나는 늘 고개를 숙이고 내가 단순히 의사가 아니라 똑같은 인간이라는 점을 떠올렸다. 그런 다음 고인의 이름을 적고 "고이 잠드소서"라고 진심으로 명복을 빌었다. 그런데 입을 헤 벌린 시신을 붙들고서 청진기로 침묵의 소리에 귀를 기울이고, 뛰지도 않는 맥박을 감지하려고 한동안 씨름한 뒤에는 그 일을 잊을 만한 굉장한 일탈 행위가 필요하다. 폴리에스테르 커튼 뒤에서 시신을 상대로 대단히 친밀하면서도 외로운 경험을 해야 하기에, 3분이라는 시간은 더없이 길게 느껴진다.

그렇지만 21그램 가설이 대체되었듯, 시간이 지나면서 의학적 죽음도 형태와 정의가 바뀌었다. 21세기 들어와서 혈류와 호흡은 더 이상 삶의 본질이 아니다. 이젠 뇌 활동으로 발생하는 전류인 뇌파가 중요하다. 맥박도 없고 호흡도 없고 청색증이 나타나더라도 뇌에서 전기가 흐른다면 당신은 살아 있다고, 여전히 이승에 존재한다고 할 수 있다. 첨단 장비들이 당신의 피를 순환시키고 폐를 부풀리고 목에 연결된 튜브로 유동식을 천천히 공급하는 등 생존에 필요한 기능을 수행할 수 있기 때문이다. 생명 유지 장치는 기본적으로 기계 장치라서 배관 작업이 상당히 중요하다.

정반대 상황도 있을 수 있다. 겉으로 드러나는 흠 하나 없이도 죽을 수 있다. 가령 이런 상황을 상정해 보자. 병원의 집중 치료실에 반쯤 정신 나간 부부가 허겁지겁 들어온다. 부부는 몇 시간 전에 자전거를 타러 나간 10대 아들을 이곳에서 발견하리라고는 꿈에도 몰랐다. 상쾌한 바람에 머리칼을 날리고 싶은 유혹을 떨치지 못한 아들은 헬멧을 벗은 채 자전거를 탔다. 부부는 아들을 잃었다는 게 도무지 믿기지 않았다. 아들은 어디 하나 다친 데 없이 멀쩡해 보였기 때문이다. 몸도 여전히 따뜻하고, 뺨도 발그레했다. 가슴에 불룩 솟은 근육도 그대로였다. 젊음의 아름다움과 건강미가 넘쳤다. 그런데 누가 감히 이 아이가 지금 잠자는 게 아니라고 말한단 말인가? 금방이라도 눈을 번쩍 뜰 것 같은 이 아이를 누가 죽었다고 한단 말인가?

뇌사는 뇌 손상이 너무 심각해서 기계 장치로 잠시 생명을 유지한다 하더라도 다시 회복할 가능성이 전혀 없는 상태를 말한다. 뇌사는 1970년대 이후에 등장한 개념이다. 어쩌면 앞으로 또 다른 버전의 죽음이 등장할지도 모른다. 죽음의 정의가 계속 바뀌면서 의사들은 인간 소멸에 대한 규칙을 계속 다시 써야 할 것이다.

사랑하는 사람만이 가닿을 수 있는 슬픔

—   "피트가 너무 피곤해 보여. 레이첼은 그이가 이 일을 얼마나 더 해야 한다고 보지?"

나는 눈을 깜박거리면서 마리아가 하는 말을 들었다. 80대의 마리아는 신장암 말기로 무척 쇠약했지만 호스피스에 도착한 순간부터 남편의 안위를 걱정했다. 특히 자신이 떠난 뒤에 혼자 남은 남편이 어떻게 살아갈지 못내 불안해했다. 그러한 이타심이 우리를 감동시켰다.

"실은 결혼 생활 내내 그이는 밖에서 돈을 벌어 왔고, 나는 집안 살림만 했다니까." 마리아가 말을 하다 말고 잠시 겸연쩍게 웃었다. "아마 그이는 오븐 켜는 법도 모를 거야. 이런 얘길 들으면 그이를 바보 같다고 하겠지?"

"바보 같다니요? 실은 저도 비밀이 하나 있는데요. 딱히 자랑할 만한 얘기가 아니라서 간호사들한테는 전하지 않았으면 해요."

마리아의 눈이 호기심으로 반짝거렸다.

"저는 겁 없는 페미니스트라고 자부하거든요. 제 딸의 권리를 위해, 나아가 모든 여성들의 권리를 위해 필사적으로 싸울 거예요. 차별을 견딜 수 없거든요. 하지만 고백하건대, 차에 대해서는 아무것도 몰라요. 타이어 가는 걸 자꾸 깜빡하고, 오일 교환하는 법도 모른다니까요.

그런 걸 한 번도 해 본 적이 없어요. 자동차와 관련된 문제는 죄다 남편한테 미뤄 버려요. 도로에서 주행하다 차가 고장이라도 나면 앞이 캄캄할 거예요."

마리아가 활짝 웃었다.

"정말 간호사들한테 말하지 않는 게 좋겠네. 레이첼이 그 정도로 형편없다는 걸 알면 실망할 테니까."

마리아와 피트는 50년 넘게 해로했다. 아이가 하나 있었는데 아깃적에 죽었다. 그 뒤로 반세기 넘게 둘이서만 살았다. 매일 오후, 피트는 침상 옆에 무릎을 바짝 붙이고 앉아 아내의 손을 잡았다. 시 외곽에 있는 집에서 호스피스까지 오려면 버스를 갈아타야 했다. 왕복으로 네 대의 버스를 타고 오가는 데만 여러 시간이 걸렸다. 피트는 고관절염으로 지팡이를 짚어야 했고 한쪽 귀엔 보청기까지 끼었다. 힘들게 찾아오는 피터에게 간호사들이 차와 케이크를 대접하면서 교통 편의를 봐 주겠다고 해도 매번 거절했다. 도움을 거절하는 게 자존심이나 체면 때문인지, 아니면 내가 모르는 다른 충동 때문인지 알 수 없었다.

마리아는 통증이 조금 가라앉으면 연애 시절 이야기를 조곤조곤 들려주곤 했다.

"그이는 정말 인기가 많았어." 마리아가 자랑스럽게 말했다. "동네 여자들이 다 그이를 좋아했다니까."

마리아는 호스피스에 입원하기 전부터 떠날 날이 머지 않았음을 직감했다. 그래서 남편 몰래 몇 가지 조치를 취했다.

"냉동고에 과일을 꽉꽉 채워 놨어." 마리아가 내게 말했다.

그때는 그나마 기운이 좀 남아 있을 때라 피터와 함께 집 근처 과일 농장에 다니면서 햇볕도 쬐고 과일도 땄다. 여름이 끝나 갈 무렵이라 딸기와 라즈베리, 블랙베리 등 수확거리가 무척 많았다. 마리아는 냉동 창고 선반에 가득 쌓인 과일을 봉지에 1인분씩 일일이 나눠 담았다. 그녀가 떠나도 피터는 이 과일을 하나씩 꺼내 먹으며 사랑하는 아내와 보낸 마지막 여름을 기억할 것이다.

"그이가 올 겨울엔 과일 걱정은 안 해도 될 거야." 마리아가 자랑스럽게 말했다. 그런데 그게 끝이 아니었다. "그런데 생선 두께가 문제라니까." 하루는 마리아가 뜬금없이 생선 이야기를 꺼냈다. "네? 뭐라고요?" 나는 마리아가 의식이 흐릿해져서 헛소리를 하나 싶어 유심히 살폈다.

"피트는 생선마다 두께가 다르다는 걸 잘 모른다니까. 내가 여기 오기 전에 전자레인지 사용법을 가르쳐 줬어. 대구 한 토막은 6분 걸리지만 가자미 한 토막은 4분밖에 안 걸려. 내가 냉동실에 다 넣어 놨거든. 그이는 그냥 꺼내서 전자레인지에 돌려 먹기만 하면 돼. 그런데 두께가 다 다르다는 걸 기억할지 모르겠어."

그날 밤, 나는 마리아에 대한 생각으로 잠을 이루지 못했다. 마리아는 암으로 죽어 가면서도 남편의 안위를 걱정했다. 자신이 무덤에 들어간 뒤에 혼자서 살아가는 법을 남편에게 가르치고 일용할 양식까지 모두 준비해 놓았다. 냉동고 칸칸마다 쌓인 씨 없는 과일과 양념에 재운 생선보다 더 가슴 미어지는 사랑의 증표가 세상에 또 있을까.

그런데 마리아는 지금, 자신이 떠난 뒤보다 당장 날마다 호스피스를 오가느라 고생하는 피트가 더 걱정스러웠다. 실제로 피트는 눈에 띄게 지쳐 보였다. 낯빛도 무척 어두웠다. 피트가 얼마나 더 이런 생활을 이어 가야 하는지에 대한 마리아의 질문은 곧, 자신의 예후를 간접적으로 묻는 것이었다. 마리아는 입원한 뒤로 자신의 상태가 얼마나 빠르게 나빠지고 있는지 잘 알았다. 처음엔 피로가 슬금슬금 다가왔지만 나중엔 그녀를 압도했다.

마리아가 내 눈을 똑바로 쳐다보며 말했다.

"이젠 며칠 안 남은 것 같아. 그렇다고 두렵진 않아. 난 떠날 준비가 됐으니까."

나는 마리아의 홀쭉한 뺨과 얕은 숨소리에 주목했다.

"두렵지 않다고 하니까 무척 기뻐요. 그렇지만 혹시라도 마음이 바뀌면 언제든 말씀하세요. 우리가 도울 수 있으니까." 나는 잠시 말을 끊었다가 계속했다. "며칠 안 남았다고 한 말씀이 아마 맞을 거예요. 제 생각도 크게 다르지 않거든요. 환자들은 흔히 떠날 때가 됐음을 직감하는데, 그게 대체로 맞더라고요. 그때가 언제든 우리가 성심성의껏 돌봐 드릴게요. 약속해요."

"나보단 피트를 좀 돌봐 줘." 마리아가 내게 당부했다. "그이한테 말좀 해 주겠어? 이젠 얼마 안 남았다고."

나는 마리아의 부탁대로 그날 오후 피트에게 잠시 이야기를 나누자고 청했다. 피트는 아내의 병상 발치에서 불안스레 서성거렸다. 아내 곁을 떠나고 싶지 않은 눈치였다.

"가 봐요. 가서 레이첼이랑 이야기해요." 마리아가 재촉했다. "얼른."

가족실로 자리를 옮긴 후, 나는 조심스럽게 마리아의 예후에 대한 이야기를 꺼냈다.

"마리아가 앞으로 어떤 일이 벌어질지 이야기를 나눠 보라고 했어요. 하지만 불편하시면 굳이 안 하셔도 돼요. 어르신이 원하는 대로 따를게요."

나는 피트의 눈에 고인 눈물을 보고 가슴이 철렁 내려앉았다. 완화 의료로 옮긴 초기에 의사마다 유난히 마음 아픈 환자가 있다는 걸 알게 되었다. 나한테는 그런 환자가 어린 자식을 둔 엄마일 거라고 늘 생각했었다. 엄마 없이 자랄 아이들을 두고 떠나는 마음이 오죽 괴로울까 싶었다. 그런데 실제로는 수십 년간 해로한 아내를 떠나보내는 남자들이 더 마음을 아프게 했다. 젊었을 때의 늠름한 모습은 온데간데 없고 축 처진 어깨에 기운 없는 모습이 너무 애처로웠다. 게다가 평생 차려 준 음식만 먹다가 이젠 혼자 끼니를 해결해야 했다.

이런 이유로 피트는 아내의 죽음을 감당하지 못할 것 같았다. 그래서 마리아가 내게 도움을 청한 듯했다. 어떻게 말을 꺼내야 하나 내심 걱정했는데, 그런 걱정은 기우였다. 내가 말을 꺼내기도 전에 피트가 숨도 쉬지 않고 이야기를 쏟아 냈다.

"마리아가 떠나려는 것 같아. 이젠 때가 된 거야. 그녀를 떠나보낼 때가 된 거라고. 내 말이 맞지, 그렇지?"

인생의 반쪽을 떠나보내는 배우자에게 위로가 될 말이 뭐가 있을까? 피트에겐 무엇도 위로가 될 것 같지 않았다. 마음으로 공유하는 애통함을 몸으로 전하는 게 나을 것 같았다. 나는 피트의 손을 잡고 손가락 마디에 힘을 주었다. 피트가 막혔던 숨을 토하듯 헉 하고 내뱉었다. 참았던 흐느낌이 폭발하면서 어깨가 마구 흔들렸다.

냉동고에 가득 찬 과일 봉지가 떠올랐다. 피트가 그걸 한 입이라도 삼킬 수 있을까? 내 아버지도 떠올랐다. 때가 되면 우리도 이렇게 될까? 갑자기 불이 번쩍 켜진 듯 눈앞이 환해졌다. 애통은 누군가가 죽을 때 사랑이 취하는 형태였다. 간단히 말해서, 한쪽이 다른 쪽으로 바뀌는 것이었다. 세상 모든 아픔 중에서 이 아픔은 절대로 완화될 수 없었다. 애통은 사랑의 아픈 대가였다.

피트는 실컷 울고 나더니 마음이 조금 풀렸는지, 앞으로 벌어질 일을 알려 달라고 했다. 죽는 과정에서 장기가 하나씩 멈추면서 일련의 징후와 증상이 수반된다. 나는 조심스럽게 말을 골라 가면서 마리아가 마지막 단계에 들어서면서 보이게 될 변화를 찬찬히 설명했다. 일단 끝이 가까워졌음을 알려 주는 단서가 있다는 말로 시작했다. 마리아의 심장 박동이 약해지면서 따뜻한 피를 제대로 뿜어내지 못하기 때문에 손이 차갑게 느껴질 것이다. 피부가 창백해지고, 심지어 푸르스름해지기도 할 것이다. 마지막 며칠에서 몇 시간 동안엔 의식이 점점 혼미해질 것이다. 마리아의 호흡이 당황스러울 정도로 불규칙해질 수도 있다. 막판엔 몸이 흔들릴 정도로 깊은숨을 쉬다가 한참 동안 멈추기 때문에 가족들은 흔히 안절부절못하면서 그게 마지막 숨이었는지 혼란에 빠지곤 한다.

"상상해 보세요. 식구들이 밤새 백 번도 넘게 '정말 떠난 거야? 아냐, 아냐. 아직은 아냐. 하지만 곧 닥칠 거야'라는 이야기를 주고받을 수도 있어요."

마리아는 전혀 의식하지 못하겠지만 목구멍에 침이 고이면서 그르 렁거리는 소리가 날 수도 있다. 이 소리가 가족들에게 고통을 줄 수 있지만 환자들은 전혀 의식할 수 없다고 피트에게 재차 강조했다.

그리고 임종 즈음엔 신기하게도 우리 몸이 알아서 연민 어린 반응을 보인다는 말도 전했다. 심장과 폐, 신장, 간 등 몸의 주요 장기가 뇌를 마취시키기 때문에 환자는 아무것도 알아채지 못한다. 폐에 이상이 생기면 혈류에 이산화 탄소가 늘어나 졸음이 온다. 간이나 신장이 나빠지면 혈액에 독소가 쌓여 의식이 점점 흐릿해진다. 기진맥진한 심장이 제 기능을 못하면서 혈압이 뚝 떨어지면, 산소 공급이 끊긴 뇌는 망각의 늪으로 천천히 미끄러져 들어간다.

"고통스럽지 않을 거예요." 나는 있는 그대로 솔직하게 말했다. "마지막은 대체로 온화하고 평온할 거예요."

암, 심부전, 간경화, 당뇨병 등 원래 앓던 질병이 무엇이든 임종 환자들은 서로 매우 비슷하다. 애초에 비슷한 진단을 받고도 계속 살아가는 사람들보다 훨씬 더 유사하게 닮아 간다. 의과 대학에서 죽음에 대해 가르쳤던 고전적 방식과는 사뭇 다르다. 의사들조차 이러한 바다를 항해할 준비가 덜 됐는데, 가족들이 이리저리 표류하는 건 별로 놀랄 일이 아니다.

걸리는 시간과 관련해선 선행 경과가 가장 좋은 지침이라고 설명했다. 환자 상태가 몇 주 사이로 바뀌면, 우리는 그가 몇 주 정도 더 살 것으로 추정한다. 하루가 다르게 변한다면 그 사람은 앞으로 며칠 정도 더 살 것이다. 환자가 시시각각 변하기 시작하면, 우리는 대개 환자 가족에게 연락을 취한다. 임종이 몇 시간 안 남았다고 추정하기 때문이다.

마리아의 경우, 본인의 예측이 정확하게 맞았다. 피트와 이야기를 나눠 보라고 부탁한 지 며칠 만에 신부전이 급격히 악화되면서 정신이 흐릿해지기 시작했다. 그러던 어느 날 아침, 지금껏 무척이나 영민하고 밝고 담대했던 사람이 눈도 뜨지 못했다. 간호사가 피트에게 연락해서 임종이 가까웠다고 알렸다. 피트는 차를 보내 주겠다는 우리의 제안에 처음이자 마지막으로 동의했다. 호스피스에 도착한 뒤, 피트는 여느 때처럼 병상에 바싹 다가앉아 아내의 손을 포개 잡았다. 그런데 이번엔 온기를 전하는 그의 손과 달리 마리아의 손은 점점 더 차갑게 식어 갔다.

그럼에도 사랑을 포기하지 않는
아름다운 사람들에게

— 아버지의 투병 생활에서 첫 9개월은 대수술과 끝없이 이어지는 화학 요법으로 요약할 수 있다. 흉골에서 골반까지 넓게 절개 수술을 받은 뒤, 아버지는 빠르게 회복했다. 회복기를 낭비할 수 없다며 수술받은 다음 날부터 병동을 이리저리 걸어 다녔다. 그런데 상처가 회복되자마자 아버지는 불굴의 독재자 같은 두 가지 약물에 철저히 농락당했다. 플루오로우라실과 옥살리플라틴. 결국 이러한 플래티넘 기반(백금계 기반) 화학 요법은 아버지에게 너무 혹독한 것으로 드러났다.

"니체는 아무것도 몰랐던 거야."

어느 날 아버지가 말했다. 19세기 말에 나온 '나를 죽이지 못하는 것은 나를 더 강하게 한다'는 유명한 경구의 진부함을 꼬집는 말이었다. 즉 죽지 않을 정도의 고통이 우리를 더 성장시킨다는 뜻 말이다.

"난 전적으로 동의하는데요." 내가 대답했다. "참, 그거 아세요? 니체의 그 재치 있는 표현이 히틀러 청년단의 모토였잖아요."

"그러게 말이다. 완전 헛소린데."

아버지가 금세 파악한 바, 암세포를 부정확하게 겨냥한 약물은 몸의 다른 부위에 점점 더 혼란을 일으켰다. 특히 신경 손상으로 인한 통증을 가중시켰다. 플래티넘 기반 약물 때문에 아버지는 갈기갈기 찢기는 듯한 아픔을 느꼈다. 미각이 완전히 퇴색되었고, 입술과 피부가 트면서 자꾸 피가 났다. 피로가 뼛속까지 스며들어, 때로는 하루 종일 침대에서 일어나지도 못했다. 그토록 활기 넘치던 양반이 일주일 단위로 점점 더 위축되고 쪼그라들었다. 엄마와 오빠, 언니와 나는 그 모습을 무기력하게 바라볼 수밖에 없었다.

그래도 어떤 점에서 나는 운이 좋은 편이었다. 진단받은 순간부터 아버지는 늘 나한테 연락해 당신이 받는 치료와 기회, 옵션과 예후에 대해 의논했다. 돌봄 제공자에서 수혜자로 위치가 바뀌어 미지의 바다에서 표류하다 보니, 당신이 신뢰하는 동료 전문가와 자세히 논의하고 싶었을 것이다. 다행히 나는 밤마다 애들을 재우고 나서 아버지와 장시간 통화할 수 있었다. 그런 점에서 내가 완전히 무기력한 상태는 아니었나 보다. 한번은 통화 중에 아버지와 농담도 주고받았다.

"흠, 네 호스피스의 환자들은 너를 공유해야 하지만, 나는 너한테 이렇게 전폭적인 관심을 받는구나."

"물론이죠. 아버지한테는 다시 없을 플래티넘급 서비스를 해 드리는 거라고요."

"허! 그놈의 플래티넘 어쩌고는 말도 꺼내지 마라."

통화할 때마다 아버지는 어떻게든 웃을 일을 찾아냈다. 하지만 나는 통화를 끝낸 뒤에 매번 눈물을 쏟지 않으려 애써야 했다.

아버지와 통화하면서 내가 뭐라도 도운 게 있다면, 사실과 증거를 기반으로 침착하고 냉정하게 상황을 바라보도록 조언했다는 것이다. 나는 최신 논문을 섭렵하면서 대장암 관리 부분에서 '심야' 전문가가 되었다. 나는 매번 딸로서가 아니라 전문가로서 얘기하려고 애썼다. 아버지의 딸로서 이런 이야기를 했다면 목이 메어서 말을 잇지 못했을 것이다. 의사는 원래 자기와 가까운 사람을 치료하면 안 된다. 감정적으로 얽히다가 의학적 판단을 그르칠 위험이 있다. 하지만 나는 지금 의사 결정권자가 아니라 자문 역이었다. 감정이 표출되지 않도록 노력한 것 이상으로 내 의견도 최대한 자제했다. 어느 상황에서든 환자 본인의 뜻이 가장 중요했다.

화학 요법을 받는 내내 아버지는 자신이 통계적 특이치가 될 거라는 몽상으로 붕 떠 있었다. 공격적인 4기 암 환자이지만, 의사들의 가장 암담한 예측보다 오래 사는 행운아가 될 거라 기대했다. 주변에 통계에서 확 벗어난 사람이 한둘은 있을 것이다. 그들은 불치병을 이기고 천수를 누린다는 이야기로 신참 환자에게 희망을 심어 준다. 아버지도 4기 대장암에 걸렸던 전직 NHS 간호사를 알고 있었다. 그녀는 앞으로

6개월도 못 살 거라고 진단받았지만 10년째 건재했다. 그녀가 이겨 냈다니, 아버지도 희망을 품지 않을 수 없었다. 어쨌거나 누군가는 늘 로또에 당첨되니까.

아버지는 통계치를 기적처럼 넘어설 수 있다는 이론적 가능성과 수개월에 걸친 화학 요법의 암울한 결과를 비교 검토하면서 희망과 실망을 넘나들었다. '필사적 종양학'이 남의 이야기가 아니었다. 그래도 나는 잠자코 있었다. 아버지 의견이 제일 중요했다. 정밀 검사와 혈액 검사를 받을 때마다 아버지의 상태는 계속 나빠졌다. 3개월간의 첫 화학 요법 사이클이 끝난 후 다시 찍은 CT에서 그간의 치료가 헛수고로 드러났다. 암세포가 더 많이, 더 빨리 확산됐다. 돌연변이 세포들의 탐욕스러운 식욕을 막지 못했던 것이다. 아버지는 그 즉시 다른 독성 '칵테일'로 약을 바꾸었다. 나는 그러지 않기를 바랐지만 내색하진 않았다. 그러나 또 다른 약물에 3개월간 더 매달린 후에도 혈액 내 종양 표지자는 암이 더 진행됐음을 보여 주었다. 아버지는 이제 막다른 길에 도달했다.

"솔직히 말하면, 화학 요법을 더 이상 감당할 수 있을 것 같지 않구나." 그날 밤에 아버지가 내게 말했다.

"네." 나는 아버지 말에 동의했다. "오랫동안 고생만 했죠, 그렇죠?"

"이젠 그런 것 없이 보낼 시간이 무척 기다려진단다, 레이첼."

나는 가슴이 철렁 내려앉았다. 이젠 아무것도 없이 그냥 맨몸으로 암과 부딪치겠다는 뜻이었다. 더 이상 의학적 중재에 매달리지 않겠다는 뜻이었다. 이 순간부터 아버지의 병은 자연스러운 수순을 밟아 갈 것이다. 의사로서 이 결정이 자신에게 어떤 영향을 미칠지 아버지는 정확히 알고 있었다. 그런데도 여느 때처럼 당당한 목소리로 말했다. 나는 그런 아버지가 그 어느 때보다 자랑스러웠다.

12

아버지의 마지막 여행이
남긴 것들

하루하루를 어떻게 보내느냐에 따라
우리 인생이 달라지는 법이다.

– 애니 딜러드, 《작가살이》

누구도 아이들만큼 확실하게 현재를 살아가지 못한다는 점에서, 아이들은 현재성nowness의 명수다.

런던 블룸즈버리 지구의 한적한 모퉁이에 있는 파운들링 박물관은 1739년 영국 최초의 아동 구호 단체로 설립된 파운들링 병원의 역사를 보여 주는 곳이다. 이곳은 기적을 바라는 아이들의 소망을 간직하고 있다. 당시 런던은 질병과 오염, 지독한 빈곤으로 몸살을 앓았다. 궁색한 부모들로 인해 해마다 수백 명의 아기가 유기되었다. 남의 집 현관이나 교회 안, 심지어 쓰레기 더미에서도 아기 울음소리가 들렸다. 파운들링foundling, 즉 유기된 아기들은 흔히 거리에 방치되어 목숨을 잃었다. 이 아기들에게 거처를 제공하고자 파운들링 병원이 설립되었다. 자식을 키울 능력이 없던 가난한 부모들에게 아기를 믿고 맡길 만한 곳이 생긴 것이다. 그런 점에서 파운들링은 병원이라기보다 고아원이나 보호소에 가까웠다.

오늘날, 파운들링 박물관은 세계적으로 유명한 또 다른 기관인 영국 그레이트 오먼드 스트리트 아동 병원과 긴밀히 협력하고 있다. 병원과 박물관은 어린 환자들이 미술 작품을 만들도록 후원한 다음, 정기적으로 전시회를 개최한다. 2017년에는 '미드의 신묘한 약Mead's Mysterious Medicines, 2017'이라는 제목의 전시회가 열렸다. 현재를 즐길 줄 아는 아이들의 관점을 멋지게 포착한 프로젝트였다. (리처드 미드 박사Dr. Richard Mead는 18세기 왕립 의사이자 파운들링 병원의 첫 번째 의사였다. 원기를 회복시키는 약을 잘 짓기로 유명했는데, 그 비법을 아무한테도 알려 주지 않았다고 한다.) 박물관의 전시 담당자가 무엇이든 다 치유하는 미드 박사의 묘약에서 아이디어를 얻어, 그레이트 오먼드 스트리트 병원 골수 이식 병동에 입원한 아이들에게 질문을 던졌다.

"네가 가상의 약을 만들 수 있다면, 그 안에 뭘 넣을래? 또 그 약으로 어떤 도움을 받을 수 있을까?"

아이들이 만든 위약은 옛날에 묘약을 담았던 약병에 담겨 박물관 내 작은 선반에 줄줄이 놓였다. 약병마다 약의 목표와 성분을 꼼꼼하게 적은 상표가 붙었는데, 거기에는 생명을 위협하는 질병(흔히 암)에 걸린 아이들의 간절한 소망이 담겨 있다. 이 프로젝트가 진행되던 당시, 아이들 일부는 자신이 살아남지 못할 수 있다는 것뿐만 아니라 병을 낫게 할 수 있는 유일한 방법이 그 자체로 생명을 위협하는 이식 수술이라는 것까지 알고 있었다.

아버지가 화학 요법을 포기하기로 결정한 직후, 나는 우연히 파운들링 박물관 근처를 지나가게 되었다. 그날은 평소와 달리 잠시 짬이 났다. 그래서 한여름의 햇살에 이끌려 런던 거리와 공원을 거닐던 참이었다. 화창한 하늘을 두고 에어컨 바람이 쌩쌩 나오는 어둑한 건물로 들어가기가 주저됐지만, 몇 년 전부터 방문하고 싶었던 곳이라 기어이 발걸음을 옮겼다.

그런데 잠시의 주저함이 무색할 만큼, 나는 '미드의 신묘한 약'이 전시된 곳에서 꼼짝할 수 없었다. 자그마한 약병들 앞에 웅크리고 서서 깨알같이 적힌 라벨을 하나씩 읽어 나갔다. 하나만 읽어도 가슴이 뭉클한데, 전부 읽어 나가다 보니 정신을 차릴 수 없는 지경이 되었다.

한 아이가 이렇게 썼다. '이 약은 나를 슈퍼 히어로로 변신시켜서 멀리멀리 날아가게 한다. 성분: 피자, 치킨 윙, 슈퍼 히어로, 새로운 피.'

다른 아이는 이렇게 썼다. '이 약은 그걸 사라지게 한다. 난 그게 싫다. 성분: 해변, 돌멩이, 바다와 해초 냄새.'

다음 약병의 라벨에는 이렇게 적혀 있었다. '이 약은 나를 덜 슬프게 한다. 성분: 초콜릿, 내 방, 엄마, 아빠.'

'이 약은 나를 기분 좋게 한다. 성분: 무지개, 라자냐, 오렌지 주스, 초

콜릿 우유, 미술, 미어캣, 내 토끼 친구 클로버와 블루벨.'

'이 약은 나를 집으로 돌아가게 하고 다시는 병원에 오지 않게 해 준다. 성분: 외계인, 아빠, 내 동생 로지, 딸기, 공원에서 놀기, 저녁 만찬, 초콜릿 푸딩, 초콜릿 소스.'

'이 약은 불운의 뼈를 내보내고 행운을 가져다준다. 성분: 전기, 호랑이, 강력한 묘약, 초콜릿, 바나나.'

그 외에도 아주 많았다.

이 약병들은 우리 어른들이 한때 뛰놀던 야생 세계로 들어가는 입구였다. 그곳에선 라자냐와 미어캣이 마술적 힘을 지니고, 우유가 무지개만큼 간절한 대상이며, 해변의 돌멩이가 암을 물리칠 수 있다. 그리고 때로는 초콜릿이 엄마 아빠보다 더 큰 위로를 주기도 한다.

나는 조그마한 유리병들 앞에서 주문을 외듯이 아이들의 소망을 작은 소리로 읊어 나갔다. 중병에 걸린 아이들의 사랑과 두려움, 희망과 꿈이 갈색 병 안에 정제되어 있었다. 병에 걸릴지 말지는 결국 숫자 놀음이다. 내 아들이나 딸이 어느 날 골수 이식 병동에 머리카락이 다 빠진 채로 힘없이 누워 있을 수도 있다. 갖가지 줄에 연결된 채 학교도 가지 못하고 밖에서 뛰놀기를 손꼽아 기다릴 수도 있다. 만에 하나 그렇게 된다면 내 아이들은 뭐라고 저을까? 약병에 어떤 묘약을 담을까? 엄마 아빠가 핀의 액체 괴물 슬라임이나 에비가 키우는 도마뱀보다 앞에 나올까?

자연만이 줄 수 있는 위로

— '미드의 신묘한 약'에는 자연이 자주 등장한다. 치유를 위해 아이들이 선택한 약의 성분으로는 다음과 같은 것들이 있다. 무지개, 토끼, 해초, 말발굽, 숲, 라벤더, 해변의 파도, 여름, 강, 바다 냄새, 빗방울, 야외, 민트, 돌멩이, 수선화, 데이지, 이슬. 몸은 침대에 매여 있지만 마음만은 병원 울타리 너머로 훨훨 날아가는 아이들을 상상해 봤다. 그들은 병원 울타리를 훌쩍 뛰어넘어 그레이트 오먼드 스트리트를 따라 흩어져 있는 대리석처럼 멀리 퍼져 나간다. 속도를 높여 M25 외곽 순환 고속도로를 달려간다. 펄쩍펄쩍 높이 뛰기도 하고, 옆으로 재주넘기도 하고, 뒤로 공중제비도 넘으면서 주사기와 환자복을 하나씩 벗어 버린다. 풀밭을 흥겹게 뛰고 굴러 마침내 파도 속으로 돌진한다. 까진 무릎을 문지르며 바위 사이의 작은 웅덩이를 들여다보다 가까이 있는 나무에 올라간다.

아버지가 화학 요법을 포기하겠다고 결정한 지 몇 주 후, 우리는 아버지가 거의 40년 동안 즐겁게 거닐던 들판으로 산책을 나갔다. 한여름인데도 늪처럼 질퍽거리는 곳이 많았다. 아버지는 그곳 지형을 손바닥 보듯 훤히 꿰뚫고 있었다. 아버지를 따라가다 보면 널따란 습지에서 문착 같은 작은 사슴을 만나기도 했다. 한번은 우리가 키우던 래브라도가 깊은 수렁에 빠져 허우적거린 적이 있었다. 조금만 늦게 발견했다면 녀석을 잃었을 것이다. 작은 올빼미들은 이곳의 나무를 즐겨 찾았다.

그날따라 햇살이 너무 뜨거웠다. 아버지는 짧은 소매 옷에 모자도 쓰지 않았다. 나는 몸에 남아 있는 약물의 부작용으로 아버지가 화상을 입진 않을까 걱정했다. 그러나 아버지는 의사 딸의 핀잔을 귓등으로 흘리면서 운동화 끈을 단단히 묶고 풀밭을 힘차게 걸어갔다. 아버지는 제 발로 씩씩하게 걸어 다닐 날이 얼마 남지 않았다는 고통스러운 현실을 잘 알았다. 암세포가 분열하고 침입하고 정복하는 동안 아버지는 잔뜩 움츠리거나 얼굴을 감싸 쥔 채 괴로워하지 않았다. 오히려 고개를 들고 하늘을 바라봤다. 아버지의 시선이 향하는 곳에선 늘 귀여운 종달새가 자그마한 부리로 흥겹게 노래했다. 아버지는 항상 시선을 밖으로, 위로 보냈다. 안에선 암이 아버지를 집어삼키고 있었지만, 밖으로는 생명의 기운이 넘쳤다.

데니스 포터가 이야기한 현재성, 즉 살아 있는 각 순간의 고양된 직관이 죽음 앞에서 위안을 줄 수 있을까? 날마다 죽어 가는 사람들을 돌보는 사람으로서, 나는 이 질문을 허투루 넘길 수가 없다. 환자들에게 선심 쓰듯 위안을 제공하고 싶지 않기 때문이다. 포터처럼 죽음을 직접 경험하면서 말할 권리를 얻지 않는 한, 내 위로가 빗나가거나 더 나쁘게는 진부하고 상투적인 문구에 불과하지 않고, 환자들에게 제대로 가 닿는다고 어떻게 확신할 수 있겠는가?

젊음의 편협한 자신감으로 똘똘 뭉쳐 있던 시절, 나는 말만 번지르르한 자기 계발서를 싫어했다. 하지만 20대 후반이 되자, 불안감과 회의감에 휩싸인 완벽주의자로서 믿고 의지할 만한 무언가가 필요했다. 그래서 불안감을 다스릴 나만의 은밀한 전략을 고안하고, 그에 '임종 원칙'이라는 거창한 이름까지 붙였다. 그런데 그게 상당히 원시적인 전략이라, 극단적으로 가면 끝없는 쾌락주의로 빠질 수도 있었다. 생산적인 삶을 위해 썩 좋은 접근법은 아니었다. 그런데도 자기 회의에 빠져 주저하거나 실패가 두려울 때면 나는 이 질문을 던지곤 했다.

'죽는 순간에 이게 정말 중요할까? 레이첼, 그때 가서 진짜로 이 문제를 신경 쓸 것 같니?'

관에 들어가기 직전의 관점에서 보면, 세상 모든 게 별로 중요하지 않다. 우리는 인생의 경이로움이 자잘한 일에 있다는 것을 마음속 깊이 알고 있다. 죽음을 눈앞에 둔 상태에서 누구도 '망할 놈의 〈란셋〉 학술지에서 그 논문을 받아 줬더라면', '기사 작위를 받았더라면', '돈을 더 벌었더라면', '명성을 더 얻었더라면' 하고 후회하지는 않는다. 나는 성인기에 막 접어든 불안한 젊은이로서 임종의 순간을 떠올린 덕분에 완벽주의적 성향에서 벗어나 일상에서 기쁨과 보람을 느낄 수 있었다. 그게 사랑하는 사람의 존재든, 뺨에 쏟아지는 햇살이든, 손바닥에 전해지는 따사로움이든 상관없었다.

물론 나와 달리, 아버지는 호스피스의 환자들과 마찬가지로 '임종 원칙'이 사고 실험에 그치지 않았다. 아버지는 임종 순간을 진짜로 마주한 상태였다. 삶의 간결성을 통렬하게 인식하면서도, 아버지는 자연에서 억제할 수 없는 현재성을 만끽했다. 완화 의료 전문의가 되기 전까지만 해도, 나는 자연의 생동감이 삶의 끝자락에 다다른 사람들에게 상처를 줄 거라 생각했다. 하지만 실상은 정반대였다. 나는 호스피스에서 환자들이 자연에서 위안을 찾는 모습을 수없이 목격했다. 그들은 자연의 풍요로움에 반감은커녕 한없는 애정을 느꼈다.

그 애정이 유난히 강했던 환자가 있었다. 그는 정원사로 평생 야외에서 자연을 가꾸며 살았다. 그런데 지금은 이맛살을 찌푸린 채 팔다리를 마구 휘저으며 의사와 간호사가 제공하는 서비스를 죄다 거부했다. 알아듣기 어려운 말을 중얼거리고 고개를 좌우로 내젓는 모습은 모두 극심한 괴로움을 의미했다. 말로 달래고 모르핀을 투여하면서 진정시키려 애썼지만, 그는 더 심하게 동요했다.

어떤 암이든 우리 몸을 황폐화하지만, 그 공격 방식은 암마다 독특하게 진행된다. 설암은 말할 수 있는 능력을 빼앗는다. 우리는 그가 임종을 앞두고 몹시 불안에 떨고 있다고 추정했다. 그런데 팀의 막내 의사인 니콜라스가 환자를 괴롭히는 근본 원인을 파헤쳐 보겠다며 자진해서 그의 병실에 들어갔다. 그리고 한 시간쯤 지나 병실 문을 나오며 큰소리로 말했다.

"환자가 이젠 순한 양처럼 얌전해졌습니다. 그러게 환자의 말에 제대로 귀를 기울였어야죠."

내가 병실에 다시 들어갔을 때, 앙상한 팔다리로 마구 몸부림치던 80대 노인은 온데간데없었다. 안락의자가 정원을 향해 돌려져 있고 창문이 활짝 열려 있었다. 그는 안락의자에 푹 기대어 창밖의 나무와 하늘을 넋 놓고 바라보았다. 그에겐 알량한 위로나 모르핀이 필요한 게 아니었다. 그저 창밖으로 보이는 풍경이면 족했다.

마음을 달래 주는 자연의 잠재력을 이보다 더 강렬하게 보여 주는 예를 상상하기 어렵다. 병원을 자연에 개방하거나 혹은 더 적극적으로 자연을 병원 안으로 들여왔을 때 얻는 건강상의 이점을 증명한 연구도 많다. 미국의 환경 심리학자 로저 울리치는 창문을 통해 바라다보이는 자연 풍경이 수술 후 회복에 영향을 미칠 수 있다는 가설을 세우고 실험을 계획했다. 1972년부터 1981년까지 펜실베이니아 주 교외의 한 병원에서 담낭 수술을 받은 환자들을 대상으로 실험한 결과, 나무가 보이는 창가 병상의 환자들은 벽돌담이 내다보이는 병상의 환자들보다 평균 하루 정도 더 빨리 회복했고, 진통제를 덜 복용했으며, 합병증에 덜 시달렸다.

심지어 풍경 사진도 환자들의 통증과 스트레스 수치를 낮추는 효과가 있다. 1993년 후속 연구에서, 울리치와 동료들은 심장 수술을 받은 환자 160명을 대상으로 여섯 가지 사진 조망 실험을 실시했다. 나무가 늘어선 환한 개울 사진, 어두운 숲속 사진, 추상화 두 가지, 흰색 패널, 아무 장식도 없는 벽 등 여섯 가지 조망을 준비하고, 환자들에게 무작위로 할당했다. 그 결과 물과 나무 사진을 배정받은 환자들은 어두운 숲속 사진이나 추상화, 밋밋한 벽을 바라본 환자들보다 통계적으로 덜 불안해했고, 진통제도 덜 복용했다. 좀 더 최근에 실시된 연구에서, 자연의 풍경과 소리를 이용한 '주의 분산 치료distraction therapy'가 기관지 내시경 같은 침습적 의료술로 인한 통증과 두려움을 줄이는 데 효과가 있다고 밝혀졌다. 자연은 그야말로 묘약인 것 같다.

인생을 잘 살았든 못 살았든,
상관없어지는 때가 온다

―　"중요하지 않은 일에 스트레스 받지 말고 '지금 이 순간에' 집중하라고들 하잖아요, 그렇죠? 예전엔 그냥 흘려듣곤 했는데 이젠 내가 더 떠들어요. 암 덕분에 뒤늦게 철이 들었나 봐요." 다이안 핀치가 씁쓸하게 웃으며 말했다. "아무튼 싱크대에 잔뜩 쌓인 그릇을 보고 짜증이 살짝 나는 와중에 유방암 재발 소식을 듣는 것보다 더 망연자실한 일은 없을 거예요."

다이안은 그동안 암을 치료하기 위해서가 아니라 생명을 연장하기 위해서 화학 요법을 받아 왔다. 그런데 내가 다이안을 처음 만난 날, 다이안은 주치의에게서 완화적 화학 요법마저 더 이상 받을 필요가 없다는 기막힌 소식을 들었다. 그녀의 암은 이제 약물의 영향을 받지 않고 제멋대로 진행될 것이다. 다이안이 내게 말했다.

"그 말을 들은 순간, 벌떡 일어나서 툭 터진 곳으로 나가고 싶었어요. 병원과 치료실에서 벗어나 신선한 공기를 마시고 자연의 소리를 듣고 싶었어요. 밖에 나가면 막혔던 속이 뻥 뚫릴 것 같았어요. 더 이상 마음 졸이지 않고 파란 하늘 아래에서 맘껏 숨 쉬고 싶었어요."

그날 우리는 다이안네 집 뒤뜰에서 차를 마시며 담소를 나눴다. 방금 나무 위에선 까치 떼가 황금방울새 새끼들의 둥지를 습격하는 바람에 한바탕 소동이 일어났다. 조금 떨어진 곳엔 작은 연못이 있었다. 남편 에드와 아들 더글라스가 다이안을 위해 최근에 판 연못인데, 놀랍게도 벌써 도롱뇽으로 우글거렸다. 그리 넓지 않은 정원이지만 갖가지 생명체들로 활기가 넘쳤다.

쉰한 살인 다이안은 5년 전에 처음 유방암 진단을 받았다. 더글라스가 겨우 여섯 살 때였다. 하지만 그보다 더 큰 타격은 몇 년 뒤에 받은 암의 재발 소식이었다고 한다.

"그때는 더 이상 돌아갈 데가 없다고 느꼈어요. 이젠 끝이로구나, 여기에서 절대로 벗어날 수가 없구나 싶었어요. 처음 진단받을 때만 해도 나을 수 있다는 희망이 있었죠. 하지만 두 번째 진단에선 완치를 기대할 수 없어요. 그 뒤로 당신에게 무슨 일이 벌어지든 암이 늘 당신과 함께하는 거예요. 인생의 반려자처럼."

다이안은 지금이 자신의 마지막 여름일 거라고 짐작했다. 몇 달 전 암이 뇌까지 전이됐다는 소식을 들었을 때, 다이안은 자신을 디지털 방식으로라도 보존하기 위해 생각과 기분을 컴퓨터에 모두 기록했다. 뭐라도 적지 않으면 자신을 영영 잃을지도 모른다는 느낌을 받았기 때문이다.

"전뇌 방사선 요법을 받는 동안 내 안에서 뭔가가 떨어져 나가는 것 같았어요. 뭔가를 잃어버리는 것 같아서 그때그때 떠오르는 생각이나 감정을 다 기록했어요. 기록하지 않으면 내 일부분을 잃어버릴 것 같았어요."

여느 때처럼 미친 듯이 자판을 두드리던 어느 날, 창밖에서 새 한 마리가 지저귀는 소리가 들렸다. 다이안은 잠시 손가락을 멈추고 그 소리에 귀를 기울였다. 그 일을 계기로 자신을 보존하려는 광적인 노력을 멈출 수 있었다.

"지빠귀 한 마리가 정원에서 지저귀는 소리를 들었을 때 왠지 마음이 차분해지더군요. 문득 이런 생각이 들었어요. '아마 주변에 다른 지빠귀도 있겠지. 그들도 다 비슷한 소리로 지저귀겠지.' 그러자 내가 진단받기 전에 다른 사람들도 똑같은 진단을 받았을 거라는 생각이 들더군요. 그들도 내가 죽는 것과 똑같은 방식으로 죽었을 테고. 그게 자연의 순리니까. 암도 자연의 일부니까 그냥 받아들여야죠. 지빠귀 덕분에 암과 함께 살다가 죽는 법을 배우게 됐어요."

지빠귀에게 영감을 얻은 다이안은 호스피스 음악 치료사와 함께 자신의 노래를 완성했다. 그 과정에서 모든 게 사라질 거라는 두려움과 모든 걸 영원히 잃을 거라는 두려움이 점차 누그러졌다. 창작의 기쁨으로 마음에 평화가 깃들었다. 우리가 뒤뜰에서 한참 이야기하는데 부엌의 열린 창문으로 더글라스의 목소리가 흘러나왔다. 공기처럼 맑고 가벼워서 말소리 자체가 노래처럼 들렸다. 다이안은 잠시 입을 다물고 아들의 말소리에 귀를 기울였다. 순간 다이안의 눈에서 반짝이던 광채가 살짝 흐릿해졌다. 하지만 곧 마음을 추스르고 이야기를 계속했다.

"자연은 참 경이로워요. 우리에게 생명을 주고, 생명이 있는 것들끼리 서로 사랑하고 사랑받을 기회도 주죠. 자연은 또 우리가 살아갈 아름다운 세상을 주죠. 식물과 새와 동물도 주고, 우리의 아이들도 주죠. 아, 물론 암도 자연의 일부예요. 자연에서 생명을 얻은 이상 어떤 것도 거부할 수 없어요. 하나를 얻으면 다른 하나도 얻을 수밖에 없다는 걸 받아들여야 해요. 자연은 계절이나 파도처럼 주기적으로 순환해요. 가을이 만물이 활동을 서서히 줄이는 계절이듯, 지금 내 삶도 서서히 멈추고 있어요. 내가 멋대로 통제할 수 없어요. 우리 중 누구도 통제할 수 없어요. 그냥 받아들이고 그 안에서 최선을 다해야죠. 사라지는 것들을 아쉬워하지 말고, 지금 우리가 가진 좋은 것들을 한껏 누려야죠."

다이안의 평정심은 실로 놀라웠다. 사람들은 흔히 투쟁과 정복의 개념으로 암과 환자를 묘사한다.

"그녀는 참으로 용감한 투사야. 암을 이길 사람이 있다면 바로 그녀라니까."

하지만 암 환자는 이런 과장된 표현을 싫어한다. 그들은 그저 슬픔과 두려움을 애써 숨기면서 하루하루 살아간다. 자기에게 닥친 현실에 대처하고 그것을 받아들이며, 가까운 사람들의 지원에 감사한다. 그리고 주변 세상의 아름다움에 눈길을 주려고 노력한다. 자연은 목청이 터지도록 소리친다. 모든 게 덧없이 사라지고 변한다고, 어떤 것도 영원히 지속하지 않는다고. 그런데 시인 제라드 맨리 홉킨스가 말한 것처럼 '자연은 결코 고갈되지 않는다.' 세상 만물은 늘 다시 소생한다. 얼음이 녹으면서 새싹이 돋아나고 봉오리가 피어난다. 깃털도 나지 않은 새끼 새가 알을 깨고 나온다. 다이안을 보고 있자니, 왠지 이러한 순환이 시간을 멈추려는 그녀의 간절한 마음을 달래 주는 것 같았다.

뒤뜰에서 처음 만난 지 몇 주 뒤, 다이안은 내 환자가 되었다. 그녀의 병실은 늘 햇살과 꽃, 사람들의 왁자한 웃음소리, 카드, 선물로 가득했다. 가슴을 아리게 하는 비통함은 주변부로 밀려났다. 다이안은 모두에게 진정으로 사랑받는 사람이었다. 그녀의 죽음은 원시 공동체에서

나 볼 법할 정도로 무척 온화했다. 마지막 순간이 왔을 때, 온 가족이 병상 주변에 둘러앉았다. 남편 에드가 당시 상황을 내게 전해 주었다.

"8월 어느 날 아침, 아들은 다이안의 손을 잡고 나는 아들의 손을 잡았습니다. 내 누이들이 차례로 손을 잡고 스티브가 다시 다이안의 손을 잡았습니다. 그리고 다이안은 마지막 숨을 한 번 쉬고 조용히 눈을 감았습니다. 우리는 둥그렇게 둘러앉아 서로 손을 잡고 있었습니다. 사슬처럼 사랑의 띠로 단단히 묶여 있었습니다."

다이안의 죽음이 온화했다고 해서 슬프지 않다는 뜻은 아니다. 고통과 고뇌가 없었기에 다이안은 생의 마지막 시기를 평안하게 보낼 수 있었다. 하지만 다이안을 사랑한 사람들은 어땠을까? 그녀의 죽음이 아무렇지 않았을까? 괴롭거나 비통하지 않았을까? 그토록 아끼고 사랑하던 사람인데 어떻게 그럴 수 있겠는가. 아버지의 상태가 갈수록 악화하면서 깨달은 바, 애통은 피할 수 없는 사랑의 대가였다. 에드는 당시 심정을 이렇게 전했다.

"정말 괴로웠습니다. 왜 안 그렇겠어요? 제트기를 타고 대륙을 넘나들고 산을 오르고 폭풍우 앞에서 웃고 떠들며 시작했던 이야기가 결국 호스피스 침대에서 끝나 버렸잖아요. 팔에 부착된 장치로 약물을 주입받고 튜브로 소변을 받아 내는 와중에 이렇게 낚아채듯 데려가다니, 완전 날강도죠. 그냥 잠이 든 것 같은데 더 이상 눈을 뜨지 않는다니, 배신도 이런 배신이 없습니다."

그해 여름이 끝나 갈 무렵, 다이안의 장례식이 열렸다. 가족과 친구들 틈에 앉아 있는데 다이안이 완성한 노래가 흘러나왔다. 그녀의 목소리는 지빠귀의 지저귐처럼 흥겨웠다. 우리는 마법에 걸린 듯 그 소리에 넋을 빼앗겼다. 내가 가장 좋아했던 대목은 다음과 같다.

문을 활짝 열어라.
새가 지저귀고 있네.
밖으로 나와라.
지빠귀가 말하네.

그렇게 나쁘진 않아.
어둠 대신에
약간의 빛을 선택했다고
크게 좋아지진 않아.

시간을 조금 훔쳐라.
어차피 그건 내 시간이야.
사방에
신선한 공기가 가득해.

나는 주변 사람들을 둘러봤다. 다들 눈물을 흘리면서도 입가엔 미소가 어려 있었다. 나는 다시 창밖으로 눈을 돌렸다. 수확을 앞둔 밀밭이 누런 물결처럼 일렁거렸다. 뜨거운 여름이 가고 가을이 성큼 다가오고 있었다. 세상은 멈추지 않고 제 궤도에서 순환을 계속하고 있었다.

문득 필립 라킨의 '아룬델 무덤An Arundel Tomb'이라는 시가 떠올랐다. 그 시의 유명한 마지막 행은 1956년부터 줄곧 우리의 뇌리를 떠나지 않는다.

'우리 중 살아남을 것은 사랑이다.'

아버지가 마지막 여행을 떠난 이유

— 다들 짐작하다시피, 호스피스는 촉박한 시간이 주는 고통에 짓눌리는 곳이다. 삶의 마지막에 다가가면서 얼마 남지 않은 순간의 현재성을 어떻게 축하하고 기념할 수 있을까? 냉철하게 생각해 보면 그 답변은 의외로 간단하다. 선택의 여지가 없을 땐 그저 최선을 다하면서 계속 나아갈 수밖에 없다. 진부하게 들릴지 모르지만 실제로 그렇다. 미래에 굴하지 않고 현재를 살아가는 그들의 능력은 나를 늘 놀라게 한다.

아버지도 나를 놀라게 하긴 마찬가지였다. 아버지는 엄마와 함께 여기저기로 낭만 여행을 떠났다. (20대 청춘만 낭만을 즐기란 법은 없지 않은가!) 두 분은 연애 시절로 돌아가 처음 만났던 플리머스 군항을 방문했다. 젊은 시절 데이트했던 해변에 앉아 피시앤칩스를 먹고, 47년 전에 결혼식을 올렸던 교회도 방문했다. 아버지는 치료의 굴레에서 벗어나 옛 추억을 되새겼고 평소에 하고 싶었던 일을 실컷 즐겼다. 어느 날 밤 아버지가 말했다.

"정말 더없이 좋구나, 레이첼. 그놈의 치료를 진작 그만뒀더라면 더 좋았을 텐데. 난 이제 아프지 않단다. 오히려 기운이 펄펄 나는 것 같아. 정말 좋구나.”

　플리머스 여행으로 한층 고무된 아버지는 엄마와 함께 스코틀랜드 북서쪽 하일랜드까지 직접 운전해서 가겠다는 계획을 세웠다. 나는 그런 아버지를 전혀 말리지 않았다. 완화적 화학 요법마저 감당할 수 없는 몸으로 1900킬로미터나 떨어진 곳까지 운전해서 가겠다니, 정신이 나갔거나 완전히 냉철하거나 둘 중 하나일 터였다. 메리 올리버 시인의 말처럼 인생은 참으로 거칠고 소중하다. 아버지는 한 번뿐인 거칠고 소중한 인생에서 더 이상 잃을 게 없었다. 그래서 얼마 남지 않은 시간을 토리돈 산맥의 거친 야생에서 보내기로 흔쾌히 결정했다.

　그곳의 눈 덮인 산봉우리들은 영국에서 가장 오래되고 장엄한 풍경을 자랑한다. 내가 어렸을 때, 아버지는 리아타흐 산의 뾰족한 산봉우리까지 나를 이끌었다. 머리 위로는 검독수리들이 채갈 듯이 날아다니고, 발밑으론 깎아지른 암벽이 펼쳐져 있었다. 살짝만 삐끗해서 떨어지면 머리통이 박살 날 것 같았다. 그런데도 오르는 내내 이상하게 기분이 들떴다. 후들거리는 다리와 벅찬 가슴을 안고 아버지와 함께 정상에 우뚝 섰을 땐 세상을 다 가진 기분일 것 같았다. 그런데 정작 꼭대기에 오르자 예상치도 못한 감정에 휩싸였다. 나 자신이 무척 초라하게 느껴진 것이다. 이 위에서 우리는 아무것도 아니었다. 바람에 날리는 먼지만도 못한 존재였다. 세상이 그보다 더 크게 나를 압도한 적이 없었다.

　그 뒤로도 아버지는 토리돈을 계속 찾아갔다. 거친 자연이 아버지를 유혹했다. 물론 이번 여행에선 실제 등반은 불가능했다. 평지를 걷는 것도 쉬운 일이 아니었으니까. 아버지는 산기슭에 서서 마음속으로 산봉우리들을 정복했다. 사암砂巖으로 된 산자락을 하나씩 음미하고 흰꼬리수리의 비상에 전율했다. 그냥 평범한 독수리가 아니었다. 아버지에겐 마지막 독수리였다. 마지막 산행이었고, 마늘 버터에 푹 절인 마지막 바닷가재 요리였다. 우거진 히스와 화강암, 붉은 사슴과 석영도 모두 마지막이었다. 그렇기에 더 감격스러웠고 더 소중했다. 아버지는 자기 연민에 빠지지 않고서 매 순간을 기쁜 마음으로 음미했다.

아버지가 다시 집에 돌아왔을 때 우리는 새로운 생활 리듬을 찾았다. 나는 수요일마다 병동 근무를 마친 후 부모님과 하룻밤을 보내고자 고속 도로를 질주했다. 내가 헐레벌떡 달려가면 아버지가 문간에서 나를 꼭 안아 주었다. 나는 아버지의 앙상한 갈비뼈를 더듬으며 일주일간 살이 또 얼마나 빠졌는지 가늠했다. 엄마는 아버지의 입맛을 돋우려고 이것저것 음식을 준비했다. 아버지가 워낙 조금만 먹었기 때문에 양을 2.5인분으로 준비했다. 아버지는 여전히 생선과 치즈 오믈렛을 즐겼다. 입맛이 당겼다기보다는 아내와 딸이 걱정할까 봐 그거라도 억지로 먹었다. 아버지는 자신의 피로가 식욕 감퇴 때문이 아니라 암 때문임을 잘 알았다. 내부에서 갈수록 증식하는 암세포가 처음엔 지방을, 다음엔 근육을 차례로 갉아 먹었다. 아버지의 앙상한 손목을 잡으면 엄지와 다른 손가락이 맞닿을 정도였다. 어떤 옷을 입어도 줄에 걸린 시트처럼 축 늘어졌다.

아버지는 자꾸 수척해지고 기력이 떨어졌지만, 기분만큼은 늘 들떠 있었다. 우리는 미국의 45대 대통령(트럼프를 말함)에 대해 농담을 던지기도 하고, 분노하기도 했다. 그리고 여느 때처럼 브렉시트를 두고 논쟁도 벌였다. 어느 날 아침, 아버지가 뜰에 내려앉은 작은 갈색 새를 가리키며 어찌나 우렁차게 "새매다!"라고 소리쳤는지, 나는 하마터면 찻주전자를 떨어뜨릴 뻔했다. 아버지는 건강 문제에 대해 시시콜콜 분석하지 않았다. 이젠 위태로운 것도 없고, 조마조마하며 마음 쓸 일도 없었다. 정밀 검사와 혈액 검사도 더 이상 받지 않겠다고 했다. 속에서 일어나는 격동과 소멸에 대해 너무 자세히 알려고 들지 않는 게 좋았다. 그보다는 자신을 인간답게 느끼도록 하는 일에 집중하는 게 나았다. 나는 아버지의 임시 주치의 자리에서 물러나 딸의 자리로 돌아왔다.

어느 상쾌한 일요일 오후, 부모님 집에서 주말을 보내고 돌아오는 길에 아버지가 차로 기차역까지 배웅해 주었다. 피로 탓인지, 정신을 딴데 팔았던 탓인지, 아버지는 교차로에 접어들면서 실수로 급정거를 하고 말았다. 몸이 살짝 앞으로 쏠렸을 뿐, 브레이크 소리도, 타이어 마찰음도 없었다. 아드레날린이 확 치솟을 정도로 놀랄 상황이 아니었다. 그런데도 뒤따라오던 오토바이 운전자가 굉음을 내면서 기차역까지 우리를 쫓아왔다. 아버지가 차를 세우자마자 거구의 남자가 주먹으로 앞 유리를 쾅 내리치면서 아버지에게 욕설을 퍼부었다.

아버지는 앙상한 다리를 조심스레 움직여 차에서 내렸다. 하지만 몸을 일으켜 세울 새도 없이 남자의 공격적인 태도에 움찔 놀랐다. 연약한 노인이 거듭 사과하는데도 남자의 폭언은 점점 거세지기만 했다.

"이 영감탱이가 미쳤나! 집에서 마누라한테 등이나 긁어 달라지 어딜 싸돌아다녀?"

손가락 하나가 허공을 쿡쿡 찌르며 아버지의 얼굴에 점점 더 가까이 다가왔다. 이젠 아예 육체적 폭력을 행사할 태세였다. 행패를 부리는 남자에게 연신 고개를 조아리는 아버지가 유난히 작고 약해 보였다. 나는 아버지 앞으로 얼른 나서며 남자에게 말했다.

"아니, 지금 도대체 뭐 하는 겁니까? 나이 든 어른한테 이게 무슨 짓이에요? 우리 아버지가 거듭 미안하다고 했잖아요. 도대체 뭘 원하는 거죠? 그렇게 분이 안 풀려서 한 대 치고 싶으면 날 쳐요. 힘없는 노인은 그만 괴롭히고 나를 치라고요, 나를!"

경솔하고 어리석고 충동적인 발언이었다. 남자가 주먹을 불끈 쥐고 정말로 때리려 들었다. 이번엔 아버지가 내 앞으로 나섰다. 하지만 그 순간, 아버지를 보호하려는 내 충동은 내 아이들을 지키려는 것만큼 강렬했다. 나도 모르게 목청껏 소리쳤다.

"이분은 암으로 죽어 가고 있어요! 알았어요? 안 그래도 죽어 가고 있다고요. 그런데도 이 상황을 더 악화시킬 작정이에요?"

남자는 침을 탁 뱉더니 자신의 오토바이에 올라타고는 굉음을 울리며 출발했다. 때마침 내가 타야 할 기차가 도착했다. 아버지는 괜찮다면서 얼른 뛰어가라고 재촉했다. 나는 가장 가까운 객차로 얼른 달려갔다. 자리에 앉았지만 온몸이 후들거렸다. 산만 한 남자가 휘두르는 욕설과 공격도 너무 끔찍했지만, 내 머리를 어지럽힌 생각은 따로 있었다. 나라는 인간의 든든한 초석이자 현명한 조언자였던 아버지와 내역할이 역전됐다는 사실이다. 내 평생의 크고 작은 사건마다 아버지가 나서서 척척 대응해 주었다. 싱크대가 막히면 뚫어 주고, 타이어가 펑크 나면 새 것으로 갈아 주었다. 핀이 신생아 집중 치료실에 머물던 며칠 동안 아버지는 불안에 떠는 나를 안아 주었다. 그런데 이젠 내가 그 역할을 해야 했다.

운명을 받아들일 때 비로소 달라지는 것

— 　10여 년 전, 암에 걸리지 않았을 때부터 아버지는 나와 '죽음 조약'을 맺었다. 내가 의사 자격을 얻어 모르핀에 접근할 권한이 생겼을 때, 혹시라도 아버지가 견디기 어려운 진단을 받으면 생을 마감하도록 도와준다는 내용이었다.

"난 식물인간처럼 무기력하게 살고 싶지 않단다." 아버지가 내게 말했다. "내가 치매로 노망이 나거나 뇌졸중으로 꼼짝 못 하게 되면, 네가 날 불행에서 벗어나게 해 줬으면 싶구나."

"그럴게요, 아빠. 걱정 마세요."

겉으로는 그렇게 대답했지만, 사실 속내는 전혀 그렇지 않았다. 그런 끔찍한 상황이 닥치면 일단 정확한 평가가 먼저라고 생각했다. 하지만 당시엔 아버지의 거듭된 부탁을 거절해 봤자 득 될 게 없었다. 오히려 딸과의 약속이 노년기에 접어드는 불안감에 맞서는 데 도움을 주는 것 같았다.

아버지는 잊을 만하면 한 번씩 죽음 조약을 언급했다. 치매에 걸려서 품위를 잃을까 봐 지나치게 걱정스러워하면서, 그때가 오면 필요한 조치를 하겠다는 다짐을 자꾸만 받으려고 했다. 나는 거짓말이 될 게 뻔한 약속을 하면서도 양심의 가책을 느끼진 않았다. 수십 년 전 전신 화상으로 죽어 가던 해군 병사들에게 아버지가 했던 약속처럼, 나 역시 아버지 요구를 들어줄 수 있을 것 같지 않았지만 그냥 그러겠다고 했다. 그래야 당장 아버지에게 필요한 위안을 준다고 믿었기 때문이다. 나는 의사로서가 아니라 딸로서 내 소임을 다했다.

호스피스에서 근무하던 어느 날, 그 죽음 조약이 불현듯 떠올랐다. 그런데 아버지는 암 진단을 받은 뒤론 조력사에 대해 한 번도 언급하지 않았다. 말기 암에 직면해 그것이 진짜 필요한 순간이 왔는데, 왜 이야기를 꺼내지 않았을까? 말하지 않아도 때가 오면 내가 알아서 치사량의 모르핀을 주입할 거라는 확고한 믿음이 있었기 때문일까? 실은 그 반대였다. 아버지는 더 이상 그런 게 필요하지 않은 것 같았다. 죽음을 받아들인 덕분에 남은 순간을 음미하며 살아갈 수 있었다.

그렇지만 아버지와 반대로 죽음에 대한 공포 때문에 다른 일을 전혀 생각할 수도 없는 환자들은 어떤가? 그들에겐 죽음이 불러일으키는 실존적 두려움이 감당할 수 없을 정도로 끔찍할까? 필립 라킨의 시 '오바드Aubade(새벽의 노래)'는 죽음 공포증, 즉 죽음에 대한 생각에서 오는 불안을 대단히 잘 묘사했다. 오바드는 원래 새벽을 흥겹게 알리는 노래나 시를 말한다. 흔히 동이 트자마자 헤어져야 하는 연인과 관련된다. 하지만 1977년 완성된 라킨의 오바드는 음울하고 풍자적이다. 시인은 밤에 얼큰하게 취했다가 '고요한 어둠'에서 깨어난다. 그리고 두려움에 마비된 채 새벽이 오기를 기다린다.

그때쯤이면 나는 거기에 실제로 무엇이 있는지 본다 :
쉼 없이 다가와 하루가 훌쩍 더 가까워진 죽음

라킨은 이러한 전망이 너무 끔찍해서 '그 섬광에 정신이 아득해질 정도'라고 말한다. 어떤 것도 그에겐 위안을 주지 못한다. 애초에 느끼지도 못할 일을 두려워하는 게 터무니없다는 그럴싸한 주장도, 종교의 속임수도 위안이 못 된다. 라킨은 자신의 망각보다 더 두려워할 일이 뭐가 있겠느냐고 말한다.

… 이게 바로 우리가 두려워하는 것이다
– 볼 수도 없고, 들을 수도 없고,
만질 수도, 맛볼 수도, 냄새 맡을 수도, 생각할 수도 없으며,
사랑할 대상도, 연결할 대상도 없이
마취된 채 다시는 의식을 차리지 못하는 상태.

매우 드물긴 하지만, 라킨처럼 임박한 죽음이 너무 두려워 어떤 위로도 통하지 않는 환자가 있다. 죽음이 다가올수록 살아가는 행위는 그저 가혹한 심리적 시련이다. 환자가 삶의 마지막 며칠이나 몇 시간을 남기고 견딜 수 없는 고통에 시달리지만 다른 조치로는 그 증상을 완화할 수 없을 때, 마지막 옵션이 '지속적으로 깊은 수면 상태_{continuous deep sedation}'에 빠뜨리는 것이다. 의식 불명 상태로까지 진정제를 투여하면 환자는 비로소 고뇌에서 해방된다.

이것은 죽음을 재촉하는 게 아니라 고통을 덜어 주는 게 목적이기 때문에 조력사나 안락사와는 근본적으로 다르다. 어쨌든 대다수 환자는 이러한 극단적인 조치가 필요하지 않다. 대개 낮은 용량의 진정제로도 두려움을 충분히 누그러뜨릴 수 있다. 그런 상태에서 환자는 사랑하는 사람들이나 주변 세계와 얼마든지 소통할 수 있다.

역설적으로, 완화 의료에선 또 다른 극단의 사례도 찾을 수 있다. 평생 죽음 공포증에 시달리던 환자가 말기 진단을 받고 두려움을 떨쳐 내기도 하는 것이다. 일례로, 전립선암이 골격 전체에 퍼져 다리와 척추에 다발성 골절을 일으킨 환자가 있었다. 로저는 극심한 통증을 느끼며 호스피스에 도착했다. 하반신이 마비됐고 앞으로 며칠에서 몇 주 정도밖에 버티지 못할 것으로 예상됐다. 그런데 처음 만났을 때 세상을 다 가진 듯 환하게 웃고 있어서 나는 병실을 잘못 찾아왔나 싶었다. 로저는 며칠에 걸쳐서 자신이 평생 시달렸던 고뇌에 대해 찬찬히 들려주었다.

"난 아주 어렸을 때부터 자살을 생각했어요. 터무니없는 소리처럼 들리겠지만, 죽는 게 너무 두려우면서도 어차피 죽어 없어질 텐데 살아서 뭐하나 하는 생각뿐이었어요. 다 헛되고 부질없는데 하루하루 고통스럽게 살아서 뭐하겠어요?"

50대인 로저는 평생 극심한 불안과 우울증에 시달렸고, 정신 병원에 수차례 입원하기도 했다.

"프로이트는 죽음에 대한 내 두려움이 실은 다른 것으로 인한 두려움, 가령 해결 못 한 어린 시절의 갈등 때문이라고 말하겠죠. 하지만 프로이트가 틀렸어요. 내 기억으로는, 아주 어렸을 때부터 나를 비롯한 모든 인간이 죽음을 맞아야 한다는 사실에 소름 끼칠 만큼 두려웠습니다."

"그런데 지금은 어떻게 된 거죠, 로저?" 내가 넌지시 물었다. "아, 내 말은 당신은 지금 호스피스에 입원한 상황인데 왠지 아주… 행복해 보여서요."

"아, 그건 진짜로 행복하니까요. 솔직히 말하면, 곧 죽을 거라는 말을 들었을 때가 내 인생 최고의 순간이었어요."

우리 둘 다 그 말에 웃음을 터뜨렸다. 어쨌든 사실이었다. 우리가 통증을 완화해 주자 로저의 기분은 봄방학을 맞은 대학생처럼 들떴다.

"드디어 해방된 것 같아요. 내 평생 처음으로 마음이 편안해졌습니다. 진짜 희한하죠? 이젠 어떤 두려움도 날 괴롭히지 못합니다. 간호사들의 친절과 오전 마사지, 가족과 보내는 시간 등 모든 걸 아무 걱정 없이 즐길 수 있어요. 지금 이 순간이 참으로 좋습니다."

로저는 마지막 2주 동안 평생의 불안과 고뇌에서 해방되었다. 난생처음으로 평안을 느꼈다. 그를 해방시켜 준 것은 결국 죽음 자체가 아니라 임박한 죽음에 대한 인식이었다.

13

결국 우리를 살아가게 하는 힘

마지막 카드가 어떻게 게임을 이끄는지 모르겠지만,
어떻게든 끈끈하게 연결되긴 했어.

– 엘라스티카의 노래 'Connection'

술집이 아직 문 닫을 시간도 되기 전인데, 금요일 밤의 응급실은 벌써부터 난리 법석이었다. 한쪽 구석에선 취객이 피에 흠뻑 젖은 종이 타월로 상처 난 머리를 감싸 쥐고선 축구 응원가를 불러 댔다. 의자를 몇 개 건넌 곳에선, 젊은 여성이 파트너에게 욕설을 퍼부었다. 대기실은 기다리는 환자들로 바글거렸다. 의사를 만나려면 여덟 시간은 족히 기다려야 했다. 다들 분노가 한계에 다다른 표정이었다.

그러나 내게는 그 모든 난리 법석이 배경 소음에 지나지 않았다. 내 관심은 이제 막 커튼을 젖히고 만나려는 환자에게 쏠려 있었다. 컴퓨터에 적힌 그 환자에 대한 정보라고는 수수께끼마냥 '남성, 심박 조율기 문제'가 전부였다.

나는 호기심이 발동했다. 심박 조율기는 현대 의학의 경이로운 산물이었다. 성냥갑 크기의 이 작은 장치는 발전기와 배터리, 페이싱 리드 pacing lead로 알려진 두 개의 전선으로 이뤄져 있다. 이 장치는 흔히 좌측 쇄골 바로 아래에 삽입된다. 각각의 페이싱 리드는 혈관을 따라 심장 자체로 유도되며, 대개 수년 동안 심장의 정상적 박동을 자극하기 위해 필요할 때마다 심장에 전기 파동을 보낸다.

심장 전기 생리학은 아주 조마조마한 영역이다. 분당 60회에서 70회, 평생 동안 20억 회의 심장 박동이 원래는 심장에 내장된 심박 조율기, 즉 심장 수축 때마다 전기 흐름을 발생시키는 5밀리미터 폭의 세포 그룹에 의해서 유발된다. 전기 포트나 스마트폰, 자동차나 컴퓨터가 80~90년 동안 결함이나 오작동 없이 그러한 출력을 유지한다고 상상해 보라. 진화는 공학을 압도한다. 하지만 질병이 전기 폭풍을 일으키면, 심장이 너무 빠르거나 느리거나 불규칙하게 뛰어서 혈압을 유지할 수 없다. 그렇게 되면 환자는 예고도 없이 쓰러지거나, 더 나쁘게는 심장 마비를 일으킬 수 있다. 공학도들이 개발한 이 교묘한 안전장치는 치명적 심장 부정맥을 막을 기발한 해결책이다.

나는 환자가 심전도상 웬만해선 보기 힘든 궤적을 그리거나, 한 번도 본 적 없는 심장 질환을 앓는 사람이기를 바랐다. 그래서 얼른 만나고 싶은 마음 한편으론 살짝 미안한 마음이 들기도 했다.

보통의 삶은 어떻게 위대해지는가

─   환자의 이름은 마이클 리처드슨이었다. 커튼을 젖히자 마이클은 앙상한 두 팔로 가슴을 감싸듯 웅크리고 있었다. 뭔가를 숨기려는 건지, 10대 소녀처럼 부끄럼을 타는 건지 알 수 없었다. 그런데 마이클은 80대 후반이었다. 뭐가 불편한지 얼른 벗어나고 싶어서 안절부절못했다. 나는 그의 긴장을 조금이라도 풀어 주고자 다정하게 웃으며 내 소개를 했다.

"아, 내가 좀 더 일찍 왔어야 했는데…." 마이클은 일단 입을 열긴 했지만 말끝을 흐리면서 시선을 떨어뜨렸다.

"괜찮습니다." 나는 거듭 그를 안심시켰다. "지금이라도 왔으면 됐죠. 그 점이 중요해요."

마이클이 전혀 안심되지 않은 얼굴로 나를 쳐다보며 물었다.

"문제가 뭔지 간호사들이 말하던가요?"

"아뇨. 하지만 문제가 뭐든 우리가 도와드릴 겁니다. 그러려고 있는 사람들이잖아요."

마이클의 얼굴이 살짝 붉어졌다. 나는 감염 때문이 아닐까 생각하면서 그가 말을 꺼내길 기다렸다.

"그러니까…." 마이클은 머뭇거리며 팔을 풀었다. "…문제는 바로 이겁니다."

그가 살짝 가운을 젖히자 역한 냄새가 코를 찔렀다. 놀랍게도, 그가 양손에 조심스럽게 받치고 있던 것은 바로 심박 조율기였다. 피고름으로 범벅된 심박 조율기가 가슴에 난 구멍 사이로 삐져나와 덜렁덜렁 매달려 있었다. 나는 본능적으로 그걸 다시 안으로 밀어 넣고 싶었다. 온전한 살점이 없는 구멍을 가리기 위해 주변 피부를 쫙쫙 끌어당겨 봉합하고 싶었다.

"내가 좀 더 일찍 왔어야 했는데…." 마이클은 몹시 당황한 얼굴로 아까 했던 말을 반복했다. "어쨌거나 오늘 밤 안으로 집에 갈 수 있게 선생님이 좀 고쳐 줄 수 있나요?"

나는 차분하게 이야기를 시작했다. "한 번에 한 가지씩 답변할게요. 일단 걱정하지 마세요. 이 문제는 의료진이 알아서 해결해 드릴 거예요. 하지만 오늘 밤 안으론 어려울 겁니다. 그나저나 어쩌다 이렇게 됐는지 얘기 좀 해 보세요."

응급실에선 불가사의한 일에도 능숙하게 대처할 줄 알아야 한다. 말이 통하지 않는 환자에게 "네? MI5(보안 정보국)에서 당신한테 이렇게 하라고 시켰다고요? 조금 전엔 그 뭐냐, 아티초크를 깔고 앉아서 이렇게 됐다면서요?"라고 버럭 소리치고 싶더라도 차분하고 공손하고 악의 없는 목소리로 환자에게 질문해야 한다. 이번 경우에도 나는 이렇게 소리치고 싶었다.

"아이고, 세상에! 어쩌면 가슴 염증이 이렇게 심해져서 썩은 멜론처럼 물러 터질 때까지 방치할 수 있죠? 왜 좀 더 일찍 도움을 구하지 않았어요?"

하지만 세상일은 병원에서 한번 힐끗 보고 모두 파악할 수 있을 정도로 그리 단순하지 않다. 마이클의 이야기를 듣고 보니 어쩔 수 없었겠다 싶었다. 몇 주 전, 마이클은 심박 조율기의 배터리를 교체하러 병원에 방문했다. 살균 뒤 국소 마취 상태에서 이뤄지는 간단한 시술이었다. 그런데 안타깝게도, 가슴을 열고 심박 조율기를 꺼내 배터리를 교체한 뒤 다시 꿰매는 과정에서 균이 침입하고 말았다. 며칠 뒤, 마이클은 꿰맨 자리가 붉어지면서 살짝 쑤셨지만 금세 괜찮아질 거라 생각하고 무시해 버렸다. 하지만 가슴은 점점 더 욱신거리고 부풀어 오르고 벌게졌다. 의사의 도움이 필요하다는 생각이 들었다. 다른 것도 아니고 심장과 관련된 일이었다. 장치와 연결된 부위에 생긴 염증은 절대로 간과해서는 안 되는 문제였다.

하지만 마이클에게는 자신의 심장보다 더 중요한 게 있었다. 바로 60년을 해로한 아내였다. 메리가 3년 전에 치매 진단을 받은 이후로, 마이클은 줄곧 메리의 보호자 노릇을 해 왔다. 혼자서 아내를 먹이고 입히고 씻기고 달래 주었다. 메리가 언니 이름을 기억하지 못해 울었을 때도 마이클은 그녀를 웃음 짓게 했다. 메리가 잠자리에 들 때 우유에 꿀을 타서 데워 주면 좋아한다는 것도, 팔을 살살 쓰다듬어 주면 불안감이 가라앉는다는 것도 알았다. 그런 그가 입원해 버리면 누가 메리를 돌봐 주겠는가?

아내가 자기 없이 요양원에 가게 될지도 모른다는 두려움에 마이클은 가슴 통증을 최대한 무시했다. 그러나 오늘 아침 찬장에서 접시를 꺼내려고 손을 뻗다가 살갗이 찢어지는 느낌을 받았다. 다음 순간, 셔

츠에 진득한 고름이 흥건하게 묻어 났다. 몇 주 동안 가슴 안쪽에서 마구 번지던 염증 때문에 심박 조율기 위쪽의 흉터가 곪아 터져 갈비뼈와 폐가 햇빛에 노출되기에 이르렀다. 그제야 마이클은 피가 엉겨 붙은 심박 조율기를 움켜쥔 채로 패배를 인정하고 구급대원을 호출했다.

마이클은 이 이야기를 들려주면서 끝내 눈물을 보였다. 그가 우려했던 대로, 메리는 사회 복지과에 의해 긴급 보호소로 옮겨졌다. 돌봐 줄 다른 가족이나 친구도 없고, 집에 혼자 둘 수도 없는 노릇이었다. 영문도 모른 채 두려움에 떨고 있을 메리를 생각하니, 마이클은 가슴이 미어졌다.

나는 병상 옆에 앉아 심장이 고장 난 남자의 손을 붙잡으며 말했다.

"메리에 대해서 들려주세요. 처음에 어떻게 만났어요?"

마이클은 춤을 좋아하던 쾌활한 아가씨와 해변에서 위스키 진저를 마시던 시절을 들려주면서 내 손가락을 꽉 쥐었다. 조금 있으면 심장병 전문의들이 심박 조율기를 새로 갈아 줄 테고, 운이 좋으면 정맥 내 항생제로 며칠 만에 염증도 가라앉을 터였다. 하지만 아내 곁에 있으려는 그의 간절함도 점점 더 절박해질 터였다. 그의 아픔과 고뇌는 고장 난 심박 조율기 때문이 아니라 낯선 곳에서 혼란에 빠져 있을 아내 때문이었다. 그토록 지키려고 애썼던 일상이 지금은 돌이킬 수 없을 정도로 와해돼 버렸다.

"마이클, 그 몸으로 지금까지 집에서 혼자 메리를 돌보다니, 정말 대단해요. 그만큼 큰 사랑을 베푸는 남편은 많지 않아요. 정말 놀라워요. 메리가 무척 행복했을 거예요."

내 말이 그에게 조금이나마 위로가 되길 바랐지만, 걱정으로 일그러진 그의 얼굴은 전혀 펴지지 않았다. 오히려 벽 쪽으로 돌아누운 채 더 흐느낄 뿐이었다. 나는 무거운 마음으로 심장병 전문의를 부르려고 자리에서 일어났다.

징신없이 굴러가는 금요일 밤의 응급실에서, 나는 마이클이 치료를 잘 받고 돌아가서 지역 사회의 도움을 받으며 메리와 함께 여생을 행복하게 보내길 간절히 빌었다. 그런데 자금 부족에 시달리는 사회 복지과의 현실을 고려해 볼 때, 헛된 바람이 될 공산이 컸다. 그래도 한 가지 분명한 사실이 있다. 내가 그날 만난 남자는 60년간 해로한 아내를 너무나 사랑해서 자신의 심장까지 희생하려 했다는 것이다. 죽음이 숨통을 조여 오더라도 사랑하는 마음은 변치 않는다. 결국 죽음을 굴복시키는 것은 타인을 향한 사랑이다. 현재성보다 더 위대하고, 자연보다 더 위대하며, 감각적 쾌락보다 더 위대한 것은 바로 인간적 연결의 힘이다.

죽음 후에 남는 것들

호스피스에서 사망한 환자들에게 벌어지는 일을 필립 라킨이 좀 더 알았더라면 죽음으로 인한 고립감에 덜 시달리지 않았을까? 나는 무신론자라 천상의 위로를 전하지 못한다. 하지만 세상을 떠난 직후에 내 환자들이 지상에서 맞이하는 사후 세계는 그 나름대로 초월성을 지닌다. 살아서든 죽어서든 호스피스에서 가장 특별한 인간적 연결은 대개 간호사들과 얽혀 있다.

니나와 한 팀으로 일하게 되면서, 나는 니나가 사후에 환자를 어떻게 돌보는지에 대한 이야기를 자주 들었다. 시신과 관련한 이야기는 흔히 혐오감이나 공포감을 유발하기에 평범한 사람들이 나눌 만한 주제는 아니다. 하지만 살아서든 죽어서든 똑같이 우리의 환자들이다. 심장 박동이 멈췄다고 해서 보살핌마저 멈추진 않는다. 얼마 전, 너무 이른 나이에 세상을 떠난 환자 때문에 호스피스 전체가 크게 흔들렸다.

"부모한테는 자식을 먼저 보내는 게 제일 힘든 일이겠죠?" 니나가 말했다.

"맞아요." 내가 동의했다. "난 핀과 에비의 생사가 달린 일이라면 내 목숨까지 내놓을 수 있어요. 자식을 잃는 비통함은 상상할 수조차 없거든요."

우리가 이야기하는 토비는 겨우 열아홉 살이었다. 호스피스에서 지내기엔 너무 어린 나이였지만 희귀한 퇴행성 신경 장애로 끝내 숨을 거두고 말았다. 마지막 2주 동안 토비의 엄마인 재키가 밤낮으로 병상을 지켰다. 토비는 병상에서 꼼짝할 수 없을 만큼 약해져서 간호사들에게 자기 몸을 온전히 내맡겨야 했다. 어느 환자에게나 이런 일은 상당히 충격적이겠지만, 성인기에 막 다다른 청년에겐 특히나 굴욕적으로 느껴질 터였다.

니나가 토비와 맺은 유대는 부분적으로 온화한 접촉 덕분이었다. 니나는 토비가 오줌을 지리지 않도록 도뇨관을 삽입해 주었다. 설사가 났을 때 시트를 갈아 주고 바지를 갈아입힌 사람도 니나였다. 토비가 엄마 앞에서 두려움에 떨며 울지 않도록 손을 잡아 준 사람도 니나였다. 니나는 토비의 아픔과 괴로움을 하나도 놓치지 않고 보살폈다. 그의 흐느낌과 두려움도 보살폈고, 그의 몸에서 나오는 온갖 분비물도 모두 처리해 주었다. 2교대로 근무하는 열두 시간 동안 니나는 한 번도 인상을 쓰지 않았다. 오히려 토비를 웃게 했다. 심지어 토비가 청하는 바람에 그의 엑스박스로 게임까지 시도했다. 토비는 눈물이 날 정도로 웃다가 결국 한마디 던졌다.

"니나는 간호사 일이 천직이네요."

토비의 두려움을 달래 준 것도, 토비가 죽은 직후 비탄에 잠긴 가족을 위해 사후 매무새를 단정하게 만져 준 것도 역시 니나였다.

"그게 참 중요하죠, 그렇죠?" 니나가 내게 말했다. "사랑하는 사람의 마지막 며칠, 마지막 몇 시간은 절대 잊히지 않잖아요. 그래서 우린 늘 그들의 마지막 모습을 보기 좋게 해 줘야 해요. 환자의 귀 뒤에 좋은 향을 살짝 발라 주고, 치아와 혀를 깨끗이 닦아서 입속 청결도 유지해 줘야 해요. 그게 진짜로 중요해요. 환자한테서 고약한 죽음의 냄새가 풍기면 가족들은 내내 그 냄새로 기억할 테니까."

토비의 임종을 지킨 가족은 엄마와 아빠, 여동생과 남동생이었다. 그들은 밤을 지새우며 토비의 호흡이 끊어질 듯 이어지는 모습을 지켜봤다. 하루가 꼬박 흘렀다. 토비의 가녀린 호흡이 더 이상 일시 정지가 아니라 진짜 마지막인 것으로 드러났을 때, 니나 역시 그들과 함께했다. 폭풍 같은 오열이 차츰 잦아들자 니나는 토비의 몸을 씻어 주는 게 어떠냐고 제안했다. 재키만 남고 나머지 가족은 병실을 나갔다. 간호사와 엄마, 두 여성은 토비의 옷을 벗기고 비누칠을 시작했다.

"어떻게 해야 하는지 잘 모르겠어요."

재키가 니나에게 말했다.

"어렵지 않아요. 그냥 이렇게 살살 씻기면 돼요. 그럼 토비의 마지막 모습이 아주 정갈해 보일 거예요."

니나의 지도는 능숙하고 정중했기 때문에 재키는 자신이 어느 모로 보나 어머니라고 느낄 수 있었다.

"내 아들에게 엄마가 얼마나 사랑하는지 보여 줄 수 있겠네요." 재키가 속삭였다. "고마워요. 내가 이런 일을 할 수 있을 거라곤 미처 몰랐어요."

가족들이 다시 들어온 뒤, 여동생은 토비의 얼굴에 까칠하게 자란 수염에 주목했다.

"엄마, 오빠 얼굴은요? 오빠는 얼굴이 까칠한 걸 싫어했어요."

역시나 니나의 지도에 따라 엄마와 열일곱 살 난 여동생은 토비의 창백한 뺨에 거품을 칠한 다음 부드럽게 면도를 시작했다. 토비는 죽고 난 뒤에도 아들이자 오빠이자 인간이었다.

"난 이 일을 절대로 잊지 못할 거예요." 여동생이 손에 면도기를 든 채 니나에게 말했다. "사람이 죽은 뒤에 이렇게 해 준다는 걸 전혀 몰랐어요."

여동생은 오빠에게 몸을 돌리고 말했다.

"오빠, 사랑해. 앞으로도 영원히 사랑할 거야."

작고 약한 인간이 서로를 돌볼 때 일어나는 기적

─　　　의사들이 환자를 사람으로 대하는 걸 잊으면 끔찍한 결과를 초래할 수 있다. 내가 이 글을 쓸 무렵, 영국 언론들은 유명한 간 이식 전문가 사이먼 브람홀과 관련한 충격적 기사를 쏟아 냈다. 브람홀은 환자 두 명에게 이식한 간에 자신의 이니셜을 새긴 죄를 인정했다. 환자들이 마취된 상태로 수술대에 누웠을 때, 브람홀은 수술 중 지혈하는 용도로 비치된 아르곤 빔 소작기로 환자들의 장기에 'S B'라는 글자를 새겨 넣었다.

"의식을 잃은 환자에게 불법적 힘을 의도적으로 행사한 것입니다." 형사 재판 중에 왕립 검찰청의 엘리자베스 라이드 검사가 말했다. "환자들의 간에 전혀 불필요한 방식으로 글자를 새긴 그의 행위는 고의적이고 의식적인 행동이었습니다."

그 사건은 상당한 논란을 불러일으켰다. 브람홀의 간 이식으로 목숨을 건진 일부 환자들이 공개적으로 그를 옹호하긴 했지만, 의료계 안팎의 반응은 대체로 놀라움과 혐오감이 주를 이뤘다. 직접적으로 신체적인 해를 끼친 건 아니라지만, 이름을 새긴 행위에는 "당신은 내 거야, 당신 몸에 내가 하고 싶은 대로 뭐든 할 수 있어"라는 오만한 동기가 내포되어 있었다. 환자의 관심사를 주로 다루는 자선 단체인 페이션트 컨선Patient Concern의 조이스 로빈스 대변인은 이렇게 꼬집었다.

"우린 지금 자서전이 아니라 환자에 대해 논하고 있는 겁니다."

의사가 어떻게 감히 자기 환자에게 송아지처럼 낙인을 찍는단 말인

가. 그런 행위가 용인될 거라고 생각했던 것일까? 브람홀이 평소에 괴팍하게 행동하던 사람이 아니었다는 점에서 이 사건은 더 기이하다. 듣자 하니, 브람홀은 수술 실력만 뛰어났던 게 아니라 환자와 교감도 잘하는 사려 깊은 외과의였다. 의료계가 계속해서 종사자들의 의견을 무시하고 그들의 고충을 숨기며 허세를 부리는 한, 환자를 향한 의사들의 삐뚤어진 태도는 더욱더 조장될 것이다.

의사는 대개 첫날부터 인간의 고뇌 앞에서 의연하게 대처해야 하는 임무를 받는다. 동료 의사인 톰은 스물여섯 살로 중환자실에서 근무한다. 어느 날 아침, 톰이 중환자실에서 한 젊은 여성 환자를 안정화시키느라 밤새 씨름하고 나서 나를 찾아왔다. 톰과 동갑인 그 환자는 횡단보도를 건너다 차에 치여 목과 머리, 등에 심각한 부상을 입었다. 아침 인수인계 시간, 톰은 빳빳한 수술복 차림의 오전 근무 팀에게 밤새 일어난 사건을 간단히 설명했다. 그러자 고참 전문의가 죽어 가는 여성 환자의 차트를 힐끔 훑어본 후 대뜸 이렇게 말했다.

"흠, 자네의 밤샘 노력은 시간 낭비로 끝났군. 그렇지, 톰? 딱 보면 견적이 나왔을 텐데, 괜한 헛수고를 했어."

생명을 구하려던 필사적 노력을 괜한 헛수고라고 일축하자 톰은 자기도 모르게 눈물이 고였다. 인수인계를 하는 내내 눈물이 뺨을 타고 흘러내렸지만, 그곳에 있던 의사나 간호사 중 누구도 톰의 고뇌를 알아주지 않았다. 오히려 못 본 척 외면했다.

호스피스에서 임종 환자와 가족들을 돌보다 보면 때로는 견디기 어려울 만큼 힘든 순간이 있다. 슬픔이 감당하기 힘들 정도로 무겁게 짓누를 때, 숨 쉬는 공기마저 고통처럼 느껴진다. 그래도 나는 운이 좋은 편이다. 내가 일하는 병동에선 의료진의 힘겨운 노력을 허투루 넘기지 않는다. 죽음을 눈앞에 둔 환자의 가족과 한 시간 넘게 상담하고 오면, 내 컴퓨터 앞에는 누군가가 슬며시 갖다 놓은 차와 비스킷이 있다. 우리는 서로 도우며 힘겨운 시간을 함께 이겨 낸다. 가벼운 포옹, 커스터드 크림, 한담을 나누자는 제안 등 사소한 행위로도 굳건한 연대감을 느낄 수 있다. 사람과 사람 사이의 *끈끈한* 연결이 우리 환자들에게 큰 의미를 부여한다. 그런 당연한 사실을 간과한다면 오히려 이상할 것이다.

아버지가 쇠약해질수록 나는 더 기를 쓰고 업무에 매달렸다. 내 환자들이 모두 평온한 상태에서 죽음을 맞이하길 간절히 바랐다. 아울러 눈을 감기 전 마지막 몇 주와 며칠이 빛나는 시간이길 바랐다. 나는 앞으로 닥칠 일에 대한 두려움을 상쇄하고자 삶의 마지막 순간까지 아름답고 즐거울 수 있음을 나 자신에게 입증하려 애썼다. 죽음 앞에서 비탄에 빠지지 않는 예를 많이 봐 두면, 아버지가 떠날 때 나도 의연하게 대처할 수 있을 것 같았기 때문이다.

어느 날 아침, 엄마에게서 문자 메시지가 왔다.

'전화 좀 다오. 아버지가 아프단다.'

불길한 예감에 머리카락이 쭈뼛 섰다. 동료에게 잠시 자리를 비우겠다고 양해를 구하고 서둘러 밖으로 나와 엄마에게 전화했다.

"아버지 상태가 좋지 않아." 엄마가 다급하게 말했다. "모르핀을 투여했는데도 효과가 없구나. 네가 좀 얘기해 봐라. 아버지가 너랑 얘기하고 싶어 하니까."

아버지는 전화기를 건네받으면서 일하는 데 방해되고 싶지 않다는 말을 웅얼거렸다.

"아버지, 그런 건 걱정하지 말고 무슨 일인지 얘기해 보세요."

모르핀 탓인지, 통증이나 두려움 탓인지, 아버지는 상태를 정확하게 설명하지 못하고 횡설수설했다. 간신히 알아들은 말로 판단해 볼 때, 간이 문제였다. 간전이肝転移 때문에 경련을 일으킬 정도로 고통스러운 게 틀림없었다.

"아버지, 모르핀을 더 복용하세요. 지금처럼 아픈 상황에선 잃을 게 없어요. 일단 통증부터 잡은 다음에 계획을 짜기로 해요. 지역 보건의에게 연락하라고 엄마한테 말해 둘게요. 스테로이드가 도움이 될 수도 있어요. 하지만 일단 아버지 상태부터 제대로 확인해 보자고요."

질병의 궤적은 예측할 수 없다. 일례로, 나는 현재 20년 전에 암으로 6개월 시한부 선고를 받았던 남자를 돌보고 있다. 하지만 아버지와 통화하는 순간, 마지막이 가까워지고 있다는 끔찍한 확신이 들었다. 나는 수간호사 로리를 만나기 위해 불안한 걸음을 옮겼다.

"로리, 미안해요. 더 이상 일할 수 없을 것 같아요. 아버지한테 문제가 생겼거든요. 간전이로 통증이 심한 데다 간성 뇌병증으로 의식도 조금 혼미해요. 지금 아버지한테 가 봐야 해서 더 이상 환자를 볼 수 없을 것 같아요."

로리는 더할 나위 없이 친절하게 대응해 주었다. 내가 임무를 저버리는 사람이 아니라, 자신의 한계를 인식한 양식 있는 의사처럼 느끼게 해 줬다. 나 자신은 환자들을 저버렸다고 생각했는데, 로리는 내가 환자들을 우선했다고 말해 줬다. 다른 동료와 상사들도 더 이상 친절할 수 없었다. 빈자리를 채우려면 더 힘들게 일해야 할 텐데도 얼른 가서 아버지를 돌봐 드리라며 내 등을 떠밀었다. 호스피스 밖으로 나오자 서늘한 겨울 햇살에 눈이 부셨다. 미안함과 비통함과 두려움에 사로잡힌 나는 다음에 목격할 죽음이 내 아버지의 죽음일 거라는 생각에 발걸음이 한없이 무거웠다.

14

아버지의 죽음 앞에서
: 아버지가 남긴 이야기들

인생을 한껏 즐기고, 우리에게 닥친 문제를 해결하고,
동료 인간에게 빛과 평화와 즐거움을 주며,
엉망진창인 이 행성을 우리가 태어난 때보다 더 건강하게 해 놓지 못한다면
도대체 뭐 하러 여기 있는가?

– 헨리 밀러, 《이분은 브루클린 출신의 헨리, 헨리 밀러입니다 This Is Henry, Henry Miller from Brooklyn》(국내 미출간)

부모님의 집에 도착했을 때 가장 먼저 눈에 들어온 것은 엄마의 달라진 모습이었다. 엄마는 예전처럼 능숙하고 온화한 간호사로 돌아가 있었다. 자꾸만 움츠러드는 아버지의 주변에서 혼자 동분서주했다. 아버지가 위축되거나 무기력하게 느끼지 않도록 엄마는 날마다 수백 가지 미묘한 행동을 통해 아버지의 욕구를 충족해 주었다. 며칠째 잠을 거의 못 잔 엄마는 눈 밑이 푹 꺼지고 시커멨다. 이런 상태로는 엄마가 먼

저 쓰러질 것 같았다. 하지만 아버지에게 지극정성을 쏟는 엄마를 그 누구도, 그 무엇도 말릴 수는 없었다.

아버지는 힘겹게 미소를 짓고 있었지만 그 뒤로 어른거리는 불안감 이 예사롭지 않았다. 새로운 통증이 급습했을 때 아버지도 나처럼 그 의미를 간파했다.

'마크, 때가 왔어. 이젠 막바지에 다다른 거야.'

아버지는 지금 자신의 상황이 얼마나 나쁜지, 앞으로 얼마나 더 버틸 지 생각하고 있을 터였다. 엄마가 내게 의미심장한 눈길을 보냈다. 아 버지는 황달이 심해서 눈과 피부가 누리끼리했다. 문에 들어서는 나를 맞으러 현관까지 나오는 걸음이 휘청휘청했다.

'아, 아버지.'

그 모습을 보는 순간, 나는 가슴이 철렁 내려앉았다. 이제 우리가 할 수 있는 일은 아무것도 없었다. 우리는 조심스럽게 포옹했다. 살가죽 만 남은 아버지의 몸은 힘을 주면 뼈가 부러질 것 같았다. 하지만 뺨에 입을 맞추자 아버지의 눈이 반짝 빛났다.

"이따가 같이 〈피키 블라인더스〉를 보자꾸나, 레이첼."

피키 블라인더스. 1920년대 버밍햄 뒷골목에서 위세를 떨치던 갱 단을 모티브로 만든 범죄 드라마다. 이 드라마에 중독된 아버지 덕에 나도 매회 놓치지 않고 챙겨 보게 되었다.

"그렇죠, 뭐. 그나저나 이번 에피소드에선 시신을 몇 구나 보게 될지 내기할까요?"

"그보다는 밀크 피플milk people이 뭔지 더 궁금하구나." 아버지가 대답했다. "그 말이 당최 머리에서 떠나질 않는구나. 넌 뭐 좀 알아냈니?"

나는 쿡 하고 웃음을 터뜨렸다. 도널드 트럼프의 대통령 취임 초기, 오스트레일리아의 말콤 턴불 총리와 나눴던 전화 녹취록이 공개되었다. 두 사람의 대화 중에 미국 '현지의 밀크 피플local milk people'에 대한 뜻 모를 이야기가 언급되었다. 주류 언론과 소셜 미디어에서 트럼프의 밀크 피플이 정확하게 누구인지 혹은 무엇인지에 대해 온갖 억측이 쏟아졌다. 이와 관련한 '짤'이 엄청나게 나돌았는데, 아버지도 그 대열에 합류해서 엉뚱한 추측을 내놓았다.

"글쎄요, 그 밀크 피플에 대해선 저도 무척 궁금해요, 아버지. 〈워싱턴 포스트〉조차 아직 그들이 누구인지 알아내지 못했나 봐요. 아버지가 암을 앓고 있긴 하지만, 보다시피 바깥세상엔 더 큰 이슈가 많네요."

아버지는 허허 웃으며 제일 좋아하는 등받이 의자로 걸어가 앉았다. 듬직한 팔걸이까지 달린 의자는 워낙 푹신해서 아버지의 앙상한 몸을 잘 받쳐 주었다.

"앉아서 얘기 나눠요." 엄마가 말했다. "와인 한잔할래, 레이첼?"

"그럼 좋죠." 내가 대답했다.

임종을 앞둔 환자를 돌보는 일을 하면서 죽음을 둘러싼 왜곡과 혼란에 익숙해졌다고 자부했지만, 사실 나는 아버지의 마지막 며칠을 지켜보면서 받게 될 충격에는 조금도 준비되어 있지 못했다. 시간이 얼마 남지 않았다는 사실에 가슴이 먹먹했다.

'이젠 때가 왔어. 아, 상황이 얼마나 나빠질까?'

엄마가 일부러 자리를 비켜 주자 우리는 실없는 농담을 멈췄다. 나는 말을 돌리지 않고 바로 물었다.

"지금 상태가 어떤데요? 솔직히 말씀해 주세요, 아버지."

대답 대신 아버지 얼굴에 씁쓸한 미소가 떠올랐다. 우리 둘 다 한동안 입을 열지 못했다. 죽음의 기세를 도저히 꺾을 수 없다는 사실을 우리 모두 명확하게 알았다. 문득 어니스트 헤밍웨이의 소설《태양은 다시 떠오른다》에서, 어떻게 파산하게 됐냐는 질문에 주인공이 했던 답변이 떠올랐다.

"점진적으로, 그러다 갑자기."

아버지의 죽음도 파산과 비슷했다. 천천히 은밀하게 진행되다가 어느 순간 벼랑 끝에 다다르고 말았다. 그 사실을 아버지도 알았다. 아버지의 미소는 다 알고 있다는 표시였다. 모든 걸 알고 있으니, 의사 대 의사로서 다음에 무슨 일이 벌어질지 굳이 논의할 필요가 없다는 뜻이었다.

"통증이 상당히 심하구나." 아버지가 솔직히 털어놨다.

나는 가만히 기다렸다. 지금은 딸이 아니라 의사가 필요한 때였다. 우리는 아버지의 증상을 놓고 차분하게 논의했다. 아버지는 모르핀을 더 복용해야 한다는 점을 익히 알고 있었지만 무슨 이유에선지 망설였다. 여느 환자들과 마찬가지로 아버지 역시 모르핀의 최종성에 부담을 느끼는 게 분명했다. 모르핀은 파라세타몰이나 코데인과 같은 단순한 진통제가 아니라 다른 세상으로 이끄는 묘약이었다. 사람들은 흔히 이 죽음의 약을 주입받느니 차라리 청산가리를 들이켜는 게 낫다고 여겼다.

"아빠가 무슨 생각을 하는지 알아요. 어쩌면 나 역시 그럴지도 모르겠어요. 하지만 논리적으로 따져 보면 이건 그냥 진통제일 뿐이에요. 빅토리아 시대 소설에서나 써먹을 법한 얘기에 휘둘릴 필요 없어요. 그냥 제 역할을 충실히 해내는 진통제니까, 일단 시도해 보는 건 어때요? 용량을 조금 높여서 도움이 되는지 살펴보자고요. 졸리거나 너무 가라앉으면 다시 줄일 수 있어요. 소중한 이 시간을 통증에 시달리며 보낼 순 없잖아요."

다행히, 아버지가 내 말에 바로 동의했다.

"아버지는 널 신뢰한단다." 엄마가 나중에 내게 말했다. "네가 곁에 있으면 아버지도 나도 마음이 놓이는구나."

그날 밤, 우리 셋은 텔레비전 앞에 앉아 〈피키 블라인더스〉를 시청했다. 약간의 고문과 시체 한두 구가 등장하고, 붉은 페인트를 뒤집어쓴 끔찍한 장면과 알아듣기 어려운 버밍햄 악센트가 내내 이어졌다. 아버지는 모르핀 용량을 높인 덕분에 간전이로 인한 통증을 덜 느꼈다. 깔깔 웃다가 고개도 한두 번 끄덕였다. 낮보다 확연히 살아났다. 말기 암의 매복만 아니라면 전국 각지의 수많은 가정에서 벌어지는 평범한 저녁 풍경이었다. 부모와 딸이 아무런 불안감도 괴로움도 없이 소파에 기대어 드라마를 보며 담소를 나누었다.

아픈 와중에도 아버지는 새로운 습관에 금세 익숙해졌다. 이젠 너무 약해서 오래 서 있지 못하기 때문에 아침에 일어나면 앉아서 이를 닦았다. 그동안 나는 아버지의 약을 준비했다. 그런 다음 아버지를 부축해서 아래층으로 내려가는데, 조만간 이마저도 힘들어질 것 같았다. 아버지는 좋아하는 등받이 의자에 앉아 시리얼을 물과 함께 천천히 먹으며 신문을 읽었다. 기사를 읽다 금세 늘어지곤 했지만, 그래도 논쟁 거리 한두 가지는 찾아냈다. 체육을 좋아하던 아홉 살 시절, 내가 영국의 크리켓 선수인 이안 보텀에 대해 놀라울 정도로 확고한 견해를 품게 된 것도 모두 아버지와 나눴던 논쟁 덕분이었다.

엄마는 하루에 세 번씩 아버지의 몸을 마사지했다. 뼈의 굴곡을 따라 뻣뻣하게 굳은 부위에 진정 크림을 바르고 살살 문질렀다. 그것은 단순한 마사지가 아니라 손끝으로 전하는 사랑의 메시지였다. 오후가 되면 아버지는 침대에 누워 쉬었는데, 때로는 그 길로 아침까지 내처 자기도 했다. 날이 갈수록 아버지는 잠자는 시간이 길어졌다. 그동안 겁에 질린 수많은 사람들에게 내가 설명했던 죽음의 패턴을 몸소 보여 주었다. 우리는 아버지의 바람대로 행동했다. 병원이 아닌 집에서 모셨고, 아내와 자식들이 내내 곁을 지켰다. 손주들도 틈만 나면 찾아와 할아버지 곁에 머물렀다. 통증은 거의 없었고, 이따금 정신만 오락가락했다. 나는 말없이 눈물을 흘리며 밤을 지새우곤 했다.

'아버지, 아버지, 난 이대로 아버지를 보낼 수 없어요.'

15개월이 넘는 기간 동안 암은 아버지 몸에서 빼앗아 갈 수 있는 것을 야금야금 다 빼앗아 갔다. 아버지는 곧 너무 약해져서 몸을 일으키지도 못할 터였다. 하지만 미소와 유머 감각은 여전했다. 떠나기 일주일쯤 전, 아버지가 잠든 사이에 손목시계가 멈췄다.

"허허, 거참 신기하구나." 아버지가 아침에 일어나 쓸쓸하게 웃으며 말했다. "이것마저 내 시간이 다 됐다고 알려 주는구나."

그날 늦게 내가 아버지에게 물었다.

"죽는 게 두려우세요?"

"죽는 게 두렵냐고?" 아버지가 웃으며 대답했다. "아니다. 증상은 두려울 수 있지만 죽는 건 두렵지 않아. 손주들이 자라는 모습을 더 지켜보지 못하는 게 안타까울 뿐, 사는 데는 디 미련이 없단다. 이만하면 잘 살았으니까."

죽어 가는 사람을 행운아로 묘사하는 게 다소 어색하긴 하지만, 아버지는 확실히 복 받은 사람이었다. 내가 돌봤던 수많은 환자들과 마찬가지로, 아버지도 그간에 살아온 삶으로 기억될 터였다. 아버지는 통증을 비롯한 여러 증상에 시달리지 않으면서 세상과 서서히 분리되었다. 그 과정이 놀랄 만큼 차분하게 진행되었다. 서사의 끝자락에 이른 지금, 아버지에게는 평생 헌신했던 일과 반세기 가까이 사랑했던 아내, 어린 손주들, 그리고 아버지의 마지막 생명의 불꽃을 어떻게든 연장하려고 불나방처럼 달려드는 세 자식이 남았다. 3대에 걸친 살아 있는 유산 앞에서 아버지는 깊고도 충만한 성취감을 느꼈다.

"늘 친절해야 한다."

내내 잠에 빠져 있던 아버지가 눈을 뜨더니 뜬금없이 내게 말했다. 나는 아버지의 침대에 반쯤 누워 있다가 참을 새도 없이 눈물을 쏟아냈다. 어린아이처럼 엉엉 울면서 말했다.

"아버지, 이대로 떠나면 안 돼요."

아버지는 미소를 지으며 내 손을 잡아서 내 가슴에 올렸다. 그리고 잡은 손을 꾹 누르며 말했다.

"레이첼, 나는 떠나는 게 아니야. 이 안에 늘 함께 있을 거야. 그리고 핀과 에비의 마음속에도 늘 함께 있을 거야."

나는 마음을 가라앉히려 애쓰면서 고개를 끄덕였다. 아버지가 떠난 뒤에도 우리와 늘 함께할 거라는 걸 알았다. 내게는 그것만이 유일하고도 중요한 사후 세계였다.

"실리콘 밸리의 억만장자들은 영원히 살겠다고 온갖 기술을 고안해 내지만, 그들은 핵심에서 한참 벗어났죠. 그렇지 않아요?"

내 말에 아버지가 껄껄 웃었다.

"그러게 말이다. 나한테 불멸은 내 가족과 친구들이 이따금 나를 생각해 주는 거야. 암, 그게 제일 중요하지."

"네, 아버지. 우린 늘 아버지를 생각할 거예요."

아버지는 아무 말 없이 다시 혼미한 수면 상태로 빠져들었다. 내 말을 듣지 못했다 해도 아버지는 이미 알고 있었다. 그날 밤, 나는 슬픔을 달래기 위해 올리버 색스의 수필집을 펼쳐 들었다. 말기암 진단을 받은 직후에 쓰였다가 사후에 출판된 책이었다. 평생 의사이자 작가로 활발히 활동해 온 색스가 80년 넘게 살아온 인생과 사랑을 돌아보며 적은 글에는 고마움이 가득했다. 《고맙습니다》라는 제목의 책은 다음과 같은 말로 끝을 맺는다.

두렵지 않은 척은 못 하겠다. 하지만 지금 느끼는 감정 중 가장 큰 비중을 차지하는 것은 고마움이다. 나는 사랑하고 사랑받았다. 남들에게 많은 것을 받았고, 나도 조금은 돌려주었다. 나는 읽고 돌아다니고 생각하고 썼다. 나는 세상과 교류했고, 작가들과 독자들을 상대로 특별한 교제를 즐겼다.

무엇보다 나는 이 아름다운 행성에서 지각 있는 존재이자 생각하는 동물로 살았다. 그것만으로도 엄청난 특권이자 모험이었다.

나는 아버지가 색스처럼 고마운 마음을 품었을 거라고 확신했다. 아버지가 성심성의껏 돌봤던 환자들과의 특별한 교류는 결코 헛되지 않았다. 아버지는 가정과 일에서 모두 충만한 삶을 살았다. 그동안 살아온 삶에 만족했고, 그 사실이 아버지의 현재를 빛나게 해 주었다. 이만하면 잘 살았다는 흡족한 마음으로 편안하게 떠날 수 있었다.

심지어 새로운 증상이 나타나도 아버지는 침착하게 견뎌 냈다. 아무래도 의사로 살아온 경험이 유용하게 작용했을 것이다. 아버지에겐 어떤 증상이나 징후도 낯설지 않았다. 귀 뒤에서 이상한 소리가 들렸을 때, 갈수록 악화되는 간 때문에 환청이 들리는 거라고 짐작했다. 그 소리에 불안해하기보단 호기심을 느꼈다. 그런데 시간이 갈수록 환각이 심해졌다.

"이런, 제기랄!"

아버지가 아침에 욕실에서 이를 닦다 말고 버럭 소리쳤다. 나는 아버지의 약을 세다가 깜짝 놀라서 몸을 돌렸다.

"무슨 일이에요, 아버지? 통증 때문이에요?"

"아니다, 망할 놈의 토니 블레어 때문이란다."

나는 당황해서 눈썹을 치켜올렸다. 이 시점에서 정치적 문제를 떠올리다니, 참으로 의외였다. 아버지가 설명을 덧붙였다.

"코딱지만 한 토니 블레어가 여기 수도꼭지에 앉아서 날 노려보고 있잖니."

우리는 서로 쳐다보며 한바탕 웃음을 터뜨렸다.

"아이고 맙소사! 정말 안타까워요. 암으로 죽어 가는 것도 서러운데, 뭐라고요? 아휴, 그건 정말 끔찍하네요."

아버지는 부축을 받으며 계단을 비틀비틀 내려가는 와중에도 고개를 내저으며 "망할 놈의 토니 블레어"라고 중얼거렸다.

"네가 알아야 할 게 있단다."

그날 늦게 아버지가 나를 넌지시 불러서 말했다. 지난 몇 주 동안 아버지는 혼미한 의식 속에서 아무도 모르게 아내와 자식들과 손주들에게 일일이 편지를 썼다.

"내 옷장에 있는 스포츠백 안에 넣어 뒀단다. 셔츠 밑에 보면 있을 거야."

홀로 남을 남편을 위해 마리아가 과일과 냉동 생선을 준비해 두었듯이, 아버지는 아내와 자식들에게 편지를 썼다. 그 편지는 고통을 참아 가며 한 자 한 자 써 내려간 사랑의 증표였다.

그 직후, 아버지는 더 이상 계단을 안전하게 오르내릴 수 없었다. 비틀거리며 한 칸씩 내려갈 때마다 엄마와 나는 혹시라도 아버지가 넘어지지는 않을까 마음을 졸였다. 이 시점에서 낙상으로 대퇴골이 골절되는 것보다 끔찍한 일이 없을 터였다.

"아버지, 고집 좀 그만 부리고 이젠 정말 환자용 침대를 써야 하지 않을까요?"

내 간청에 아버지는 얼굴을 찡그리더니, 밖으로 산책을 나가자고 우겼다. 우리가 너무 노심초사하는 게 못마땅했는지, 아니면 아직은 혼자서도 잘 걸을 수 있음을 증명하고 싶었는지, 그 이유는 정확히 알 수 없었다. 뭐가 됐든 미친 짓이었다. 크리스마스 직전이라 바깥은 시베리아에서 불어오는 찬바람에 이가 저절로 딱딱거릴 만큼 추웠다. 아버지는 일주일 동안 집 밖으로 한 발짝도 떼지 않았다. 서 있기도 힘든 상황에서 산책은 말도 안 되는 일이었다. 그런데도 아버지는 일체의 도움을 거부하고 방한모와 고어텍스 재킷을 주섬주섬 챙겨 입고 워킹화를 찾아 신었다. 그런 다음 낡아 빠진 등산 스틱을 양손에 쥐고 밖으로 나섰다. 나는 아버지를 붙잡고 싶은 마음을 억누르며 호스피스에서 외던 주문을 떠올렸다.

'나는 사람들이 각자 원하는 방식으로 남은 생을 살도록 도와야 해. 의사나 딸의 방식을 강요하지 말고.'

오빠와 나는 여차하면 얼른 부축하려고 아버지의 뒤를 바짝 쫓아갔다. 차가운 기온과 거센 바람에 몸이 부르르 떨렸다. 아버지의 바짓자락이 바람에 날리자 앙상한 골격이 고스란히 드러났다. 어깨를 움츠리고 고지대를 힘겹게 오르는 등산가를 흉내라도 내듯이, 아버지는 강풍을 맞으며 구부정한 자세로 힘겹게 걸음을 옮겼다. 그 모습을 바라보는 자식들의 마음은 찢어질 듯했다. 한때는 저 스틱을 짚으며 에베레스트 베이스캠프까지 올랐는데, 이젠 몇 미터 앞까지 걸어가는 것도 엄청난 도전이었다.

아버지는 기어이 마을 우체통까지 걸어갔다. 여기까지 오는 데도 어마어마한 의지력을 발휘해야 했다. 나무 벤치 뒤에 늙은 목련 나무가 서 있었다. 해마다 봄이 오면 아버지는 어린 나를 여기로 데려와서 활짝 핀 목련을 보여 주곤 했다. 목련은 가장 오래된 꽃나무 중 하나로, 9500만 년 전에 지구에 출현했다. 벌이 생기기도 전이라 수분受粉 작용을 위해 딱정벌레에게 의존했다고 아버지가 설명해 주었다. 그 옛날, 목련은 디플로도쿠스나 티라노사우루스 렉스와 함께, 한 시대를 풍미했던 것이다. 나는 희고 탐스러운 꽃잎을 올려다보았다. 이 나무가 그토록 오랜 세월을 견뎌 왔다는 사실이 믿기지 않았다. 그래서 선사 시대 원시 늪지에서 자라던 목련이 현시대로 훌쩍 넘어왔을 거라고 남몰래 생각하곤 했다. 아버지가 풀밭에 간신히 서서 나무를 살펴보다 한마디 던졌다.

"이 나무도 오래 버틸 것 같지 않구나."

아버지 말이 맞았다. 나무는 껍질이 다 벗겨지고 가지가 여기저기 부러져 있었다. 내 어린 시절의 목련이 아버지와 함께 죽어 가고 있었다. 아버지는 얼굴을 찡그린 채 그 앞에 한참 서 있었다. 목련과 자신의 처지를 생각하는 건지, 아니면 추위와 피로 때문에 몸이 마비된 건지 알 수 없었다.

"그만 돌아갈까요, 아버지?" 내가 마침내 물었다.

가녀리게 타오르던 불꽃이 꺼졌다. 아버지는 돌아서서 고개를 숙인 채 집을 향해 천천히 걸음을 옮겼다. 오빠가 흐느끼며 내 뒤를 따라왔다. 암 때문에 사랑하는 사람이 점진적으로, 그러다 갑자기 시들어 가는 모습을 지켜보기란 생각보다 힘들고 괴로웠다. 나는 처음으로 '아버지가 이 상태를 얼마나 더 견뎌야 할까?'라는 생각이 들었다. 인정하고 싶진 않지만 그런 생각의 이면에는 다른 의미가 깔려 있었다.

'난 이걸 감당할 수 없어. 마음이 너무 아파. 제발 이젠 그만 멈춰 줘.'

고통이 날개를 다시 펼쳤다. 어느 날, 아버지는 통증 때문에 이불 속에서 몸을 반으로 접고 좌우로 굴렀다. 지역 보건의를 호출하자 휴대용 의약품 투입 펌프를 들고 달려왔다. 다행히 효과는 만점이었다. 이젠 아버지가 아무리 쇠약해지거나 메스꺼워해도 모르핀이 계속 주입되면서 통증을 막아 줄 것이다. 지금까지 아버지는 병상에 꼼짝없이 누워 지내는 걸 완강히 거부했지만, 이 시점에선 환자용 침대를 쓰는 데 동의했다. 그런 침대는 흔히 위층에 두는 게 보통이지만, 아버지는 가족의 시선에서 벗어나는 걸 원치 않았다. 꼼짝없이 갇혀 있게 될 침대를 아래층에, 사랑하는 가족 주변에 놓길 원했다.

아버지가 아래층으로 내려가는 마지막 걸음을 떼기 전에, 엄마와 나는 아버지가 샤워하는 일을 돕기로 했다. 작업 치료 팀이 이런 용도로 고안된 작은 의자를 갖다줬다. 나는 의자를 샤워기 바로 아래 놓고 물의 세기를 조정했다. 아버지는 세차게 쏟아지는 물줄기를 감당할 수 없었다. 수온도 문제였다. 신경 말단이 훼손됐기 때문에 너무 차면 통증이 느껴질 테고, 너무 뜨거우면 피가 살갗으로 쏠려 혈압이 뚝 떨어질 터였다. 엄마가 능숙한 간호사의 손길로 아버지의 잠옷을 벗긴 후, 우리는 아버지의 수척한 몸을 플라스틱 의자에 조심스럽게 앉혔다. 엄마와 내가 아버지의 양옆에 붙어서 몸이 한쪽으로 쏠리지 않게 부축했다. 니나의 얼굴이 잠시 스쳐 지나갔다. 아버지는 숨을 깊이 들이쉬었다가 내뱉으며 눈을 감고 물 쪽으로 고개를 기울였다. 그리고 고개를 좌우로 살살 움직이며 몸에서 느껴지는 감각을 음미했다. 광대뼈에 부딪쳐 튄 물방울이 빛을 받아 반짝거렸다. 아버지가 물줄기를 맛보려는 듯 입을 벌렸다.

"아버지, 눈은 꼭 감고 계세요. 머리를 감겨 드릴게요."

나는 샴푸로 거품을 내서 아버지의 두피에 부드럽게 문질렀다. 거품과 물로 나 역시 반쯤 젖었지만 아랑곳하지 않았다. 내 관심은 아버지의 뼈마디에 쏠렸다. 금방이라도 부러질 것 같은 뼈마디를 살집이라곤 없는 피부가 감싸고 있었다. 나는 머리끝에서 발가락 끝까지 스펀지로 구석구석 문질렀다. 한때 나를 머리 위로 번쩍 들어 올렸던 두 팔, 어린 자식들을 따뜻하게 품어 주던 갈빗대, 의기양양한 꼬마 군주처럼 우리를 태워 주던 어깨, 내가 걸음마를 떼면서 손을 뻗쳐 붙잡았던 허벅지. 아버지는 벌거벗은 상태에서도 아주 편안해 보였다. 아버지 얼굴에서 수치심이나 굴욕 따위는 찾아볼 수 없었다. 엄마와 나도 아버지와 똑같이 노출됐다고 느꼈다. 슬픔 때문에 옷과 살가죽 너머 골수까지 속속들이 들춰진 기분이었다. 우리는 아무것도 숨길 수 없었다. 비좁은 욕조에서 남편과 아내와 딸이 살을 맞대고 행하는 이 마지막 목욕은 사랑이라는 이름으로 아름답게 승화되있다. 이버지가 나를 씻겨 줬던 것처럼 내가 아버지를 씻겨 줄 수 있다는 것은 영광이요, 보답이요, 마지막 사랑의 행위였다. 이보다 더 친밀한 순간은 없을 것 같았다.

그날 아침 늦게, 아버지는 발그레한 뺨과 향긋한 비누 냄새를 풍기며 환자용 병상에 누웠다. 푹신한 쿠션이 연약한 피부를 보호하는 데 그만이었다. 크리스마스 직전이라 벽난로와 창턱에는 카드가 줄줄이 놓여 있었다. 괘종시계가 걸려 있는 거실은 아늑하고 평화로웠다. 그 중심에 아버지가 있었다. 아버지는 평소 바라던 대로 가족에게 둘러싸여 있었다.

나는 아버지가 잠든 사이 핀과 에비를 데리러 얼른 집으로 출발했다. 아버지의 심한 황달과 체중 감소 때문에 아이들이 놀랄까 걱정되기도 했지만, 그래도 할아버지와 작별할 기회를 주고 싶었다. 열한 살인 핀은 할아버지의 변한 모습이 불편할 거 같으면 그냥 집에 있어도 된다는 말에 화를 벌컥 냈다.

"엄마, 내가 당연히 가야죠! 어떻게 나한테 그런 말을 할 수 있어요?"

여섯 살인 에비는 영문도 모르고 그냥 할아버지를 보러 간다는 사실에 좋아했다.

핀과 에비는 도착하자마자 곧장 할아버지에게 달려가 뽀뽀하고 손을 잡았다. 두려워하지도, 움찔하며 물러나지도 않았다. 할아버지의 모습은 변했지만 그래도 할아버지였다. 아버지는 아이들을 향해 뭔가 말하려 했지만 결국 희미한 미소만 지을 수 있었다. 나중에, 에비가 나에게 벌컥 화를 냈다. 빼빼 마른 할아버지에게 왜 음식을 주지 않느냐고 따져 물었다. 할아버지가 너무 약해져서 음식을 삼키지 못한다고 설명했지만, 소용이 없었다. 에비는 목소리를 더욱더 높여서 의사 엄마를 나무랐다.

"엄마! 엄마는 의사면서 그것도 몰라! 할아버지는 하루에 한 개씩 사과를 먹어야 해. 할아버지한테 사과를 주란 말이야."

마지막 며칠 동안 밤이고 낮이고 우리 중 누군가가 아버지의 손을 꼭 잡고 있었다. 단 한 순간도 아버지를 혼자 두지 않았다. 아버지가 평생토록 우리에게 해 준 것과 우리가 지금 아버지에게 해 주려는 것은 돈으로 사고팔 수 없는 것들이었다.

밤중에 엄마는 간이침대를 펴고 아버지 옆에서 잠깐씩 눈을 붙였다. 자는 동안에도 아버지의 손을 꼭 붙잡고 있었다. 투약기로 약물이 계속 주입되어 아버지의 증상을 억제해 주었다. 아버지는 손주들이 병상 주변에서 왁자지껄하게 노는 모습을 흐뭇하게 지켜봤다. 아이들은 할아버지가 죽어 간다는 걸 알아차릴 만큼 성숙했지만, 수척한 할아버지 옆에서 왁자하게 뛰놀 만큼 어리기도 했다.

크리스마스카드와 모르핀이 어울리지 않는다고 생각할지도 모르겠다. 하지만 질병은 공휴일이라고 쉬지 않는다. 알다시피 재난은 언제나 닥칠 수 있다. 예상치 못한 은총도 마찬가지이다. 크리스마스이브 날 아침, 식구들이 죄다 아버지의 병상 주변에 모였다. 47년간 해로한 아내와 자식 셋과 손주 셋이 아버지의 생일을 축하했다. 아버지는 오늘 일흔다섯 번째 생일을 맞았다. 슬픔과 기쁨이 교차하는 와중에 온 가족이 생일 축하 노래를 불렀다. 아버지는 이제 미소를 지을 힘도 없었기에 반짝이는 눈빛으로 즐거운 마음을 전했다. 노래가 끝나자 아버지가 기운을 짜내서 기어이 한마디 했다.

"다들 고맙다."

크리스마스 다음 날인 박싱 데이, 아버지는 내가 끔찍이 두려워하던 시점에 이르렀다. 죽음의 문턱을 넘나드는 모습을 지켜보자니 가슴이

미어졌다. 아버지는 여전히 따뜻했고 미약하게나마 여전히 숨을 쉬었
지만, 우리가 닿을 수 없는 머나먼 곳에 있었다. 살아 있다 해도 내 말소
리나 손길에 전혀 반응하지 못했다. 내가 옆에서 속삭이는 소리를 듣고
있는지, 내가 잡고 있는 손의 감촉을 느끼고 있는지 영영 알 수 없었다.

　엄마는 그날 밤도 간이침대에서 남편의 손을 잡은 채 뜬눈으로 보냈
다. 내가 중간에 내려가 교대하자고 했지만, 엄마는 아버지가 살아 있
는 동안엔 곁을 떠날 수 없다고 했다. 그것이 엄마가 아버지에게 주는
사랑의 선물이었다. 시간이 얼마쯤 지났을까, 어둠 속에서 엄마가 문
을 두드리며 말했다.

　"레이첼, 아버지가 가셨단다."

　나는 가슴을 치면서 비명을 지르고 싶었다. 머리를 쥐어뜯으며 울부
짖고 싶었다. 하지만 충동을 억누르고 얼른 아래층으로 뛰어가 아버지
를 껴안았다. 여전히 온기가 느껴지는 아버지의 뺨에 얼굴을 비볐다.
썰물처럼 빠져나가는 생명의 기운을 어떻게든 막아 보려고 온몸으로
아버지를 붙잡았다. 아버지의 손을 잡고 손깍지를 끼었다. 내 온기를
전해서 단 몇 분이라도 아버지를 곁에 머물게 하고 싶었다.

　장의사들이 밤의 유령처럼 서리를 맞으며 달려와 엄숙하게 문을 두
드렸다. 검정 양복 차림의 남자들은 이승을 막 떠난 분의 신속한 수송
을 위해 정중하고 요령 있게 움직였다. 엄마가 그들을 배웅한 뒤 문을
닫았다. 차량에 시동이 걸리고 아버지의 시신을 실은 장의차가 출발했
다. 아버지의 흔적이라곤 구겨진 시트에 희미하게 눌린 자국뿐이었다.
우리는 머뭇머뭇 각자의 침실로 돌아가 어둠 속에서 웅크린 채 각자의

비통함 속으로 잠겨 들었다.

다음 날 아침, 놀랍게도 태양은 어제와 똑같이 세상을 환히 비추었다. 나는 주방에 서서 서리가 내려앉은 뜰을 내다봤다. 진통제인 디아모르핀이 담긴 작은 유리병이 식탁에 흩어져 있었다. 환자용 침대도 그대로 놓여 있었다. 조금 전까지만 해도 나는 방에서 나오고 싶지 않았다. 텅 빈 듯한 허전함에 이불을 뒤집어쓰고 있는데 불현듯 고마운 얼굴이 하나둘 떠올랐다. 아버지가 큰 수술을 받고 화학 요법에 끈질기게 매달리다 결국 완화 의료로 전환하기까지, 참으로 많은 사람들이 도와주었다. 아버지가 평생 NHS 환자들에게 헌신했던 노력은 결국 NHS의 헌신적인 보답으로 돌아왔다.

전담 외과의와 화학 요법 팀의 기술적 탁월함과 치밀함도 높이 샀지만, 환자의 편의를 위해 자잘한 일까지 배려해 준 그들의 태도에 한없는 고마움을 느꼈다. 그런 배려에 환자들은 감동하고 NHS 병원을 인간적으로 느낄 수 있다. 아버지를 치료한 종양 전문의는 소중한 휴일에 자식들과 함께 집으로 병문안을 와 주었다. 간호사들은 인력 부족에 시달리는 와중에도 아버지의 손을 꼭 잡아 주었다. 지역 보건의를 비롯한 커뮤니티 팀은 아버지에게 무한한 존경을 표했고, 아버지가 눈을 감을 때까지 고통 없이 지내도록 디아모르핀을 처방해 주었다. 이러한 배려와 호의는 의무 기록지엔 기록되지 않겠지만, 환자와 그 가족들의 가슴엔 선명하게 각인되었다.

나는 아까 침대에 누워 있으면서 NHS 커뮤니티 간호사들에게 고맙다는 트윗을 날렸다. 그들 덕분에 아버지는 크리스마스를 가족과 함께 집에서 보내고 싶다는 소망을 이룰 수 있었다. 영국에서는 흔히 가까운 가족이 죽음과 사투를 벌이면, 그 결과물로 엄청난 청구서가 날아든다. 황망한 가족들은 그 비용을 마련하느라 또다시 전쟁을 치러야 한다. 하지만 우리는 슬픔과 고통과 허전함에 직면하긴 했어도 파산을 걱정하진 않았다. 아버지를 보살피는 데 들어간 비용 때문에 당황할 일은 전혀 없었다.

뜻밖에도, 충동적으로 날린 트윗은 4만 6000번이나 리트윗되면서 거의 900만 명에 이르는 사람들에게 퍼져 나갔다. 만난 적도 없는 수많은 사람들에게서 답장이 쏟아져 들어왔다. 한결같이 세상을 막 떠난 아버지의 명복을 빌고, 아버지를 돌봐 준 NHS에 경의를 표하는 내용이었다.

"나는 지난 10월에 아내를 암으로 잃었습니다. 아내가 투병하는 동안 품위를 잃지 않도록 배려해 준 그들의 호의를 결코 잊지 않을 것입니다."

"아버님의 명복을 빕니다. 나도 똑같은 처지로 아버지를 보냈는데, 그 과정에서 NHS에 느꼈던 고마운 마음은 말로 다 형언하기 어렵습니다."

나는 주방 싱크대 옆에 서서 수십 년 동안 환자들에게 자신을 아낌없이 내줬던 아버지를 떠올렸다. 내 인생의 등불인 아버지가 곁에 없는 현실이 실감 나지 않았다. 바로 그때, 굴뚝새 한 마리가 푸드덕 날아와 날갯짓을 몇 차례 하더니 생울타리 너머로 날아갔다. 찰나의 순간이지만 아버지도 그 자리에 있었다.

"레이첼, 봐라, 굴뚝새로구나!"

아버지는 이 작고 쾌활한 새들의 경쾌한 몸짓에 들뜨지 않은 적이 없었다. 굴뚝새는 앞으로도 계속 힘차게 날갯짓을 하겠지만 아버지는 떠나고 없었다. 나는 아버지가 남긴 편지를 찾으려고 아버지 침실로 올라갔다. 옷장에서 스포츠 가방을 꺼내 열어 보니 갈색 봉투 일곱 개가 가지런히 놓여 있었다. 봉투 안에는 알아보기 힘든 글자가 삐뚤빼뚤 적혀 있었다. 아버지는 떠난 게 아니라 여전히 우리와 함께 있었다.

그날 저녁, 우리 중 누구도 식사를 준비할 여력이 없었다. 나는 차창에 낀 성에를 긁어 내고 아버지가 제일 좋아하던 인디언 레스토랑에 카레를 사러 갔다. 30년 넘게 아버지의 진료실을 다녔던 식당 주인은 아버지가 암 진단을 받았다는 사실을 알고 있었다.

"아버지는 요새 좀 어떠신가요?" 그가 물었다.

"어젯밤에 돌아가셨어요." 내가 대답했다.

"아, 저런, 저런. 정말 안타깝습니다. 아…" 그는 더 말을 잇지 못하고 눈물을 글썽거렸다. 나는 음식이 한가득 든 봉투를 움켜쥐고 영하의 날씨 속으로 걸어 나왔다. 찬바람이 뺨을 때렸지만 식당 주인이 음식을 건네며 한 말에 마음만은 따뜻했다.

"당신 아버지는 정말 훌륭한 분이었어요."

아버지를 진짜로 한 번 더 보긴 했다. 장례식 날 아침, 나는 혼자 차를 몰고서 아버지 시신이 놓여 있는 영안실에 찾아갔다. 시신을 다루는 데 이골이 났기에 전혀 겁나지 않았다. 병원에서 일하며 환자들의 시신이 보관된 영안실을 일주일이 멀다 하고 방문했다. 때로는 스테인리스강 운반대의 선반에 시신이 다섯 구나 놓여 있기도 했다. 법적으로, 의사가 먼저 신원을 확인하지 않으면 어떤 환자도 화장장의 화염을 만날 수 없다. 그래서 우리는 병원에서 시신을 방출해도 된다는 양식에 서명하기 위해 영안실을 수시로 드나들었다. 처음엔 시신의 후속 처리를 위해 저승사자의 비서 노릇을 해야 한다는 사실이 꺼림칙하기도 했다. 하지만 지금은 영안실 선반에 차곡차곡 놓인 시신을 검사하는 데 단련이 됐다고 자부했다. 그래서 어리석게 아버지의 시신을 보는 일도 어렵지 않을 거라고 생각했다.

아니나 다를까, 장례식장의 분위기는 무척 고상했다. 죽음의 비애와 중압감이 은은한 계통의 꽃무늬 벽지로 가려져 있었다. 나는 아버지가 모셔져 있는 영안실로 곧장 안내받았다. 위로랍시고 쓸데없이 이런저런 이야기를 건네면 어쩌나 싶었는데, 안내원의 무덤덤한 태도가 내심 고마웠다. 나는 숨을 한 번 깊이 들이마신 후 문을 열고 안으로 들어갔다.

그런데 들어가자마자 바닥에 쓰러지고 말았다. 아버지를 보자마자 다리에 힘이 풀려 버렸다. 나는 바닥에 엎드린 채 숨도 쉬지 못하고 흐느꼈다. 아버지는 결혼식에 참석할 때마다 즐겨 입던 회색 양복 차림이었다. 넥타이에는 영국 해군 군의관의 특별 배지가 꽂혀 있었다. 아버지는 눈을 감기 전에 미리 이러한 장례 준비를 꼼꼼하게 해 두었다. 아버지의 두 손은 곱게 포개져 있었다. 임종 때 벌어져 있던 입은 단단히 다물려 있었다. 눈꺼풀은 닫혀 있고 머리칼은 단정하게 빗겨 있었다. 암을 앓기 전 건강하던 시절로 돌아온 듯한 변신의 이면에 어떤 속임수가 있는지 나는 알았다. 하지만 이런 건 다 부질없는 짓이다. 죽은 뒤에 진짜 부활은 다른 데 있기 때문이다.

폭풍처럼 휘몰아친 아픔을 생각이라고 부를 수 있다면, 그 당장에 떠오른 생각은 딱 한 가지였다. 영안실을 떠나면 다시는 아버지를 볼 수 없게 된다!

"아버지! 아빠!"

나는 아버지의 손을 잡고 입술과 뺨에 입을 맞췄다. 아버지의 이마와 머리칼과 손가락에 내 얼굴을 비볐다. 아버지의 몸이 싸늘하게 식었어도, 살이 밀랍 같았어도 상관없었다. 아버지가 오늘 아침까지 시트에 둘둘 말린 채 냉장고에 들어 있었어도 전혀 상관없었다. 나는 그저 아버지에게 최대한 다가가고 싶었다. 아버지 관에 들어가 나란히 눕고 싶은 마음까지 들었다. 실제로 그럴까도 생각했지만, 다 큰 여자가 아버지 시신 옆에 누우려 시도하는 바람에 우지끈 쪼개진 관의 모습이 떠올라 꾹 참았다.

이걸로 끝이었다. 이제 영원한 단절이요, 이별이었다. 시간을 조금이라도 늦추고 싶은 마음이 간절했지만, 차마 떨어지지 않는 발걸음을 억지로 옮겼다. 영안실 문을 열고 나오면서도 고개를 젖히고 관을 돌아다보면서 아버지 얼굴을 내 망막에 고스란히 새겨 넣었다.

가족과 친구들은 물론이요, 아버지에게 진료를 받았던 사람들이 끝도 없이 성당 안으로 모여들었다. 그 수가 워낙 많아서 앉을 자리가 부족해, 일부는 통로에 서서 장례 미사를 드렸다. 추도사를 낭독하고 찬송가가 울려 퍼지는 동안, 나는 이것이 의미하는 바를 거듭 되뇌었다.

미사가 끝난 후, 우리는 성당 밖으로 나와서 아버지가 실려 있는 영구차에 올랐다. 엄마와 오빠, 언니가 함께했다. 창밖을 보니 핀이 고개를 빼고 우리 쪽을 쳐다보고 있었다. 우리가 화장장으로 향하는 동안 핀과 에비는 시댁 식구들이 돌봐 주기로 했다.

그런데 갑자기 핀의 다리가 풀리는가 싶더니 휘청하면서 바닥으로 쓰러졌다. 친할아버지가 얼른 핀을 부축해서 일으켜 세웠다. 자세히 보니 핀이 흐느껴 울고 있었다. 그날 밤늦게, 낮에 무슨 일이 있었는지 묻자 핀이 대답했다.

"음, 영구차에 실린 관을 보고 있는데, 이제 다시는 할아버지를 볼 수 없겠다는 생각이 들었어요. 그게 너무 슬퍼서 다리 힘이 풀렸나 봐요."

아버지의 죽음을 두고 핀의 본능적 반응이 나와 같았다니, 기분이 묘했다. 아버지를 향한 사랑의 깊이가 그만큼 깊다는 뜻으로 해석했다. 며칠 뒤, 핀이 잠시 노트북을 빌려 달라고 부탁했다. 할아버지에 대한 글을 쓰고 싶다고 했다. 알고 보니, 학교 선생님이 반 아이들 가운데 존경하는 사람에 대한 글을 써서 발표할 사람을 뽑았던 것이다. 한 친구는 넬슨 만델라에 대해 쓰겠다고 했고, 다른 친구는 스티븐 호킹에 대해 알아보겠다고 했다. 핀은 평소라면 귀찮은 숙제를 하겠다고 나서는 아이가 아니지만, 이번엔 자기 할아버지에 대한 글을 쓰고 싶다고 손을 들었다.

우리 곁을 떠나기 전, 아버지는 내 안에, 핀과 에비 안에 함께 있을 거라고 말했다. 그런데 아버지의 손자가 그 말을 이렇게 빨리, 이렇게 생생하게 되살릴 거라곤 아버지도 상상하지 못했을 것이다. 할아버지의 장례식을 치른 지 사흘 만에 핀이 학교에서 발표한 글을 핀의 허락을 받아 여기에 싣는다. 무엇보다도, 나는 글이 현재 시제로 시작된다는 점에 무척 기뻤다. 아버지가 우리 안에 살아 있다는 뜻일 테니까.

할아버지.
내가 가장 존경하는 분은 우리 할아버지입니다. 그 이유는 할아버지가 항상 인생의 밝은 면을 보시기 때문입니다. 할아버지는 아무리 안 좋은 상황에도 긍정적인 측면이 있다고 생각하고, 가는 곳마다 그런 긍정적 기운을 퍼뜨리십니다.
내가 할아버지를 존경하는 또 다른 이유는 할아버지가 항상 현재를 즐기며 사시기 때문입니다. 할아버지는 스코틀랜드나 히말라야에 가면 산을 오르십니다. 그리스에 간다면 해변에서 느긋하게 누워 지내지 않고 바다에 들어가 스노클링을 하면서 몇 시간이고 보낼 것입니다.
할아버지는 또 정리를 아주 잘하십니다. (나와 딴판이죠!) 의사로 일했을 때, 사람들이 똑같이 쉴 수 있도록 근무 당번표를 만드셨습니다. 한 사람도 휴일을 놓치지 않도록 수십 년 동안 당번표를 유지하셨습니다. 할아버지는 의지력도 남달리 강하셨습니다. 아픈 환자가 있으면, 새벽 세 시까지 잠도 안 자고 치료하셨습니다. 심지어 휴일에도 환자의 집을 방문해서 괜찮은지 살피셨습니다.
할아버지는 취미로 등산을 즐기셨습니다. 킬리만자로 정상과 에베레스트 베이스캠프까지 올랐고, 그 밖에도 셀 수 없이 많은 산을 오르셨습니다. 할아버지가 산을 오를 땐 단순히 몸만 올라간 게 아니라 정신도 하늘 끝까지 올라갔습니다. 이 사진은 할아버지가 에베레스트 베이스캠프까지 5380미터를 올랐을 때의 모습입니다. 안타깝게도, 할아버지는 암과 오랫동안 사투를 벌이다 박싱 데이에 돌아가셨습니다.

핀 클라크 씀.

15

정말로 소중한 것들을 위한 삶

상처를 받거나 곤경에 빠지거나
굴욕감을 느낄 거라는 두려움을 무시하고 마음을 충분히 주는 것,
그것만이 유일하게 중요하다. 하지만 사람들은 충분히 대담하게 살지 못하고
충분히 노력하지 못했으며 충분히 사랑하지 못했다고 후회한다.
다른 건 전혀 중요하지 않다.

– 테드 휴즈, 《테드 휴즈의 편지Letters of Ted Hughes》(국내 미출간)

이번 주엔 호스피스가 그 어느 때보다 분주했다. 어린 신부가 멋진 결혼식을 올릴 수 있도록 너나없이 일손을 보태고 싶어 했다. 전 직원이 자발적으로 평소보다 일찍 나오고 늦게 퇴근했다. 각자 맡은 소소한 역할을 기쁜 마음으로 수행했다. 꽃과 컵케이크를 주문하고, 집에 있는 꼬마전구를 가져와 데이 센터를 화려하게 꾸몄다. 급하게 주문한 양복의 가봉을 위해 자원봉사자는 신랑을 양복점까지 신속하게 태워

다 주었다. 웨딩드레스는 내일 도착할 예정이었다.

결혼식을 준비하기엔 이틀의 시간은 너무 짧았다. 하지만 그 이틀마저 우리에겐 너무 긴 시간일 수 있었다. 엘리의 전이성 유방암이 급속도로 악화되었다. 엘리는 겨우 20대 초반이었고, 그녀의 젊은 몸은 암의 진행에 완강히 저항했다. 그런데도 결국 손쓸 수 없을 만큼 병이 악화되었다. 간 부전과 신부전, 뼛속까지 스며든 피로감에 엘리는 하루가 다르게 약해졌다.

엘리의 주치의로서, 나는 무모함과 신중함 사이에서 갈피를 잡지 못했다. 엘리는 목요일에 친구들과 가족들을 모두 불러 놓고 결혼식을 올리고 싶어 했다. 꿈에 그리던 결혼식과는 거리가 있었지만, 그래도 사랑하는 사람들의 축하를 받는다는 점은 다르지 않았다. 다만 오늘이 화요일인데, 엘리가 눈도 제대로 뜨지 못한다는 게 문제였다. 이런 속도로 악화된다면 48시간 뒤에는 의식이 없을 수도 있었다. 차라리 엘리가 약혼자인 제임스와 결혼하겠다는 소망을 이룰 수 있도록 당장 호적 담당자를 호출하는 게 나을지도 몰랐다. 그렇게 된다면 엘리가 어렸을 때부터 고대하던 결혼식은 포기해야 했다. 행진과 케이크, 순백의 웨딩드레스, 색종이 조각, 그리고 무엇보다도 친구들과 가족이 참석해 기쁨을 나누는 기회도 전부 포기해야 했다.

"목요일까지 버티게 해 줄 수 있죠?"

엘리의 질문에 나는 확실하게 대답해 주지 못했다. 다만 그렇게 되도록 노력하겠다고 약속했다. 황달로 누리끼리해진 상태에서 자꾸만 잠에 빠져드는 엘리를 위해 우리 모두 최선을 다해 노력했다.

나중에, 나는 제임스를 따로 불러서 이야기를 나눴다. 제임스는 엘리의 상황을 잘 알고 있었고, 안전한 방법이 무엇인지도 알고 있었지만, 엘리가 제대로 된 결혼식을 올리고 싶어 한다는 점을 우선했다. 제임스가 내게 말했다.

"엘리가 원하는 대로 시도해 보자고요."

습관적으로 대충 보낸 나의 어제를 돌아보며

─ 아버지가 떠난 지도 벌써 6개월이 지났다. 장례식을 치르고 업무에 복귀했을 때, 나는 다른 의사가 되어 있었다. 이젠 슬픔의 맛과 무게를 알았다. 병실에 들어서면, 조만간 떠나보내야 할 사람의 소중한 생명에 매달리는 가족들의 퀭한 얼굴이 눈에 들어왔다. 슬픔도 사랑처럼 우리가 어찌할 수 없다는 것을, 슬픔의 고통을 피하는 유일한 방법은 결국 사랑하지 않는 것임을 나는 이제 속속들이 알았다.

나는 특히 아버지와 나눈 대화를 통해 말기 진단이 모든 걸 바꾸지만, 또 아무것도 바꾸지 않는다는 사실도 알게 되었다. 진단을 받기 전까지 일흔네 살인 아버지는 자신이 언젠가 죽을 걸 알았지만 그날이 정확히 언제인지 몰랐다. 진단을 받고 나서도 아버지는 자신이 언젠가 죽을 걸 알았지만 그날이 정확히 언제인지 몰랐다. 아버지가 평생 사랑했던 것들은 여전히 그 자리에 있었다. 바뀐 거라고는 남은 나날을 더 깊이, 더 뜨겁게 음미해야 한다는 자각뿐이었다. 아버지가 전에 내게 이렇게 말했다.

"남은 나날을 '왜 나지? 도대체 왜 나야?'라고 따지면서 낭비할 수도 있어. 그런데 생각해 보면 나는, 아니 우리는 태어난 그 순간부터 죽어 가고 있어. 하지만 죽음의 문턱을 넘기 전까지는 여전히 살아 있잖아. 그러니까 나는 그저 묵묵히 내 삶을 살아갈 거야."

호스피스에 돌아왔을 때 그 말이 뇌리에서 떠나지 않았다. 처음엔 병동의 모든 환자에게서 아버지의 얼굴이 보였다. 나는 순식간에 괘종시계가 아버지의 마지막 시간을 재촉하던 그때로 돌아갔다. 그렇지만 아버지는 떠나고 없어도 내 환자들은 여전히 살아 있다. 죽음의 문턱을 넘기 전까지는 여전히 놀라우리만치 감미로운 순간이 있을 수 있다. 완치는 물 건너갔지만 그래도 여전히 사랑하고 기뻐하고 함께 지낼 수 있다. 웃고 울고 감탄하고 위로할 수 있다. 더 농축된 상태로 삶의 모든 것을 누릴 수 있다. 아버지의 마지막 나날과 마찬가지로, 삶의 마지막을 호스피스에서 보내겠다고 선택한 내 환자들을 위해 나는 죽어 감이 살아감과 공존하도록 열과 성을 다했다.

제임스와 엘리의 소망을 알게 된 뒤, 우리는 조심스럽게 물밑 활동에 들어갔다. 지친 엘리에게 결혼식 준비를 일임받은 세 자매와 나는 앞으로 무엇을 준비해야 하는지 의논했다. 음식, 장식, 찻잔, 케이크 받침대, 꽃, 음악, 색종이 조각. 관점에 따라 별로 중요하지 않을 수도, 절대적으로 중요할 수도 있는 자잘한 일들이 셀 수 없이 많았다. 초대할 사람의 숫자도 점점 늘어났다. 처음엔 스무 명만 초대해 조촐하게 진행하려고 했지만, 그 수가 마흔 명으로, 또 쉰 명으로 늘어났다. 데이 센터 휴게실에 이 많은 사람을 어떻게 수용할지 걱정이 앞섰다.

"그건 우리가 어떻게든 해결할게요." 수간호사 로리가 자신 있게 말했다. 그러더니 나를 보고 슬며시 웃으며 덧붙였다. "실은 자다가도 이 문제 때문에 자꾸 깨요. 하지만 우린 잘 해낼 거예요."

내가 마주 웃으며 고개를 끄덕였다. 나 역시 꼭두새벽에 잠을 설쳤지만 이유는 달랐다. 엘리가 의식을 잃거나 혼미한 상태로 빠져들면, 결혼식을 치를 법적 능력을 잃게 된다. 사랑하는 남자와 결혼하는 유일한 기회를 영영 날려 버리는 것이다. 엘리의 상태가 치명적으로 악화되기 전에 밤이든 낮이든 엘리의 병상으로 호적 담당자를 호출할 수도 있다. 하지만 그러지 않았다. 내가 잘못 판단하지 않았기를 간절히, 간절히 바랐다.

목요일 아침이 밝았다. 나는 평소보다 한 시간 일찍 출근해서 엘리의 병실부터 들렀다. 약혼자의 품에 폭 안겨 있던 엘리가 나를 수줍게 쳐다봤다. 결혼식 날의 전통과 달리, 제임스와 엘리는 한시도 떨어져 있고 싶어 하지 않았다. 엘리가 미소를 지으며 말했다.

"허비할 시간이 없거든요."

나는 속으로 쾌재를 불렀다. 위험을 감수한 보람이 있었다. 이제 곧 결혼식이 열릴 예정이었다. 나는 데이 센터로 걸음을 옮겼다가 완전히 달라진 그곳의 모습에 숨이 턱 막히고 말았다. 창문과 사방 벽으로 줄줄이 늘어진 꼬마전구가 반짝거렸다. 자원봉사자들이 휴게실을 결혼식장으로 완벽히 탈바꿈하기 위해 전력을 기울이고 있었다. 의자들이 열 맞춰 놓였고, 한가운데에는 휠체어가 지나갈 만큼 널찍한 통로가 마련되었다. 플라스틱 테이블은 흰색 리넨 테이블보로 덮여 있고,

그 위에 크림색 장미꽃 잎이 흩뿌려져 있었다. 통로 양쪽에 세워진 꽃장식은 크고 화려했다. 꽃집 주인은 우리가 내미는 비용을 극구 사양했다. 웨딩 케이크 대용으로 준비한 컵케이크 탑도 동네 빵집에서 선물로 제공했다. 공동체가 갈수록 분열되는 시대에 마법의 끈은 우리를 여전히 한 종種으로 연결해 주었다.

잠시 후, 나는 환자의 상태를 확인하러 병실로 돌아왔다. 엘리도 그새 딴 사람으로 변신해 있었다. 머리엔 앙증맞은 꽃 장식이 꽂혀 있고, 부어오른 몸은 하얀 시폰 주름으로 가려졌다. 통증은 없었지만 여전히 피로한 상태였다. 나는 엘리가 결혼식을 치르는 데 필요한 기력을 찾을 거라 믿었다.

휠체어에 탄 엘리가 아버지와 함께 자랑스럽게 행진할 때, 눈물이 고이지 않은 사람은 하나도 없었다. 의사가 아니더라도 누구나 엘리의 상태가 얼마나 위태로운지 느낄 수 있었다. 젊디젊은 여성이 그 자리에 머물기 위해서 실낱같은 생명의 끈을 붙잡고 있었다. 너무 가엽고 딱해서 가슴이 미어졌다. 중간에 엘리의 눈꺼풀이 반쯤 감기면서 고개가 아래로 떨어졌다. 나는 여차하면 달려갈 요량으로 한쪽 구석에서 초조하게 지켜봤다.

'엘리, 조금만 더 힘내.'

호적 담당자가 예식을 시작하자 반쯤 흐느끼는 소리가 휴게실을 채웠다. 하지만 제임스는 만면에 미소를 띠고 있었다. 그냥 평범한 미소가 아니었다. 자기 앞에 있는 이 여자를, 세상 누구도 아닌 이 여자를 자신의 신부로 맞이한다는 사실에 가슴이 벅찬 미소였다. 그 옛날 내 남편의 얼굴에서 봤던 미소와 같았다.

예식이 진행되면서 엘리에게 변화가 나타나기 시작했다. 얼굴에서 긴장이 서서히 풀리고 안에서부터 빛이 뿜어져 나왔다. 처음엔 눈이 반짝거렸고, 다음엔 뺨이 발갛게 물들었다. 마지막으로 입술엔 수줍은 미소가 번졌다. 주변 세상이 점점 흐릿해지더니 엘리만 도드라지게 빛났다. 급기야 수줍은 표정도 사라지고 20대 초반의 생기발랄한 아가씨가 나타났다. 이 남자를 평생 아끼고 사랑하겠냐는 호적 담당자의 질문에 "네, 그러겠습니다"라고 대답할 땐 세상 누구보다 씩씩했다. 엘리는 더 이상 죽어 가는 아가씨가 아니라 결혼식 날 눈부시게 빛나는 신부였다. 지금 이 순간, 암은 사라지고 없었다. 스무 살 남짓한 신랑과 신부 외에는 모든 게 사라졌다.

예식이 끝나고 호적 담당자가 서명을 마쳤다. 엘리의 몸이 휠체어 한쪽으로 점점 기울어지는 게 보였다. 나는 얼른 달려가 귓속말로 속삭였다.

"엘리, 제임스와 함께 병실로 돌아가고 싶니?"

말할 기운도 없는 엘리는 희미하게 고개를 끄덕였다. 내가 신랑 신부의 퇴장을 알리자 사람들이 두 손을 높이 들고 환호와 박수를 보내 주었다.

엘리는 남편의 품에 안겨 스물네 시간을 보낸 후 무의식의 세계로 빠져들었다. 그리고 다음 날 하얀 웨딩드레스 차림으로 남편의 품에 안겨 숨을 거두었다.

오늘을 더 깊이, 더 뜨겁게 살기 위하여

— 　　의사들은 간혹 선의로 죽음이 전혀 고통스럽지도, 힘들지도 않다고 말한다. 심지어 죽음이 일종의 초월적 경험과 같아서, '제대로' 죽는다면 평범한 삶의 마지막을 그야말로 멋지게 장식할 수 있다고 떠벌리기도 한다.

사실 죽음은 인간의 경험만큼이나 다양하다고 말하는 게 맞을 것이다. 물론 우리가 호스피스에서 거듭 목격하듯이 신체가 기능을 멈추는 데는 일정한 패턴이 있다. 하지만 사람을 기계 부품처럼 나눠서 파악할 수는 없다. 죽음은 삶의 여러 면과 마찬가지로 덤덤할 수도 있고 가슴이 찢어질 만큼 아플 수도 있다. 온화하거나 잔인하거나 아름다울 수도 있다. 어떤 환자에게는 심지어 지루하게 느껴질 수도 있다.

의학에서, 아무리 선의라 하더라도 현실을 미화하는 것은 별로 도움이 되지 않는다. 완화 의료가 아무리 도움을 준다 할지라도, 애초에 죽을 운명을 타고난 생명체라는 잔인한 현실을 모면하게 해 줄 수는 없다. 삶과 죽음의 문제에 관해서라면, 밥 딜런의 심오한 가사를 되새겨 볼 만하다.

'인생이 얼마나 달콤할 수 있는지에 대한 *끔찍한* 진실이 나를 두렵게 한다.'

나는 호스피스 병동을 걸을 때마다 밥 딜런의 '업 투 미Up to Me' 가사를 떠올린다. 끔찍함과 달콤함의 결합. 인생은 결국 끔찍함과 달콤함의 결합이 아니고 무엇이란 말인가. 자연이 우리에게 보내는 메시지는 참으로 명쾌하다. 여름날 하루살이의 덧없는 삶에서 유유히 흐르는 강물에 서서히 깎여 나가는 빙하 협곡에 이르기까지, 세상 만물은 결국 죽거나 사라질 운명이다. 아무리 아름답더라도, 아무리 사랑받더라도, 영원히 머물거나 견디지는 못한다. 영속하지 못한다는 것, 그 사실만이 변함없이 존재한다.

그런데 살아 있는 존재의 이러한 절대적 원칙에 유연하게 맞설 장치가 있다. 바로 인간의 선택 능력이다. 죽을 운명에 대처하는 방법을 스스로 결정하는 힘. 이 힘을 그 무엇도, 그 누구도 앗아 갈 수 없다. 분노하고 부정하느냐, 받아들이고 포용하느냐, 선택은 우리 몫이다.

세상 만물이 늘 덧없이 사라지는, 기나긴 시간의 어둠과 맞서는 찰나의 불꽃에 지나지 않을 때, 이 세상의 것들을 사랑하겠다고 선택하려면 용기가 필요하다. 가장 안전한 방법은 관계를 단절하고 벽을 쌓고 바리케이드 뒤로 숨는 것이다. 마음을 다치지 않는 손쉽고 현명한 방법은 아예 마음을 주지 않는 것이다. 하지만 테드 휴즈가 전적으로 옳았다. 죽음의 별인 호스피스에서 수없이 목격한 바, 종말을 향해 달려가는 순간에 사랑 외에는 그 어떤 것도 중요하지 않다. 모르핀을 비롯한 갖가지 약물이 고통을 억제하는 데는 탁월한 효과가 있다. 하지만 세상에서 당신이 행하고 의도했던 것들이 죄다 당신의 손아귀에서 빠져나갈 때는 인간적 연결이야말로 핵심 치료제이다. 다른 사람과 맺은 관계보다 더 중요한 것은 없다.

인간으로 태어난 이상 겪어야 하는 고통과, 우리가 고치거나 바꿀 수 있는 고통을 분리해 내는 데에는 호스피스만 한 곳이 없을 것 같다. 통증, 섬망, 메스꺼움, 열 등 삶의 마지막 단계에서 나타나는 증상은 약물로 완화될 수 있다. 그 효과에 환자들은 놀라움을 금치 못할 정도이다. 하지만 평생 소중히 간직했던 것들을 두고 떠나는 아픔과 뜨겁게 사랑했던 세상과 단절되는 괴로움은? 이러한 것들을 위해선 의사가 아니라 사람이 필요하다. 와이파이, 데이터, 연결성이 최고로 군림하는 이 디지털 세상에서, 살과 피로 이뤄지고 본능에 충실하며 서로 아끼고 사랑하는 인간 존재보다 더 강력한 것은 없다. 나는 그 사실을 호스피스에서 수시로 목격하고 경험한다.

자신이 죽어 간다는 사실을 아는 사람들과 그 사실을 모르는 나머지 사람들 간에 차이가 있다. 말기 환자들은 시간이 별로 없다는 것을 아는 반면, 우리는 세상의 모든 시간을 다 가진 것처럼 살아간다. 그들은 조급하기 때문에 평소 하고 싶었던 일을 하고, 사랑하는 사람에게 다가가고, 남은 삶의 순간을 깊이 음미한다. 그러므로 호스피스에는 호의와 미소, 품위와 기쁨, 친절과 예의, 사랑과 연민이 사람들이 상상하는 것 이상으로 가득하다. 나는 이렇게 좋은 기운으로 가득한 곳에서 일한다. 죽음을 앞둔 환자들에게서 살아가기 위해 알아야 할 모든 것을 배운다.

사랑과 용기를 가슴에 품고 끝까지 나아갈 것

— 아버지가 세상을 떠난 지 이제 1년이 지났다. 어느 날 밤, 호스피스를 나서려는데 한 병실의 반쯤 열린 문으로 음악 소리가 흘러나왔

다. 현악기의 우아한 선율과 금관 악기의 웅장한 울림은 다름 아닌 '백조의 호수'의 피날레였다. 별안간 아버지가 등나무 의자에 앉아 웃으며 박수를 치는 모습이 아른거렸다. 에비가 이베이에서 구입한 발레 치마 차림으로 한쪽 발을 들고 빙그르 돌다가 부엌 바닥으로 몸을 던졌다. 죽어 가는 백조를 연기한 그 어느 발레리나보다 우아했다. 에비는 곧 몸을 일으켜 할아버지의 무릎에 훌쩍 뛰어올랐다. 그리고 할아버지의 칭찬에 수줍게 웃다가 까끌거리는 턱수염을 만지며 깔깔 웃었다.

　나는 미소를 지으며 병실 옆을 지나쳤다. 그러다 나도 모르게 걸음을 멈췄다. 이 환자에게는 가족이나 친구가 없었다. 그의 곁에는 탁자에 놓인 낡은 라디오뿐, 찾아오는 사람이 하나도 없었다. 나는 초저녁 불빛을 받으며 잠시 머뭇거렸다. 아이들이 잠자리에 들기까지 시간이 얼마나 남았는지 가늠하다가 결국 발걸음을 돌렸다. 그리고 죽어 가는 환자의 방문을 똑똑 두드린 후 들어가도 되느냐고 물었다.

감사의 글

이 책이 나오기까지 지혜를 보태 주고 격려와 믿음을 아끼지 않은 내 에이전트 클레어 알렉산더와 리처드 베스위크 편집자에게 고마움을 전한다. 두 사람의 가이드 덕분에 순조롭게 집필을 마칠 수 있었다.

전문 지식과 지원을 제공한 리틀 브라운 출판사의 그레이스 빈센트, 조 후드, 니티야 래이, 다니엘 발라도 등 전 직원에게 고마움을 전한다.

원고를 읽고 소중한 의견을 준 마크 해던, 케이트 폭스, 데니스 캠벨, 레베카 잉글리스에게도 고마움을 전한다.

여러 친구들과 나눈 대화도 이 책을 완성하는 데 큰 도움을 주었다. 제인 그룬디, 앤디 킹, 레베카 잉글리스, 알렉산더 핀레이슨, 로버트 맥팔레인, 제키, 모리스, 마크 해던, 헨리 마시, 케이트 폭스, 캐롤라인 슈왑, 크리스티나 로벨, 로셀 레이, 다미안 초마, 팀 리틀우드, 타린 영스타인, 클레어 제이콥스, 에드 핀치, 제인 핸더슨, 존 스노우, 모야 도슨, 그리고 엄마와 사라와 닉에게 진심으로 감사드린다.

팀 리틀우드, 존 레이놀즈, 메리 밀러는 내가 아버지 다음으로 늘 존경하고 본받고자 노력하는 의사들이다. 다음 세대를 위해 현명하고 점잖고 멋진 롤모델이 되어 준 그분들에게 무척 감사드린다.

함께 일할 수 있는 특권을 누렸던 NHS의 여러 뛰어난 직원들에게 고마움을 전한다. 다들 정말 멋진 사람들이다.

인생에서 무엇이 중요한지 알려 준 내 환자들에게 마음 깊이 감사드린다. 그들을 돌볼 수 있어서 무한한 영광으로 생각한다.

무엇보다도, 데이브와 핀과 에비에게 지금도, 앞으로도 영원히 사랑과 고마움을 전한다.

옮긴이 **박미경**

고려대학교 영문과를 졸업하고 건국대학교 교육대학원에서 교육학 석사 학위를 취득했다. 외국 항공사 승무원, 법률회사 비서, 영어 강사 등을 거쳐 현재 바른번역에서 전문 출판번역가이자 글밥아카데미 강사로 활동하고 있다. 옮긴 책으로 《마음챙김》, 《움직임의 힘》, 《인생의 마지막 순간에서》, 《나를 바꾸는 인생의 마법》, 《아서 씨는 진짜 사랑입니다》, 《살인 기술자》, 《포가튼 걸》, 《언틸유아마인》, 《프랑스 여자는 늙지 않는다》, 《제인 오스틴에게 배우는 사랑과 우정과 인생》, 《이어 제로》, 《남편이 임신했어요》, 《내가 행복해지는 거절의 힘》 등이 있다.

아버지의 죽음 앞에서

초판 1쇄 발행 2021년 10월 4일

지은이 레이첼 클라크
옮긴이 박미경
발행인 강수진
편집장 유소연
편집 이여경
마케팅 곽수진
홍보 조예은
디자인 석운디자인
일러스트 étoffe 이나영

주소 (04044) 서울시 마포구 양화로8길 16-20 피피아이빌딩 3층
전화 마케팅 02-332-4804 편집 02-332-4809
팩스 02-332-4807
이메일 mavenbook@naver.com
홈페이지 www.mavenbook.co.kr
발행처 메이븐
출판등록 2017년 2월 1일 제2017-000064

Korean translation copyright ⓒ 2021 Maven
ISBN 979-11-90538-38-1 (03100)